管理学论要

辛爱洪 著

人民出版社

责任编辑:陈寒节

责任校对:湖　催

图书在版编目(CIP)数据

管理学论要/辛爱洪 著.—北京:人民出版社,2011.9
ISBN 978 - 7 - 01 - 009881 - 4

Ⅰ.①管… Ⅱ.①辛… Ⅲ.①管理学 Ⅳ.①C93

中国版本图书馆 CIP 数据核字(2011)第 079411 号

管理学论要

GUANLIXUE LUNYAO

辛爱洪　著

人 民 出 版 社 出版发行

(100706　北京朝阳门内大街166号)

北京市文林印务有限公司印刷　新华书店经销

2011 年 9 月第 1 版　2011 年 9 月第 1 次印刷

开本:710 毫米×1000 毫米 1/16　印张:17

字数:250 千字　印数:0,001 - 2,200 册

ISBN 978 - 7 - 01 - 009881 - 4　定价:35.00 元

邮购地址:100706　北京朝阳门内大街 166 号

人民东方图书销售中心　电话:(010)65250042　65289539

《云南民族大学学术文库》
总　序

云南民族大学党委书记、教授、博导　甄朝党

云南民族大学校　　长、教授、博导　张英杰

　　云南民族大学是一所培养包括汉族在内的各民族高级专门人才的综合性大学,是云南省省属重点大学,是国家民委和云南省人民政府共建的全国重点民族院校。学校始建于 1951 年 8 月,受到毛泽东、周恩来、邓小平、江泽民、胡锦涛等几代党和国家领导人的亲切关怀而创立和不断发展,被党和国家特别是云南省委、省政府以及全省各族人民寄予厚望。几代民族大学师生不负重托,励精图治,经过近 60 年的建设尤其是最近几年的创新发展,云南民族大学已经成为我国重要的民族高层次人才培养基地、民族问题研究基地、民族文化传承基地和国家对外开放与交流的重要窗口,在国家高等教育体系中占有重要地位,并享有较高的国际声誉。

　　云南民族大学是一所学科门类较为齐全、办学层次较为丰富、办学形式多样、师资力量雄厚、学校规模较大、特色鲜明、优势突出的综合性大学。目前拥有 1 个联合培养博士点,50 个一级、二级学科硕士学位点和专业硕士学位点,60 个本科专业,涵盖哲学、经济学、法学、教育学、文学、历史学、理学、工学和管理学 9 大学科门类。学校 1979 年开始招收培养研究生,2003年被教育部批准与中国人民大学联合招收培养社会学博士研究生,2009 年被确定为国家立项建设的新增博士学位授予单位。国家级、省部级特色专业、重点学科、重点实验室、研究基地,国家级和省部级科研项目立项数、获奖数等衡量高校办学质量和水平的重要指标持续增长。民族学、社会学、经济学、管理学、民族语言文化、民族药资源化学、东南亚南亚语言文化等特色学科实力显著增强，在国内外的影响力不断扩大。学校科学合理的人才培养体系和科学研究体系得到较好形成和健全完善，特色得以不断彰显，优势得以不断突出，影响力得以不断扩大，地位与水平得以不断提升，学校改革、建设、发展不断取得重大突破，学科建设、师资队伍建设、校区建设、党的建设等工作不断取得标志性成就，通过人才培养、科学研究、服务社会、传承文明，为国家特别是西南边境民族地区发挥作用、做出贡献的力度越来越大。

云南民族大学高度重视科学研究，形成了深厚的学术积淀和优良的学术传统。长期以来，学校围绕经济社会发展和学科建设需要，大力开展科学研究，产出大量学术创新成果，提出一些原创性理论和观点，得到党委政府的肯定和学术界的好评。早在20世纪50年代，以著名民族学家马曜教授为代表的一批学者就从云南边疆民族地区实际出发，提出"直接过渡民族"理论，得到党和国家高层领导刘少奇、周恩来、李维汉等的充分肯定并采纳，直接转化为指导民族工作的方针政策，为顺利完成边疆民族地区社会主义改造、维护边疆民族地区团结稳定和持续发展发挥了重要作用，做出了突出贡献。汪宁生教授是我国解放后较早从事民族考古学研究并取得突出成就的专家，为民族考古学中国化做出重要贡献，他的研究成果被国内外学术界广泛引用。最近几年，我校专家主持完成的国家社会科学基金项目数量多，成果质量高，结项成果中有3项由全国哲学社会科学规划办公室刊发《成果要报》报送党和国家高层领导，发挥了资政作用。主要由我校专家完成的国家民委《民族问题五种丛书》云南部分、云南民族文化史丛书等都是民族研究中的基本文献，为解决民族问题和深化学术研究提供了有力支持。此外，还有不少论著成为我国现代学术中具有代表性的成果。

改革开放30多年来，我国迅速崛起，成为国际影响力越来越大的国家。国家的崛起为高等教育发展创造了机遇，也对高等教育提出了更高的要求。2009年，胡锦涛总书记考察云南，提出要把云南建成我国面向西南开放的重要桥头堡的指导思想。云南省委、省政府作出把云南建成绿色经济强省、民族文化强省和我国面向西南开放重要桥头堡的战略部署。作为负有特殊责任和使命的高校,云南民族大学将根据国家和区域发展战略,进一步强化人才培养、科学研究、社会服务和文化传承的功能,围绕把学校建成"国内一流、国际知名的高水平民族大学"的战略目标,进一步加大学科建设力度,培育和建设一批国内省内领先的学科;进一步加强人才队伍建设,全面提高教师队伍整体水平;进一步深化教育教学改革,提高教育国际化水平和人才培养质量;进一步抓好科技创新,提高学术水平和学术地位,把云南民族大学建设成为立足云南、面向全国、辐射东南亚南亚的高水平民族大学,为我国经济社会发展特别是云南边疆民族地区经济社会发展做出更大贡献。

学科建设是高等学校龙头性、核心性、基础性的建设工程,科学研究是高等学校的基本职能与重要任务。为更好地促进学校科学研究工作、加强学科建设、推进学术创新,学校党委和行政决定编辑出版《云南民族大学学术文库》。

这套文库将体现科学研究为经济社会发展服务的特点。经济社会需要是学术研究的动力,也是科研成果的价值得以实现的途径。当前,我国和我省处于快速发展时期,经济社会发展中有许多问题需要高校研究,提出解决思路和办法,供党委政府和社会各界参考和采择,为发展提供智力支持。我们必须增强科学研究的现实性、针对性,加强学术研究与经济社会发展的联系,才能充分发挥科学研究的社会作用,提高高校对经济社会发展的影响力和贡献度,并在这一过程中实现自己的价值,提升高校的学术地位和社会地位。云南民族大学过去有这方面的成功经验,我们相信,随着文库的陆续出版,学校致力于为边疆民族地区经济社会发展服务、促进民族团结进步、社会和谐稳定的优良传统将进一步得到弘扬,学校作为社会思想库与政府智库的作用将进一步得到巩固和增强。

这套文库将与我校学科建设紧密结合,体现学术积累和文化创造的特点,突出我校学科特色和优势,为进一步增强学科实力服务。我校2009年被确定为国家立项建设的新增博士学位授予单位,这是对我校办学实力和水平的肯定,也为学校发展提供了重要机遇,同时还对学校建设发展提出了更高要求。博士生教育是高校人才培养的最高层次,它要求有高水平的师资和高水平的科学研究能力和研究成果支持。学科建设是培养高层次人才的重要基础,我们将按照国家和云南省关于新增博士学位授予单位立项建设的要求,遵循"以学科建设为龙头,人才队伍建设为关键,以创新打造特色,以特色强化优势,以优势谋求发展"的思路,大力促进民族学、社会学、应用经济学、中国语言文学、公共管理学等博士授权与支撑学科的建设与发展,并将这些学科产出的优秀成果体现在这套学术文库中,并用这些重点与特色优势学科的建设发展更好地带动全校各类学科的建设与发展,努力使全校学科建设体现出战略规划、立体布局、突出重点、统筹兼顾、全面发展、产出成果的态势与格局,用高水平的学科促进高水平的大学建设。

这套文库将体现良好的学术品格和学术规范。科学研究的目的是探寻真理,创新知识,完善社会,促进人类进步。这就要求研究者必需有健全的主体精神和科学的研究方法。我们倡导实事求是的研究态度,文库作者要以为国家负责、为社会负责、为公众负责、为学术负责的高度责任感,严谨治学,追求真理,保证科研成果的精神品质。要谨守学术道德,加强学术自律,按照学术界公认的学术规范开展研究,撰写著作,提高学术质量,为学术研究的实质性进步做出不懈努力。只有这样,才能做出有思想深度、学术创见和社会影响的成果,也才能让科学研究真正发挥作用。

我们相信,在社会各界和专家学者们的关心支持及全校教学科研人员的共同努力下,《云南民族大学学术文库》一定能成为反映我校学科建设成果的重要平台和展示我校科学研究成果的精品库,一定能成为我校知识创新、文明创造、服务社会宝贵的精神财富。我们的文库建设肯定会存在一些问题或不足,恳请各位领导、各位专家和广大读者不吝批评指正,以帮助我们将文库编辑出版工作做得更好。

二○○九年国庆于春城昆明

自　序

　　本书内容包括"古典管理理论——管理学的产生"、"行为科学理论——管理学的新发展"、"现代管理理论——管理理论丛林"、"当代管理理论"、"中国古代管理思想理论概述"、"组织与管理"、"管理学中的人性假设理论"、"伦理道德与管理"、"管理的层次与管理的幅度"、"管理与领导"、"领导理论"、"激励理论"、"决策类型及方法"、"组织结构类型及组织力量的整合"、"组织环境"、"组织（企业、公司）文化理论"十六个专题。

　　现代大学的三大功能是培养人才、科学研究、服务社会。作为一个教师，科研是工作职责的"题中之义"。我国现代杰出的数学家、教育家熊庆来先生在云南大学担任校长时曾指出："大学如无思想上之贡献，则其所传授必枯燥而寡味"。教师开展学术研究，一方面可以通过知识创新推动人类文明的进步，另一方面可以促进学科发展，为教学提供新的思想和知识资源。科研和教学的关系是"源"与"流"的关系，大学的教学如果没有科研作支撑，就会成为无源之水，无本之木，最终会枯竭而亡。本书的十六个专题是本人从事管理学教学工作十余年以来悉心研究的一些成果。《管理百年》的作者、著名管理学家斯图尔特·克雷纳说："管理只有恒久的问题，没有终结的答案。"由于水平有限，本书涉及的管理学问题只是管理学理论的冰山一角，当属管中窥豹，如有纰漏和错误之处，肯请学界同仁和读者批评赐教。

辛爱洪

2011 年 2 月 24 日

目　录

古典管理理论——管理学的产生

　　管理、管理思想、管理理论(管理学),是三个既有联系又有区别的概念。管理作为实践活动,自从出现了有组织的人类活动,就有了管理活动。有人甚至认为管理的历史比人类本身的历史还要悠久,在人类产生之前,动物界就有了特有的管理模式,比如蜜蜂、狼群、大雁、蚂蚁等等。确实,从管理对群体生存与发展的实践意义方面看,动物和人类的管理活动有相通之处。而管理思想是管理者有意或无意地对管理活动的某些共性的、具有一定普遍性的经验进行朴素、零散的总结。各国的古代典籍中都蕴含有丰富的管理思想,它们主要表现在以下几个方面:部落、教会、国家等大型组织机构的治理;军事;人性、用人和团队管理;大型工程项目建设等①。管理活动一直伴随着人类文明的发展,管理思想源远流长,但管理理论的形成却只有近百年的时间。理论是以一定的思想为基础,在一定的假设和公理的基础上,归纳和推理出的相对完整的思想表达体系。因此,"管理理论"是对管理思想的提炼与概括,是较成熟、系统化程度较高的管理思想②。管理理论或者说管理科学具体形成于什么时间? 管理学界普遍把美国人泰罗发表《科学管理原理》一书的时间,即1911年作为管理科学诞生的时间,把泰罗作为管理科学的创始人。到目前为止,人类管理理论和管理思想的发展主要经历了史前积累、古典管理理论、行为科学理论、现代管理理论、当代管理理论等五个发展阶段。

---

　　①　丹尼尔·A.雷恩:《管理思想的演变》之"第一部分 早期管理思想",中国社会科学出版社1997年版。

　　②　周三多:《管理学》,高等教育出版社2005年版,第4页。

一、古典管理理论产生的背景

古典管理理论,又称科学管理理论,产生和形成于 19 世纪末 20 世纪初的资本主义世界。而十九世纪末二十世纪初,是资本主义社会从自由竞争转变为垄断竞争的重要阶段,这时的"资本主义最典型的特点之一,就是工业蓬勃发展,生产集中于愈来愈大的企业的过程进行得非常迅速"。这个时期,西方各主要资本主义国家已先后完成了工业革命,生产力迅速发展,生产规模的急剧扩张,大规模的工厂生产取代了小规模的手工工场生产,组织规模越来越大,结构越来越复杂,传统的经验管理方式已不能满足生产组织发展的需要。如何应对这种挑战和变化,改革原始落后的管理方式,建立符合社会化大生产特点的新的管理制度和管理方法以提高生产效率,成为人们普遍关注和迫切需要加以解决的问题。正是在这种背景下,以泰罗为代表的科学管理理论应运而生了。古典管理理论最杰出的代表人物和理论主要有泰罗的科学管理理论、法约尔的一般管理理论、韦伯的理想的行政组织理论。

二、泰罗的科学管理理论

(一)泰罗生平(1856～1915)

弗雷德里克·泰罗(Frederick WinsLow Taylor)出生于美国宾夕法尼亚的一个律师家庭,家里希望他子承父业,成为一名律师。经过努力,他于 1875 年考入哈佛大学,但由于学习太勤奋得了眼疾,不得不中途辍学;1875～1893 年,他从做学徒工开始,先后在机械厂、钢铁厂、制造投资公司等企业担任管理员、技师、小组长、工长、维修工长、制图部主任、总工程师、总经理等职务;1893～1901 年,在一些企业做咨询顾问;1901 年退休;1911 年出版《科学管理原理》一书,并被公认为管理科学诞生的标志。泰罗作为"管理学之父",不仅是一个管理学家,而且是一个发明家,一生获得过40多项专利。另外,泰罗还是个运动健将,他曾于1881年夺得了美国网球冠军赛的双打冠军。①

(二)泰罗科学管理理论要点

泰罗是从1880年开始他的科学管理实验和研究的,他的科学管理要解决的中心问题或者核心问题是提高劳动生产率,因此,他的一切研究和对一切问题的论述都是围绕着如何提高劳动生产率来展开的。为了提高企业的劳动生产率,他先后进行了铁块搬运、铁砂和煤炭铲掘、金属切削三项著名的实验。通过搬运生铁试验,摸索出工人的日合理工作量,从而为实行定额管理奠定了基础;通过铲具试验,探索出铁锹多大时,铲物效率最高,从而为实行工具标准化奠定了基础;金属切削试验前后共花了26年的时间,15万美元的费用,写出了3万多份试验报告,仅形成的切屑就超过80万磅,最后取得了丰富资料,为制定各种机床进行高速切削和精密加工的操作规程提供了科学的依据。泰罗的"科学管理原理"主要包括以下内容:

1. 工作方法标准化原理(制定标准的工作方法):当时,工厂里的劳动工具、劳动材料、操作方法、作息时间等等,都是工人和管理者凭自己的经验、直觉、主观判断而定,具有很大的随意性。这种生产中的随意操作极大地影响了工厂的生产效率。因此,泰罗的科学管理原理的一个重要内容就是反对凭经验、直觉、主观判断进行管理和操作,通过实地观察和实验分析,为工人制定出科学、合理、标准的劳动工具、劳动材料、操作方法、工作步骤、作息时间,用最好的方法、最少的时间,达到最高的工作效率。

2. 工作定额原理(确定合理的工时定额):当时,不论是雇主还是工人,对于一个工人一天能够干多少活,都心中无数,工人们因此常常"磨洋工",绝大多数人的实际劳动生产率仅仅是他们可能发挥的劳动生产率的1/3。②"在整个文明世界里,20个工人中就有19个工人坚定地认为,慢些干比快

---

① 斯图尔特·克雷纳:《管理百年》,邱琼等译,海南出版社出版,第6页、第7页。
② 赵丽芬主编:《管理学概论》,立信会计出版社2001年版,第23页。

些干更符合自己的利益。他们坚持认为,他们的利益就是以尽可能少的工作来回报他们实际得到的薪酬。"①泰罗的科学管理原理的第二项重要内容就是,在工作方法标准化的基础上,选择技术最熟练的工人,把他们的每一项动作、每一道工序所使用的时间记录下来,加上休息时间和必要的延误时间,据此制定出一个工人"合理的日工作量"。

3. 差别计件工资原理(实行刺激性的差别计件工资制):工人工时定额的确定为计件工资的实行提供了可能,从量化角度看,计件工资更能体现多劳多得,因此也就更能提高工人的劳动积极性。但是,简单的计件工资存在一个问题,就是当工人提高劳动生产率得到的报酬太高时,雇主认为原来的定额太低,他们要么提高定额标准,要么降低每件产品的报酬单价,使工人的工作量越来越大,而报酬却没有增加。所以,工人们不得不把握一个尺度,做到一定数量就不再多做。泰罗据此认为计时工资是怂恿和鼓励工人怠工(磨洋工),计件工资则使怠工艺术达到了极点。针对此种情况,泰罗提出实行刺激性的差别计件工资制,即按照定额制定两种不同的工资率,定额以上为一种,定额以下为另一种。如果工人没有完成定额,全部工资均按"低"工资率付给(正常工资的80%),如果工人达到或超额完成定额,全部工资均按"高"工资率付给(正常工资的125%)。② 假如,工作的定额是20件,每件为0.1元,则达到定额的20件的工资为2.5元(20×0.1×125%),没有达到定额的19件的工资为1.52元(19×0.1×80%)。工作量只相差1件,但工资差额却达近1元。泰罗认为这种工资制度将激发工人的劳动热情,克服消极怠工现象,提高劳动生产率。

4. 合理配备工人原理:泰罗认为要提高劳动生产率,就必须挑选配备"第一流的工人"。泰罗所谓"第一流的工人",是指那些自己愿意努力干,工作对他又适合的工人。也就是说要按工人的特长分配工作,使每个人都能胜任自己的工作,使每项工作都有"第一流的工人"。泰罗的这一观点已

① 斯图尔特·克雷纳:《管理百年》,邱琼等译,海南出版社出版,第10页。
② 泰罗:《科学管理原理》,刘祺主编:《一次读完28本管理学经典》,中国商业出版社2005年版,第22页。

为现代人事管理所接受,成为现代人事管理中"因事设岗,以岗择人,人尽其才,才尽其用,适才适所,各尽所能"原则的重要理论渊源。

5.劳资双方密切合作原理:由于雇主关心的是降低成本,工人关心的是提高报酬,要解决这个矛盾,劳资双方就必须进行一次"伟大的思想革命",以友好合作代替对立斗争,把注意力从对盈余的分配共同转向盈余的增长,努力提高劳动生产率,只有这样才能使双方都达到自己的目的。泰勒在美国国会听证会上的"证词"中指出:科学管理"不是在谈到科学管理时一般人所想到的任何方法","科学管理在实质上包含着要求在任何一个具体机构或工业中工作的工人进行一场全面心理革命,要求他们在对待工作、同伴和雇主的义务上进行一场全面的心理革命。此外,科学管理也要求管理者,包括工长、监工、企业所有人、董事会进行一场全面的心理革命,要求他们对管理部门的同事、对他们的工人和所有问题的责任上,进行一场全面的心理革命。没有双方的这种全面的心理革命,科学管理就不能存在"。在这段证词中,可以看出科学管理的实质不是效率措施、工资制度、成本核算,也不是时间研究、动作研究,而是劳资双方的"思想大革命",即劳资双方之间的合作。

6.管理职能独立化原理:泰罗认为要提高劳动生产率,就必须改变传统的凭经验工作的方法,把计划职能和执行职能分开。计划部门制定计划,包括制定工作指标、方法、标准化工具、操作步骤等,执行部门只负责执行。泰罗的这一原理首次将组织中的业务工作和管理工作分离开来,或者说将管理工作从业务工作中独立出来,成为组织的一项专门职能,使管理工作同业务工作一起成为任何组织都必须要完成的两项工作。

7.管理职能分工原理:把管理职能从业务工作中独立出来以后,泰罗还把管理职能进一步细化,设计出了"职能工长制",把原来一个工长的职责分给几个工长来履行(泰勒共设了八个工长),每个工长只承担一种管理职能,让工人同时接受不同的职能工长发出的指示。由于这种"职能工长制"因多头指挥,违反了统一指挥的原则,容易引起管理上的混乱,在实践中没有得到普遍推广,但泰罗的这种职能管理的思想却为以后职能部门的建立和管理职能的专业化提供了思路。亚当·斯密首先提出了劳动分工的原理,泰勒的管理职能分工原理则将这一原理推广到管理领域,即管理也要进行分工。

8.例外原则:就是企业的高级管理人员把一般的日常事务授权给下级管理人员去处理,而自己只保留对例外事项(即重要事项)的决策权和监督权,如重大政策的决定和人事任免等,这样就能集中精力处理重大的或最主要的事情。这个原则以后发展成为管理上的分权化原则和事业部制管理体制。

(三)泰罗科学管理原理的贡献

泰罗的科学管理主要有两大贡献:首先是对提高劳动生产率方面的贡献。许多企业通过运用科学管理,生产率得到空前的提高。如伯利恒钢铁公司,运用泰罗设计的标准铁锹以后,工场工人的数量由原来的 600 人裁减为 140 人,每个工人每天的搬运量从 16 吨提高到了 59 吨,同时,工人每日的工资从 1.15 美元提高到了 1.88 美元,每吨的搬运费从 0.072 美元降到了 0.033 美元;[1]1910 年,通过运用科学管理,美国的铁路每天节约 100 万美元(按 1994 年价格计算为 1400 万美元),使铁路票价大幅度降低。根据彼得·杜拉克的说法,科学管理的直接结果是可以显著降低制造品的成本。成本常常降至以前成本水平的 1/10,甚至 1/20。这就使更多的人可以买得起这些商品。[2] 被尊称为"给世界装上轮子的人"的福特,在泰罗的单工序动作研究基础之上,进一步对如何提高整个生产过程的效率进行了研究,并于 1913 年发明创造了世界上第一条流水生产线,生产汽车的成本大幅度下降,同时工人的日工资从 2.34 美元/9 小时提高到 5 美元/8 小时,造就了千千万万个有车阶级,汽车开始进入家庭。现代管理学大师德鲁克说"不管泰罗的局限与不足,……没有哪个美国人具有他那样的影响力。"科学管理是

---

①　泰罗:《科学管理原理》,孙耀君主编:《西方管理学名著提要》,江西人民出版社 1995 年版,第 68 页。

②　斯图尔特·克雷纳:《管理百年》,邱琼等译,海南出版社 2003 年版,第 11 页。

席卷世界,甚至是胜过美国宪法及联邦文献的一种哲学。①

其次是对管理科学的贡献。他完成了管理从经验到科学的转变,为管理理论奠定了基础,成为"科学管理之父"。具体地讲,一是把管理工作从业务工作中分离出来,使管理成为一项独立的工作;二是科学管理原理已涉及到一些在今天看来都是非常重要的问题,如激励问题、人员配备问题、授权问题、管理职能分工问题等。

当然,泰罗的科学管理也有局限性。一是,由于研究范围狭窄,其研究的重点是具体作业工作的效率问题,很少涉及企业作为一个整体如何经营和管理的问题,加之对管理缺乏一个总体的概念,因此,没有把管理发展成为一门总体学科(由法约尔完成);二是完全以"经济人"假设为前提,把人当作机器来对待,忽视人在生产中的主动性作用,把效率置于伦理道德之上。

三、法约尔和一般管理理论

(一) 法约尔生平(1841～1925)

亨利·法约尔(Henri Fayol)出生于法国的一个资产阶级家庭,1860年毕业于圣艾蒂安国立矿业学院。同年进入科芒特里——富香博公司担任工程师。1888年,公司濒临破产,重新改组为科芒博联营公司,四十七岁的法约尔被任命为总经理,直至1918年退休,因此,法约尔具有30年担任总经理的经验。而且,法约尔是一位著名的企业家,因为他上任时公司濒临倒闭,而他退休时,公司已发展得非常好,至今仍是法国著名的冶金工业公司。法约尔是古典理论在法国最杰出的代表,他的管理理论与同时期泰罗的科学管理理论相互补充、相得益彰,不同的是,泰罗是从最基层的工作实践中归纳、提炼出科学管理的基本原理而形成为一般结论,法约尔则是从高层管

---

① 张隆高:《德鲁克论21世纪管理挑战》,《管理科学》2001年3期。

理者的角度总结、概括出他的一般管理体系,再应用到下级的组织机构中,而且法约尔对组织问题的研究比泰罗更专注、更深入。如果说泰罗是"趴在地板上的管理学家"的话,法约尔则是高高地坐在总经理的宝座上来俯瞰整个企业的运作和管理,从整体上来研究企业管理规律的人。法约尔认为他的管理理论虽然是以大企业为研究对象,但除了适用于各类公私企业外,也普遍适用于政府、社会团体、军事组织、宗教组织和其他各种事业的一般的组织管理,也即适用于今天所说的公共组织和非公共组织的管理,所以他的管理思想被称为"一般管理理论"。代表作为 1916 年出版的《工业管理和一般管理》。

(二)法约尔一般管理理论要点

1. 明确了管理的概念:法约尔认为企业的经营活动不外乎六个方面:①技术活动:生产、制造、加工;②商业活动:购买、销售、交换;③财务活动:筹集和最适当地利用资本;④安全活动:保护财产和人员;⑤会计活动:财产清点、资产负债表、成本、统计等;⑥管理活动:计划、组织、指挥、协调和控制。管理只是企业经营活动中的一种,它由计划、组织、指挥、协调和控制五个要素构成。那么,什么是管理? 在这里,法约尔将管理定义为五个要素的统一体,并且认为这五个要素之间存在着逻辑上的内在联系。计划是法约尔管理定义的首要因素,是一切组织活动的基础;要使一个计划得到很好的制订和执行,必须要有一个好的组织结构,因此组织是管理的第二个要素;当组织结构建立起来以后,就需要依靠指挥活动让组织正常有效地运行起来,去落实组织的计划,因此,指挥是管理的第三个要素;由于指挥活动只存在于上下级关系之中,而计划的完成必须有多种部门的合作与支持,即使在上下级之间也不完全是绝对的指挥关系,因而协调就是管理的第四个要素;控制作为最后一个要素,目的是检查各项工作与所制定的计划是否相符,并进行纠正。

2. 总结了管理的 14 项原则:法约尔认为,正像宗教需要教规约束教徒的行为一样,管理也需要一个专门的"管理原则"。这些管理原则主要有:

（1）劳动分工：分工使工人劳动专业化、工具专门化，有利于提高劳动生产率。分工原则不仅适用于生产，也适用于管理。

（2）权责相等：权力分为职务权力和个人权力两种。管理者必须具有一定的权力，但权力和责任是"孪生物"，互为因果，有权力就必定有责任，有权无责或有责无权都是组织的缺陷。

（3）纪律：没有纪律，任何一个企业都无法顺利发展。纪律是领导人造就的，因缺乏纪律而造成的损失常常来自无能的领导。

（4）统一指挥：一个下属只能接受一个领导者的指挥，这是一条永久的、普遍的、必要的原则。双重指挥是任何组织内部冲突的根源。

（5）统一领导：组织中只能有一个领导者和一项计划。统一领导和统一指挥的区别在于：前者是通过统一领导来完善组织，后者则是在这个完善的组织中通过统一指挥发挥人员的作用。统一指挥不能离开统一领导而单独存在，但在统一领导的组织中不一定能做到统一指挥。

（6）个人利益服从整体利益：利益原则是人类社会首要的基本原则，个人不可能没有自身的利益，小集团也有自己特殊的利益。但在组织中，个人或小集团的利益不能置于组织利益之上，整体利益先于个体利益，国家利益应高于公民个体或小群体的利益。

（7）人员报酬：人员报酬一直是组织管理的重要问题，它对企业的发展产生重大的影响。好的报酬方式能保证报酬公平，激发人们的工作积极性。法约尔认为报酬的方式一般有三种：按劳动时间付酬、按工作任务付酬和计件付酬。这三种方式可以配合使用，但也各有利弊，其效果取决于实际情况和领导者灵活运用的方式和程度。

（8）集中：集中是指下级参与决策的程度，也就是权力的集中与分散的问题。权力的集中与分散，作为管理方式，没有好坏之分，只是一个"度"的问题。管理者就是要根据具体情况找到这个"度"。影响集权与分权的主要因素有组织规模、领导及被领导者的素质以及环境等。

（9）等级链：为了保证统一指挥，企业从高层到基层应该建立关系明确的职权等级系列，它显示权力执行的路线和信息传递的渠道。

(10) 秩序: 不仅每个物品都要放在应该放的位置上, 而且每个人都应在一个适合的位置上, 做到"人皆有位, 人有其职"。

(11) 公平: 企业领导要特别注意员工公道、平等的愿望, 使公平感深入人心。

(12) 人员稳定: 频繁更换人员会给组织带来低效率, 因此, 要有秩序地安排和补充人力资源。

(13) 首创精神 (创新意识): 首创精神能激发组织成员的热情与积极性, 全体成员的首创精神是组织的一股巨大力量。一个能发挥下属人员首创精神的领导要比一个不能这样做的领导高明得多。

(14) 集体精神: 努力在企业内部建立团结与和谐的气氛。

3. 倡导管理教育: 他说"实际上管理能力可以也应该像技术能力一样, 首先在学校里, 然后在车间里得到。"因此, 他认为在高等学校应开设管理方面的课程。

(三) 法约尔一般管理理论的贡献

泰罗完成了管理从经验到科学的转变, 为管理理论奠定了基础, 但泰罗没有把管理发展成为一门系统的学科, 主要原因在于他缺乏一个充分的概念体系。法约尔解决了这个问题, 他明确了管理的概念, 提出了管理的职能, 为管理科学建立了理论框架, 时至今日, 最普及的教科书都是以管理职能来组织内容。管理是以计划为中心的各个管理职能交替发挥作用的循环往复的过程, 因此, 法约尔的管理思想被人称为过程管理理论, 他被称为"过程管理学"之父。

对管理的定义是法约尔管理理论的核心理论, 也是他对管理理论的最重要的贡献。然而, 这是一个管理职能叠加的定义, 对这一定义, 人们争论最多的就是管理是否还有其他职能。如孔茨就认为管理还包含激励、领导等职能; 西蒙认为决策贯彻管理的全过程, 应当成为管理的职能; 而周三多则认为管理应当包含创新。这个争论的核心问题其实就是到底如何归纳管理职能问题。①

　　另外,日本学者占部都美认为,法约尔关于管理的定义仅说了管理由计划、组织、指挥、协调和控制五项要素构成,而并未给管理确定统一的概念。②

　　乌尔里希则认为,法约尔"没有确立一定的什么是管理、什么是组织的准则"。③

四、韦伯和行政组织理论

(一)韦伯生平(1864～1920)

　　马克斯·韦伯(Max Weber)出生于德国爱尔福特的一个富裕的家庭,是德国著名的社会学家、经济学家和政治学家,先后担任过大学教授、政府顾问、编辑和著作家,他对社会学、经济学、政治学、历史学和宗教学等许多学科领域都进行了深入研究并取得了独特的、具有开拓性的研究成果,其学术思想和观点对后世产生了极为深远的影响。韦伯是一位百科全书式的学者,但他最有影响、最有权威也是贡献最大的,是他的"理想的行政组织理论",即科层制(又称官僚制)。反映这种理论的代表作是他去世两年后出版的《经济与社会》和《社会组织与经济组织理论》。

(二)韦伯理想的行政组织理论主要论点

　　韦伯理论的主要内容可以分为两大部分:一是关于组织形成的社会基础;二是关于理想行政组织模式或特征。

---

　　① 袁勇志、宋典:《管理的定义和管理的发展——对法约尔管理定义的检验及反思》,原载《学术界》2006 年第 6 期,《管理科学》2007 年第 4 期转载。

　　② 占部都美:《现代管理论》,新华出版社 1984 年版,第 78 页。

　　③ 乌尔里希:《企业经济组织论》,中国经济出版社 1990 年版,第 90 页。

1. 理想的行政组织要以法理权力为基础

韦伯对组织的研究是从对权力(权威)的研究开始的,因为他认为任何组织的形成和建立,都有赖于某种形式的权力(权威)。权力能带来秩序,有秩序的人群就是组织。权力是组织形成的社会基础。韦伯把权力分为三种类型:

第一种是传统的权力。所谓传统的权力是指继承或世袭的权力,它以不可侵犯的传统、先例、惯例为基础。在这种类型的组织中,上级不是"上司"而是"主子",下级不是"下属"而是"仆从",他们之间的关系不是事务上的职务职责关系,而是奴仆对主人的忠诚关系。组织在进行管理时,管理人员的任意专断性很大,导致贪污受贿等风气蔓延。

第二种是超凡的权力。所谓超凡的权力是指一个人由于具有某种特别的能力、人格魅力或者个性特征而形成的权力,相当于现代领导理论中的非职务权力。这种权力以人们对个人特殊的超凡能力、英雄行为和楷模样板的崇拜和信仰为基础。虽然这种信仰和崇拜是自愿而非强制的,但如果一个领导者长期不能取得成就,尤其是他的领导不能给被领导者带来幸福安康时,人们对他的信仰和崇拜就会丧失,这种权力就会崩溃。

第三种是法理权力。所谓的法理权力就是法律规定的权力,相当于现代领导理论中的职务权力。这种权力以人们对权力拥有者合法性的认可和对组织内部各种纪律、规则的遵守为基础,既合法又合理。

以上三种权力中,无论是世袭的传统权力,还是个人崇拜形成的超凡权力,都是一种个人权力。以这两种权力为基础的组织没有或很少有规章制度,因而常常感情用事,权力会随着个人的离去而离去,不具有连续性。这两种权力都不能作为行政组织的基础,唯有法理权力能够成为组织的基础,因为,它具有合法、合理、连续性的特点。

韦伯当初对权力的分析,今天对我们仍然具有一定的启发意义。如我国的一些民营企业在发展到一定程度以后,就很难跳过一个关槛。当然这可能有各种原因,但一个比较普遍的现象就是,当发展到一定规模以后,这些民营企业家不能及时地使自己的管理制度化,还是过度地依赖个人的权力,依赖过去的传统或者超凡的权力来进行管理,而这种传统的或者超凡的权力相对来讲,是不具有连续性的。要使企业能够具有连续性,就必须以职权为基础。

2.理想的行政组织体制的特点

韦伯认为以法理权力为基础的组织体系结构应有三个层级:最高层为高级管理层,也就是决策层;中间是中级管理层,也就是管理层;下面是基层管理层,也就是执行层,这三个层级构成一个完整的组织体系。这种组织体系应包括以下六个内容:

(1)明确的职能分工:组织按工作任务进行分工,而且每个职位(岗位)的权力和责任都有明确的规定。

(2)清晰的等级关系:各种职位按权力等级组织起来,形成一个自上而下的指挥链或等级系列。

(3)人员的任用:根据职位要求,通过考试挑选组织成员,力图做到以岗择人,使事得其人,人尽其才。他还提出,担任公职的人员一般都是任命的,而不是选出的。

(4)管理工作职业化:管理是一种职业,管理者是职业管理人,他们领取固定的"薪金",并建立升迁制度,使管理人员安心工作,培养事业心。

(5)法规和纪律:管理人员必须遵守组织法规和纪律。

(6)管理非人格化:管理人员忠于职守而非忠于个人;成员之间只有对事的关系而无对人的关系,即要以等级系列、规章制度为准则,对事不对人,公事公办。

(三)韦伯理想行政组织理论的贡献

韦伯理想的行政组织体制是一种体现劳动分工原则、等级秩序、详细的规则制度以及非个人关系的组织模式。

韦伯之所以把他的行政组织称为是"理想的行政组织",是因为他认为这种组织虽然是最有效和合理的组织,但它是一种抽象的、纯粹的组织类型,在现实中是不存在的。确实,韦伯的"理想的行政组织理论",由于当时的组织规模很小,加之当时德国的经济不够发达,没有引起重视①。但是,由于这种组织理论适合大型组织的需要,20 世纪中叶以后,随着企业的规模日益扩大,组织结构愈加复杂,韦伯理想的行政组织体系开始引起广泛的重视,逐渐成为各类社会组织的"理想模型"和主要形式。现在广大组织普遍采用的高、中、低三层次管理体系就是源于他的理论。

五、古典管理理论的贡献

古典管理理论为管理学奠定了坚实的基础,泰罗完成了管理从经验到科学的转变,成为"科学管理之父";法约尔明确了管理的概念,提出了管理的职能,为管理科学建立了理论框架,为过程管理学派奠下了理论基础,被称为"过程管理学"之父;韦伯提出的"理想行政组织",适合工业化以来大型组织的需要,成为当今各类大型组织的"理想模型",被称为"组织理论之父"。泰罗的科学管理理论、法约尔的一般管理理论、韦伯的行政组织理论,相互补充,相得益彰,分别从三个不同的角度建立起了古典管理理论的大厦。古典管理理论产生至今,已经过去将近百年,但无论管理科学如何发展,古典管理理论始终是它的核心和基础;在当今任何一个成功的企业中,我们都可以看到"泰罗制"的影子。② 正如以古典管理理论系统化而著称的英国管理学家厄威克在《科学管理》一书中所说的那样:"所谓现代管理方法,如果不说是绝大多数,至少有许多可以追溯到泰罗及其追随者半个世纪以前提出的思想。这些管理方法虽然已改进和发展得几乎同原来面目全非了,但其核心思想通常可以从泰罗的著作和实践中找到。"

当然,泰罗、法约尔、韦伯的管理理论,虽然研究各有不同的侧重,但他

---

① 韦伯关于科层理论的英译本《社会组织与经济组织》直到 1947 年才出版。
② 厉以宁:《我国管理需要"补课"》,原载《北京日报》2006 年 11 月 10 日 18 版,《管理学文摘卡》2007 年第 1 期转载。

们有两个共同的特点：一是以"经济人"假设为理论前提，把人当作"机器人"看待，忽视组织中人的因素及人的需要和行为，因此有人认为古典管理理论实际上是"无人的组织"，是一种"物本管理"；二是没有看到组织与外部的关系，关注的只是组织内部的问题，因此有人认为古典管理理论实际上是"封闭的组织"。

行为科学理论——管理学的新发展

　　古典管理理论主要内容是科学管理理论、过程管理理论及组织管理理论,它的实际运用,大大提高了组织效率。但古典管理理论以人是追求最大的经济利益为一切活动目的的"经济人"这一假说为基础,强调科学性、精明性、纪律性,把生产效率置于人的伦理之上,漠视人的存在和需要,把工人当作机器的附属品,不是人在使用机器,而是机器在使用人。重物重事不重人的管理方法,一方面压抑了人的积极性、创造性的发挥,无法进一步提高劳动生产率;另一方面,随着工人的觉醒,这种管理方式激起了工人的强烈不满,劳资矛盾日益突出。资产阶级以及一些管理学家逐渐意识到再依靠传统的管理方法,不可能有效地控制工人来提高效率。于是以社会人假设为基础的行为科学管理理论应运而生,这是管理科学发展的新阶段,是继古典管理理论之后管理学发展的一个重要阶段,是现代管理理论的重要组成部分。

一、乔治·埃尔顿·梅奥(1880~1949)

　　乔治·埃尔顿·梅奥(Elton Mayo),美国人,原籍澳大利亚,在澳大利亚阿得雷德大学获得逻辑和哲学硕士学位,1919 年应聘到昆士兰大学讲授逻辑和哲学,是澳大利亚心理疗法的创始人。后赴苏格兰的爱丁堡学习医学,并进行过精神病理学的研究。1922 年移居美国,1923~1926 年,在宾夕法尼亚大学沃尔顿管理学院任教,并在洛克菲勒基金会的资助下进行工业研究,1926 年起在哈佛大学任教直至退休。梅奥是行为科学的创始人和奠基人,主要著作有《工业文明的人类问题》(1933 年)、《工业文明的社会问题》(1945 年出版,是对《工业文明的人类问题》一书中提出的观点的进一步引申和发展)。梅奥一再强调,以往的经济学理论在人文方面非常弱,非常不充分,甚至达到荒唐的程度。人类被描绘为一群自私自利、为了争夺稀缺资源和生存机会而自相残杀的游牧部落民。由于认识到这一理论的虚妄和谬误,梅奥及其同事开始对某些特定的人类活动进行研究。梅奥认为,为了提出新的假设代替所谓"经济人"的假设,必须先对实际生活中人际关系的复杂性,进行深入探求。而对人际关系的研究只有临床式研究才能产生出合乎逻辑的治疗方案。梅奥先后进行了两次"临床"式的研究工作,第一次是调查美国费城附近一家纺织厂细纱车间工人流动率过高的原因(1923 年),第二次是著名的霍桑实验。通过两次调查实验,特别是霍桑实验,梅奥提出了他的早期行为科学理论——人际关系学说。

二、第一次"临床"式研究工作

1923 年,梅奥等人应邀到美国费城附近的一家纺织厂细纱车间调查工人流动率过高的原因。这家纺织厂的其他车间的工人都没有什么问题,情况相当不错,雇主十分开明和富于人情味,生产和经营管理井井有条,从各方面看都非常成功。但是唯独细纱车间的情况很不妙,其他车间工人流动率大约每年在 5%～6% 之间,而细纱车间却高达 250%。

工厂的厂长和人事科长为此十分焦虑。他们曾请专门研究提高工作效率的公司的若干专家前来咨询,试验四种新的物质刺激方法,但一切努力都失败了。周围的几家纺织厂也遇到了类似的问题,大家都准备接受这样的事实:细纱车间工人积极性不高是无法医治的。但这家纺织厂不愿意放弃,于是请了梅奥。

初步的巡视和观察,看不出细纱车间和其他车间有什么重大区别:一周工作 5 天,每天工作 10 小时,每周工作 50 小时;主要工作任务是沿着纺机走来走去,不停的接线。但仔细调查就发现,工人几乎都患有足疾,臂部、肩部、腿部神经痛,而且认为这些病是治不好;更令人震惊的是,几乎所有的纺纱工人都十分鄙视自己的工作,垂头丧气;因为整天干活,没有时间和别人讲话,感到很孤独;到了晚上,又因为极度疲劳,而无心参加社交、文娱活动。工人们变得暴躁,不讲道理,甚至有时擅离岗位。但是,工人们的这种悲观和忧郁并不表现为对纺织厂或厂长的怨恨,只是有时造成与基层工头的对立情绪。因为,老厂长原是美国陆军的一位上校团长,许多工人曾经在他的直接指挥下参加第一次世界大战,对他十分有好感。

根据这一情况,梅奥调查组征得厂方的同意,开始在细纱车间试验,给工人医病、改变休息时间和方式(如多休息几次)等措施,工人们对试验很感兴趣,也很高兴。1923 年 10 月份开始,整个细纱车间都进入了试验,由那时起到第二年 2 月,细纱车间工人流动率开始下降,生产率逐步上升,先后上升到了 78.5%、79.5%、82%(此前生产率从未超过 70%)。工人们第一次拿到了奖金。

遗憾的是,由于种种原因,梅奥在这家纺织厂的试验没有继续下去,留下的许多问题没有得到令人满意的答复。1926 年,梅奥进入哈佛大学从事工业研究工作。

三、霍桑实验与人际关系学说

霍桑工厂是西方电器公司一家专门生产电话机工厂,拥有 25000 名职工,并且以女工为主。它设备完善,福利优厚,具有齐备的娱乐设施、医疗制度和养老金制度,但是这个工厂的工人仍然愤愤不平,生产效率很不理想。到底是什么原因阻碍了生产率的提高呢?有人认为是因为照明问题。为此,1924 年 11 月,美国科学院组织了一个包括各方面专家在内的研究小组,对该厂的工作条件和生产效率的关系进行了全面的考察和多种实验。霍桑实验从 1924 年开始到 1932 年结束,分为四个阶段进行。

第一阶段:车间照明实验——工作条件实验(1924 年 11 月~1927 年 5 月)。从 25000 名职工中挑选 12 名工人,分为 2 组,6 人为一组,一组为"控制组",其照明条件始终不变;另一组为"试验组",其照明条件经常变化。实验的最初目的是根据科学管理原理,探讨工作环境、劳动条件对劳动生产率的影响,实验结果出乎人们的预料,两组女工的产量呈递增趋势,工人们的劳动生产率没有受到"照明条件"的影响。研究人员无法解释这一结果,感到十分恼怒,几乎要宣布实验失败,准备放弃实验。梅奥未参加此次实验,但听到实验结果后,却很感兴趣。1927年,他带领一批研究工作者进入霍桑工厂继续实验。他分析认为,工人的劳动热情提高了,一定受到了激励,既然工作环境和条件没有构成激励的主要因素,那么这巨大的动力就来自于这些参与者参加了实验活动的社会满足感。

第二阶段:继电器装配实验——工资福利、劳动条件实验(1927年8月~1928年4月)。选出6名女工在单独的房间内进行继电器装配工作。在实验过程中不断变化工人的福利,如减少或增加工作日、延长或缩短休息时间,等等。研究者设想,福利的变化会影响工人的劳动生产率,结果却并非如此,因为,虽然减少工作日、延长休息时间使工人的产量增加了,但取消这些福利未见产量下降。

既然劳动条件和福利都不是影响工人劳动生产率的主要因素,那么,工资方式是否会影响工人的劳动积极性呢?于是,梅奥又进行了一次关于计件工资与劳动生产率的关系的实验。他们选择了继电器装配和云母片剥离两个小组进行实验。继电器装配小组由5个有经验的女工组成,实验以前实行集体计件工资制,实验时改为个人计件工资制,工人的产量在原来产量的112.6%~96.2%之间变化。云母片剥离小组的工资制度没有改变,唯一变化的是工作场所被安排在一间特别的观察室中。在实验期间,小组产量比实验前平均提高了15%。由此,研究小组认为工资制度的变化与产量的提高无直接的关系。

究竟是什么原因导致了产量的增加呢?研究人员认为,是士气的提高和人际关系的改善所引起的。而士气的提高是管理方式的改变的结果。在实验过程中,工人的劳动从现场转移到实验室中,管理人员由工厂的人员换成研究人员,他们改变传统的严格命令和控制的管理方式,经常与工人进行交流,向他们咨询各种问题,让工人充分发表意见,并对工人的身心状况给予高度的关心。工人们因为自己能被挑选出来参加试验,能自由发表意见,身心状况受到关心,认为自己引起了管理当局的重视而感到特别的兴奋,士气和工作态度随之改进,劳动热情大大提高,从而促进了产量的提高。

第三阶段:大规模的访谈实验——社会人假设、职工士气实验(1928 年 9 月~1931 年 5 月)。既然管理方式和职工的士气与劳动生产率有密切的关系,那么就应该了解职工对现有的管理方式有什么意见,为改进管理方式提供依据。于是,研究小组制定了一个广泛征询职工意见的访谈计划,在不到两年的时间里,研究人员对 2 万名左右的职工进行访谈。开始,研究人员就事先拟定好一些问题,如管理当局的规划、管理政策、工作条件等,采用"提问—回答"的方式让工人发表意见,但效果很差,工人们或不敢说,或不感兴趣,或不愿说。后来,研究小组将访谈方式改为工人随便发表意见,调查人员只是倾听,访谈的任务就是让工人多说话,访谈立即活跃起来。由于工人们可以就任何一个问题畅所欲言,有了自由发表意见、发泄心中不满的机会,虽然工作条件和劳动报酬没有改变,但工人们普遍认为自己的处境比以前好了。另外,实验人员还发现,引起工人不满的事实和工人所埋怨的事实总是不是一回事,如有个工人抱怨计件工资率太低,但深入了解后得知,这位工人是在为支付妻子的医药费而担心。据此,梅奥等人认为应该对管理者进行训练,让他们能够更好地倾听工人的意见,了解工人的情绪,这有利于改善人际关系,提高职工士气。

第四阶段:继电器绕线工实验——非正式组织实验(1931~1932 年)。在以上的实验中,研究人员似乎感觉到在工人当中存在着一种非正式的组织,而且这种非正式的组织对工人的态度有着及其重要的影响。这个阶段的实验就是证实正式组织中存在着非正式组织。研究人员找来 14 名男工,其中,绕线工 9 名,焊接工 3 名,检验工 2 名,他们共同在一个房间内工作。实验开始时,研究人员向他们说明,这里实行的是计件工资,他们可以尽力地工作。研究人员原以为,实行计件工资工人会更加努力地工作。实验结果出乎研究人员的意料,大家的产量都达不到管理当局制定的标准定额,但也不是差得很多,而且每个工人的产量都差不多,从而形成了一个非正式的定额。如电焊工的日标准定额为 7312 个焊接点,但工人们每天只完成了 6000～6600 个焊接点。分析其原因是,工人自动限制产量的原因,一是怕做得太多后定额上涨,二是怕做得太多而成为"害人精"(保护速度慢的同伴),三是怕做得太多而被小团体抛弃。所以大家达成了默契的行为规范,即工作不要做得太多,也不要做得太少,差不多就行。工人们都不愿意被小团体抛弃,因此,自觉维持着非正式的定额。这个非正式的定额产量是靠小团体的压力维持的。

这个实验还发现,参加实验的 14 名工人,由于工作位置形成了两个小团体,在工作室前端的形成了一个小团体,在工作室后端的又形成了一个小团体,当然也有个别人员不属于任何一个小团体的。两个小团体都认为自己比另一个小团体优秀,并且双方都有自己的一些行为规范。

霍桑实验原本是想研究外界因素与劳动生产率之间的关系,但实验结果大大出乎人们的预料,影响工人劳动生产率的因素并非物质的因素,而是工作中发展起来的人群关系。这个结果极大地推动了管理理论的发展。通过霍桑实验,梅奥等人获得了大量的第一手资料,为人群关系理论的形成以及后来行为科学的发展打下了基础。梅奥在霍桑实验后,利用获得的大量宝贵资料继续进行研究,最终提出了人群关系理论。

四、霍桑实验得出的几点有关人际关系学说的观点

梅奥率领研究小组,通过为期 9 年(1927～1936 年)的霍桑实验,得出了与古典理论大不相同的结论。

1. 关于"社会人"的观点

从亚当·斯密的《国富论》到古典管理理论,都把人看作是仅仅为了追求经济利益而进行活动的"经济人",认为金钱是刺激人的积极性的惟一动力。而霍桑实验表明,物质条件的改变,不是劳动生产率提高或降低的直接

原因,甚至,计件制的刺激工资制对于产量的影响也不及生产集体形成的一种自然力量大。据此,梅奥把人看成是"社会人",创立了"社会人"的假设。认为工人并非单纯追求金钱收入,还有社会心理方面的需求,如追求人与人之间的友情、安全感、归属感和受人尊重等。梅奥等人曾经用这样一句话来描述人:人是独特的社会动物,只有把自己完全投入到集体之中,才能实现彻底的"自由"。这就要求企业管理当局在进行组织和管理时,要考虑到人的社会和心理方面的需求。

2. 关于"士气"的观点

所谓的士气,就是工作积极性、主动性、协作精神等结合成一体的精神状态。古典管理理论认为生产效率主要受工作方法、工作条件、工资制度等的制约,只要改善工作条件、采用科学的作业方法、实行恰当的工资制度,就可以提高生产效率。梅奥则根据霍桑实验认为,生产率的高低在很大程度上取决工人的"士气",而工人的士气则取决于他们对各种需要的满足程度。满足程度越高,士气就越高,劳动生产率也就越高。在这些需要中,金钱和物质方面的需要只占很少的一部分,更多的是要得到友谊、尊重、安全与保障等方面的社会需要。

3. 关于"非正式组织"的观点

非正式组织是相对于正式组织而言的。所谓的正式组织就是人们为了实现组织目标而设计的以效率为基础,具有明确的目标任务、职位职权、工作关系、规章制度的组织。而非正式组织是人们以情感为纽带,在生活工作中自发地无意识形成的小团体。古典组织理论只重视组织结构、职权划分、规章制度等正式组织的问题。而梅奥在霍桑实验中认为,一切组织中都存在着两种类型的组织,一种是正式组织,这是由职位、权力、责任及其相互关系和规章制度明确界定、相互衔接而构成的组织体系,它以效率逻辑作为价值标准;还有一种是非正式组织,这是人们在正式组织的共同劳动过程中,因相同的情趣、爱好、利益等而结成的自发性群体组织,它以感情逻辑作为价值标准,具有群体成员自愿遵从的不成文规范和惯例,对成员的感情倾向和劳动行为具有很大的影响力,这两种类型的组织相伴相生,相互依存。因此,作为管理者来说,必须正视非正式组织的存在,并利用它来影响人们的工作态度,为正式组织的活动和目标服务。

4.企业应采用新型的领导方法

一支军队,饱满的士气比起精良的武器和充足军粮要重要得多,所以,一个优秀的指战员总是知道需要做的核心工作是鼓舞士气,一旦士气被提升,即将打响的战斗就已经胜利了一半。梅奥同样认为,新型领导不仅要解决工人物质生活或生产技术方面的问题,还要善于与工人沟通,倾听工人的意见,掌握他们的心理状态,了解他们的思想情绪以便采取相应的激励措施,鼓舞士气。

5.关于"人际关系"的观点

基于对人及人际关系的作用和重要性的认识,梅奥认为有效的管理不仅仅与管理者在技术方面的能力有关,而且还取决于管理者处理人际关系的能力。因此,是否重视人际关系以及是否具有协调、处理人际关系的能力是一个经理人员是否成熟的一个重要标志,也是一个组织是否有效的一个重要标志。

五、梅奥人际关系学说对管理学的贡献

梅奥"大胆假设、小心求证",用"临床式"的实证方法首次揭示了集管理主体和管理客体于一身的"人"在组织中的重要地位和作用。他的人际关系学说弥补了古典管理理论的不足,促进了行为科学的诞生,开辟了管理研究的新领域,成为管理理论的另外一块奠基石。梅奥是行为科学的创始人,行为科学理论是管理思想发展史上第二代管理理论。梅奥的人际关系学,在1949年芝加哥大学举行的一次跨学科会议上,学者们把研究人类行

为的学科统一取名为"行为科学",并于 1956 年在美国出版了第一本行为科学杂志——《行为科学》。

梅奥提出的早期的行为科学理论只强调要重视人的行为。后来的行为科学进一步发展,不仅研究人的行为规律,而且还研究产生不同行为的影响因素,探讨如何控制人的行为以达到预定的目标。[1] 有学者认为:如果古典管理理论是第一代管理理论的话,行为科学就是第二代管理理论(第三、第四、第五、第六代管理理论分别是以运筹学为基础的管理科学、企业文化、电子管理、组织学习)。以上的二、四、六代均属组织行为研究。一、三、五代均涉及技术、数学等在管理中的运用。这表明,组织行为学一直是管理研究的重要课题之一。[2]

---

① 周三多、陈传明、鲁明泓编著:《管理学原理与方法》,复旦大学出版社 2009 年版,第 69 页。
② 李剑峰:《组织行为学》,中国经济出版社 2002 年版,第 15 页。

现代管理理论——管理理论丛林

　　现代管理理论产生和形成于第二次世界大战前后。"二战"以后,科技与生产迅速发展,企业规模越来越大,国际化进程加速,这一切都给管理工作提出了许多新问题,引起了人们对管理的普遍重视。除管理工作者和管理学家外,其他领域的一些专家,如社会学家、经济学家、生物学家、数学家等都纷纷加入了研究管理的队伍。他们从不同角度用不同方法对管理进行研究,管理研究呈现出"百花齐放、百家争鸣"的繁荣景象,出现了各种管理学派。1961 年 12 月,美国管理学家哈罗德·哈罗德·孔茨(Harold·Koontz)发表《管理理论的丛林》一文,形象地把这种现象称之为"管理理论的丛林",并把当时的各种管理学派概括归纳为六个学派:管理过程学派、人际关系学派、群体行为学派、经验学派、社会系统学派、决策理论学派。孔茨在发表《管理理论的丛林》一文 19 年后,即 1980 年,再次撰文《再论管理理论的丛林》,指出自从他的《管理理论的丛林》一文发表以后,引起了广泛的讨论,许多人提出管理理论是否还处于"丛林"状态的问题。经过对"丛林"进行重新考察,结果发现,管理理论的"丛林"不仅存在,而且更加茂密了,由原来的六个学派发展成为 11 个学派,并列举了管理丛林共同的十个倾向。这 11 个学派中,比较有影响的主要有九个学派,它们是管理过程学派、经验学派、行为科学学派、社会系统学派、决策理论学派、管理科学学派、经理角色学派、权变理论学派、系统理论学派。

一、现代"管理丛林"中的各学派

(一)管理过程学派

法约尔(Henri Fayol)不仅是西方古典管理理论的杰出代表,而且是现代管理过程学派的开山鼻祖。卢瑟·H.古力克(Luther H. Gulick)、哈罗德·孔茨(Harold·Koontz)、斯蒂芬·P.罗宾斯(Stephen p. Robbins)等是管理过程学派的主要代表人物。管理过程学派的主要论点有:①管理就是在组织中通过别人并同别人一起完成工作的过程,因此,管理的本质就是协调。②管理由一系列管理职能构成,管理过程就是充分发挥这些职能的过程。过程管理学派都认为管理是由一系列管理职能构成的一个过程,但在具体构成上,不同的管理学者的观点有稍微的差别。法约尔认为管理由计划、组织、指挥、协调、控制五项职能(要素)构成;古力克认为管理由计划、组织、人事、指挥、协调、报告、预算七项职能构成;孔茨认为法约尔提出的协调本身不是一种单独的职能,而是有效地运用其他职能的结果,因此他认为管理的五项职能应为计划、组织、人事、指挥、控制。③可以根据管理经验总结出一些基本管理原理,用于指导和改进管理工作。

管理过程学派研究的对象是管理过程及其管理过程中的各种职能,并以此建立了管理理论的框架。相对于其他现代管理学派而言,过程管理理论是最为系统的理论,也是目前最容易被接受的管理理论,对后世影响很大。时至今日,最普及的教科书都是以管理职能来组织内容。

当然,过程管理学派也有它的缺陷,那就是他们所归纳的管理职能并没有包括所有的管理行为,即便是他们归纳出来的管理职能也不是适用于所有的组织。明茨伯格在其名著《经理工作的性质》中写到:"如果我们观察一位工作中的经理,然后尝试着把他的特殊活动同管理的各种职能联系起来,我们很快就能对此有所感觉。设想一位总经理碰到了一批有意见的职工,他们威胁说:如果某一位高级经理不被解雇,他们就要辞职。这位总经理在以后的一些日子中,必须搜集有关资料并找出处理这一危机的办法;或者设想某一位经理授予某一位退休职工一枚荣誉奖章;或者设想一位总经理给他的下属带来一些外部董事会会议的有用信息。这些活动中哪一项可以叫做计划? 又有哪一项可以叫做组织、协调或控制呢? 事实上这四个词同经理的各项活动之间有一些什么关系呢? 这四个词实际上完全没有描绘出经理的实际工作,它们只不过描绘出了经理工作的某些模糊的目标。①

(二) 经验管理学派

经验管理学派又称案例学派,主要代表人物有当代管理学大师彼得·德鲁克(Peter F. Drucker)、曾担任美国通用汽车公司总经理的艾尔弗雷德·斯隆(Alfred P. sloan)、被称为“给世界装上轮子”的汽车大王亨利·福特(Her Ford)、美国管理学家欧内斯特·戴尔(Ernest Dale)、美国哥伦比亚大学威廉·纽曼等。这个学派用比较研究的方法研究大企业的管理经验,并向企业经理们提供这些企业的成功管理经验和管理方法。经验管理学派的主要观点有:①否认管理具有普遍性,与管理过程学派形成针锋相对的观点。1962 年,即《管理理论的丛林》一文发表一年,一批有名的管理学者和实际工作者在洛杉矶的加利福尼亚大学举行了一次讨论会,孔茨任会议主席。在会上戴尔提出了两个否定管理普遍性的问题,其中一个问题是:有人认为治理得最好的三个组织是新泽西标准石油公司、罗马天主教会和共产党,如果应用管理普遍性学说,那就意味着这三个组织的主要负责人可轮换使用。可以轮换吗? 戴尔在 1960 年出版的《伟大的组织者》中就对管理的普遍性进行了反驳。他说:迄今为止,还没有掌握企业管理上的通用准则,至多只能说是“基本类似点”,管理知识的真正源泉就是大公司中“伟大组织者的基本经验”,“万能者”(管理过程学派)所标榜的原理“很少有实用价值”。②非常重视管理的实践性,德鲁克在《管理:任务 责任 实践》一书中说,“归根到底,管理是一种实践。其本质不在于知,而在于行;其验

---

① 《经理工作的性质》,孙耀君译,团结出版社 1999 年版,第 16 页。

证不在于逻辑,而在于成果;其唯一的标准就是成就。"因此,管理理论"自实践产生而又以实践为基础。"强调管理的实践性是经验学派理论的主要观点,也是它的理论的一个特点。③提出了目标管理理论,认为古典管理学派以工作为中心,忽视了人的一面,而行为科学学派则以人为中心,忽视了工作的一面。目标管理综合了以工作为中心和以人为中心的优点,通过组织中上下级管理人员共同制定组织目标,实行自我管理,自我控制,使职工在工作中体会到乐趣和价值。④非常重视组织结构,提出了自己组织结构设计的规范。斯隆于上世纪20年代创建的事业部制组织结构,由于较好地解决了集权与分权的矛盾,为"大企业病"开出了一剂良方,成为当今大型企业普遍采用的组织结构。⑤提出了管理的性质、责任、任务,其中影响比较大的是他们提出的管理的任务。认为管理的任务有三项,一是取得经济成果;二是使职工有成就感;三是企业不是为了自己而存在,要勇于承担社会责任。

经验或案例学派并未形成完整的理论体系,其内容比较复杂,但其中一些研究反映了当代社会化大生产的客观要求,是值得注意的。关于过程学派和经验学派的关系,如果过程管理学派是用现有的管理原理指导实践的话,那么,经验学派是通过案例研究总结管理经验,或是对管理过程学派原理进行验证,两者都在做同一件事情,有异曲同工之处,即管理还是有一些普遍适用的基本原理的。

(三)行为科学学派

所谓的行为科学,就是对人在工作中的行为及其产生的原因进行分析研究,以便调节企业中的人际关系,提高生产率。行为科学理论发端于二十世纪二三十年代产生的人际关系学说,以后发展成为行为科学。因此,行为科学的研究,可以分为两个时期,前期以人际关系学说为主要内容,从20世纪30年代梅奥的霍桑试验开始,到1949年在美国芝加哥大学讨论会上第一次提出行为科学的概念为止。在1953年美国福特基金会召开的各大学科学家参加的会议上,正式将人际关系学说定名为行为科学,是为行为科学研究时期。20世纪60年代以后,则更多地使用"组织行为学"一词。美国管理学者梅奥是这个学派的创始人物。代表人物主要有亚伯拉罕·马斯洛(Abraham Maslow)、弗雷德里克·赫兹伯格(Frederick herzberg)、维克多·H. 弗鲁姆(Victor H. Vroom)、道格拉斯·麦格雷戈(Douglas M. McGergor)、克里斯·阿吉里斯(Chris Argyris)等。行为科学学派的理论可分成三个层次,即个体行为理论、团体行为理论和组织行为理论。个体行为理论主要包括两大方面的内容:一是有关人的需要、动机与激励方面的理论,二是关于"人性"理论。组织理论主要包括领导理论、组织变革理论、组织发展理论。其中,领导理论又分为三个方面,即领导性格理论、领导行为理论和领导权变理论。在这些内容中,人性假设是行为科学管理理论的出发点,激励理论是行为科学管理理论的核心内容,领导行为理论是行为科学管理理论的重要支柱,团体行为理论是行为科学管理理论的重要组成部分。

　　行为科学理论是管理理论的奠基石之一,它对管理思想及管理实践都产生了广泛而深远的影响。行为科学学派是主流管理学派之一。

(四)社会系统学派

　　又称组织管理学派、社会合作系统学派,美国管理学家切斯特·巴纳德(Chester Irving Barnard 1886~1961)是这个学派的创始人,也是最主要的代表人物。科学管理之父泰罗,是从当工人开始,通过对现场作业的研究,从中归纳出管理的一般性结论;身为大型企业总经理的法约尔,则从高层经营的视角,分析管理的要素和原则,创立了管理过程理论。在管理学理论与实践的一体化进展中,能够同泰罗与法约尔相媲美的,恐怕非巴纳德莫属。巴纳德一生著作很多,其中最有代表性的是《经理人员的职能》(1938年),被管理学界誉为美国管理文献中的经典著作。其主要观点有:①关于组织的定义及要素。古典管理理论认为组织就是人的集合体,如一个医院就是医生和病人的集合体等,这就使传统的组织理论停留在对组织的表象和功能的表述上,没有抓住组织的本质进行深入研究。而巴纳德认为组织是一个或两个人以上的协作系统。这种组织定义,不仅是从组织结构的角度,而且还从组织行为的角度给组织下定义,使组织的定义更加全面。巴纳德还首次提出并分析了组织的要素,这在之前的古典管理理论中是没有的。他认为一个组织的成立需要具备三个条件,即组织三要素:协作意愿、共同目标、信息沟通。其中,个人"协作意愿"的强度,取决于自己为组织做出的"牺牲"与组织为自己提供的"诱因"。②提出组织平衡理论。认为一个组织要生存必须保持平衡,这种平衡包括两个方面,一是内部平衡,即组织内部成员所做出的"牺牲"与组织提供给他们的"诱因"之间的平衡;二是外部的平衡,即外部组织成员诸如顾客、投资商、供应商对组织的"贡献"与组织为他们提供的服务、赢利之间的平衡;三是组织动态平衡,即在内外各种因素变化前提下,打破旧平衡、建立新平衡。③提出了"有效性"和"能率"的原则。"有效性"是指组织目标实现的程度,当组织系统协作成功,组织目标实现时,这个组织是有效的,它是组织存在的必要条件;"能率"是指组织成员个人目标的实现程度。这两个概念把正式组织的目标同组织成员的个人要求结合起来,是管理思想史上最大的突破。④提出了著名的"权威接受理论"。古典管理学的杰出代表、组织理论之父韦伯认为权威是组织存在的基础,权威的作用是自上而下的。而巴纳德将政治学中洛克"统治必须征得被统治者的同意"的理论移植到管理学之中,提出权威来自于下属的接受,从此,"权威来自于下属而不是来自于上司"成为管理学的教义之一。他指出要使权威被下属接受须具备一定的条件,这些条件是:第一是下级对命令的内容已经了解;第二是命令应符合组织的目标;第三是命令不违背下级利益;第四是下级有能力执行。⑤关于管理(经理人员)的职能:组织既然是一个由具有协作意愿的人群抱着一定的目的并以信息交流为主要沟通渠道的协作系统,那么,它必须有一个处于系统中心位置的人来协调、控制整个系统的正常运转,这个处于中心位置的人物就是巴纳德所说的经理人员。巴纳德认为经理人员有三项职能,即建立和维持一个信息交流畅通的系统、从组织成员那里获得必需的服务(招募和选拔能很好地做出贡献并协调地进行工作的人员)、规定组织的目标。巴纳德提出的经理人员的三项职能,实际上就是管理者的职能,也就是管理职能。古典管理理论对管理职能的划分是从对管理过程的分析中提炼出来的,而巴纳德的管理职能是通过对组织要素的分析后提出来的。将管理的三项职能分别对应于组织的三个要素,从而将管理的职能和组织的要素结合起来,这在其他管理学派中也是没有的。⑥关于领导理论。认为领导的行为由确定目标、运用手段、控制组织、进行协调四个方面构成;指出领导人的素质要因时因地而异的同时,在以下两种情况下领导人应做到:平时要冷静、审慎、深思熟虑、瞻前顾后、讲究工作的方式方法;紧急关头要当机立断,刚柔相济,富有独创精神。

巴纳德理论总的特征是组织论的管理理论,即以组织为基础分析和说明管理的职能和过程,其理论结构为:个体假设→协作行为和协作系统理论→组织理论→管理理论。比起管理过程和职能来,更侧重于说明管理的基础和管理的原理。① 他以领导新泽西贝尔公司的亲身感受,吸收古典组织理论的合理成分,融合人际关系理论关于非正式组织的观点,围绕"协作系统"和"决策"的新概念,运用系统理论和社会学的方法研究正式组织,创立了组织管理理论,建立了现代管理理论的基本框架,被誉为"现代组织理论之父"、"现代管理理论之父"。社会系统学派对管理理论进行了开创性的研究,理论丰富,影响深远,其他一些管理学派都和它有深刻的联系,如德鲁克、孔茨、西蒙等人的研究都极大地受益于巴纳德的组织管理理论。

社会系统学派后来裂变为社会技术系统学派、社会协作系统学派和应用学派。社会技术系统学派是将社会系统和技术系统相结合研究管理问题而产生的;社会协作系统学派是将"正式组织"从协作系统总体中区分出来,认为人们在正式组织中能互通信息并为一个共同目标而自觉地做出贡献;系统应用学派则强调系统方法在管理学中的运用而形成的。

(五)决策学派

决策学派形成于 20 世纪 50 年代,它是以社会系统学派关于组织理论、决策概念为基础,吸收行为科学、系统论的观点,运用电子计算机技术和统

---

① 王利平:《管理学原理》,中国人民大学出版社 2000 年版。

筹学的方法而发展起来的一个学派。可以说,决策学派是从社会系统学派中独立出来的一个学派。创始人和主要代表人物为赫伯特·亚历山大·西蒙(Herbert Alexander Simon,1916~)和詹姆斯·马奇(James G March),主要的代表作为《管理决策的新科学》(1960 年)。西蒙由于在决策理论的研究方面所做出的贡献,获得了 1978 年度诺贝尔经济学奖。主要观点有:①关于决策的重要性:决策贯穿于管理的全过程,提出"管理就是决策"的命题,使决策从计划职能中分离出来成为当今管理学中一个重要的职能。②关于决策过程:决策是一个过程,它可分为四个阶段,即情报活动、设计活动、选择活动、审查活动。情报活动阶段主要是发现问题,确定决策目标;设计活动阶段主要是拟定出各种可能的备选方案;选择活动阶段主要是在各种备选方案中选择一个"令人满意"的行动方案;审查活动阶段主要是对已定的方案进行评价。③关于决策的类型:根据决策是否反复出现,可分为程序性决策和非程序性决策;根据决策时信息的完备程度,可分为确定型决策、风险型决策、非确定型决策。④关于人性假设:第一,针对"经济人"假设中"人是完全理性"的观点,提出"管理人"假设,认为人类实际的理性既不是完美无缺的,也不是非理性的,而是部分理性,或者说是有限度的理性。第二,即使是企业中的一个操作工,他在管理中也有双重身份:一方面,他接受来自其他各方面的指令、监督与控制;另一方面,他在面对自己的工作领域,在操作机器和工具进行生产或服务时是一个主动的实施者,是面临各种突发问题的果断处理者,从这个意义上看,他也是一个狭义的管理者。因此,组织中的所有人都是"管理人员"。"管理人"既然在自己的工作领域中,是一个主动的实施者,是面临各种突发问题的果断处理者,因此,人都是具有成就感的人,而不是"X 理论"的人性假设所说的那样,人生性懒惰、缺乏雄心壮志等。⑤关于决策的准则:在"管理人"假设的基础上提出"满意"的准则,认为人们的决策标准是"满意",而非"最优"。决策的准则有四种代表性的观点,一是古典管理学派提出并被科学管理学派一贯坚持的"最优"准则,二是西蒙提出的"满意"准则,三是孔茨提出的"合理性"准则,四是"直觉"准则,其中,西蒙的"满意"准则是目前最被人们接受的观点。⑥

关于集权和分权问题：集权和分权是管理中很重要的问题，应通过适当的放权让每个人在授权范围内独立自主和创造性地工作、决策，发挥每个人的聪明才智和潜力。

在西蒙以前，古典经济学理论的基本命题是完全理性或最优化准则，决策学派不仅赋予了管理新的职能——决策，开辟了管理学的新领域，而且对西方现代管理的理性主义传统提出了挑战。西蒙认为，理性主义传统导致了西方现代管理理论的僵局，使得各种理论虽然都有一定的合理性但却是相互排斥的，他们都不尽如人意。理性主义的宗旨或是基本原则是"效率"，但理性主义对如何实现"效率最大化"却无法阐述清楚，因为人的技能、知识、价值观等因素"效率最大化"起着重要的作用。这些起着决定性影响和作用的因素就是对理性的"限制因素"。"有限理性"概念的提出以及由此得出的"管理人假设"，不仅奠定了决策理论的基础，也使得决策学派对理性主义传统的反思和批判达到了一定的理论高度。①

决策学派追求的是通用模式，而不是特殊模式，因而他们对非理性没有足够的关注。非理性不同于有限理性，却是影响决策的一个重要因素，尤其是公共决策或政治决策中，非理性的作用更加明显。

（六）管理科学学派

管理科学学派又称数学学派、数量学派、定量学派、运筹学派，代表人物为美国学者埃尔伍德·斯潘赛·伯法（Ewlood Spencer · Buffa），代表作是《现代生产管理》。有人将管理科学与运筹学看成同一语，这是因为该学派正式成立始于 1939 年由英国曼彻斯特大学教授布莱克特领导的运筹小组。管理科学学派反对凭主观和经验管理，主张用科学的管理方法和先进的管理工具对组织进行管理。主要观点有：①对组织的基本看法。他们认为组织是由"经济人"组成的一个追求经济利益的系统，组织成员作为"经济人"，在经济利益的激励下会为组织目标的实现努力工作，同时也满足自

---

① 乔东、李海燕：《西方现代管理思想的理性主义传统反思》，《理论导刊》2007 年 6 期。

己。②将管理的科学方法和管理的先进工具应用于管理活动,特别是着重应用在计划和控制这两项职能中,以提高管理的科学性和效率。科学方法主要是指数学模型,目前管理中应用比较广泛的数学模型有亏盈平衡模型、资源配置(线性规划)模型、决策理论模型、库存模型、投入产出模型、计划评审法、关键线路法、模拟法、博弈论(对策论)、决策论、概率论、排队论等;先进的管理工具主要是指计算机。用数学模型解决问题的步骤为:提出问题——建立数学模型——解出模型答案——检查模型以及解的实际意义——控制模型的解——付诸实施。

管理科学理论的主要内容是一系列的现代管理方法和管理技术,研究的目的是探求最有效的工作方法或最优方案,以最好的方法、最少的时间,达到最高的工作效率。这点上与泰罗科学管理"操作方法"和"作业研究"为主要内容,以及以提高劳动生产率为最终目标不谋而合。而且,科学管理和管理科学都是以"经济人"假设为前提。所以,管理科学学派的理论渊源,可以追溯到20世纪初泰罗的"科学管理"理论,可以说是"科学管理"的继续和发展。

管理科学的实质是反对凭经验、直觉、主观判断进行管理,它把数学模型、计算机等现代管理方法运用于管理领域中,开拓了管理学的另一个广阔的研究领域,使管理理论研究从以往的定性描述走向定量的预测阶段。同时,它的运用对企业管理水平和绩效的提高也起到了很大的作用。例如,1980年代以后出现的计算机集成制造系统,简称CIMS(computer integrated manufacturing systems),就是把成熟的管理方法与先进的制造技术,用数字化的信息技术联成一体,形成四大系统:计算机管理信息系统、计算机设计与开发信息系统、生产自动化信息系统和质量控制信息系统,从而大大提高了工作效率,从根本上改变了管理工作的面貌。①

不足之处是,管理科学学派以"经济人"假设为前提,只研究先进的管理方法和管理工具,不够注意管理中人的作用。另外,基于管理科学的特

---

① 周三多、陈传明、鲁明泓编著:《管理学原理与方法》,复旦大学出版社2009年版,第88页。

征,许多人认为管理科学只是一种有效的管理方法,它仅适用于解决特定的管理问题,因此,它不是一种管理学派或理论。

(七)经理角色学派

经理角色学派是上世纪70年代在西方出现的一个管理学派,它以对经理所担任的角色的分析为中心来考察经理的职务和工作,以求提高管理效率。加拿大管理学家亨利·明茨伯格是(Henry Mintzberg,1939~)该学派的主要代表人物,1973年出版的《经理工作的性质》是明茨伯格的主要代表作,也是经理角色学派最早出版的经典著作。经理角色学派研究的内容涉及经理工作的特点、经理所担任的角色、经理的基本目标(六项)、经理职务的类型(八种)、提高经理管理效率方法等,其中,有关经理角色理论是该学派的核心理论,该学派也因此而得名。明茨伯格通过对不同组织中5位总经理的活动进行研究后,得出结论认为:第一,经理们不仅仅是从事通常所说的计划、组织、指挥、协调、控制工作,而且扮演着互相联系、不可分割的三类十种角色,即:①人际关系方面的角色,主要是指管理者与各种人发生各种联系时所担当的角色,包括挂名首脑的角色、联络者的角色和领导者的角色。②信息方面的角色,主要是指经理们在获取、处理和传递各种信息资源时所起的作用,包括监听者的角色、传播者的角色和发言人的角色。③决策方面的角色,包括企业家的角色、故障排除者的角色、资源分配者的角色和谈判者的角色。这些角色不是孤立的,而是相互联系、相互制约的一个有机整体。经理实际是一个投入——产出系统,因其权威和地位产生人际关系方面的角色,人际关系方面的角色导致投入(信息),而信息方面的角色又导致产出(决策)。人们不能随意地取消一种角色而使其余的角色完整无缺。第二,组织内所处不同层次的管理者,其扮演的十种角色的侧重点是不同的,这就是管理者角色的变动。一般来讲高层管理者最重要的角色是决策的角色,中层管理者三方面角色的分配比较平均,而基层管理者更多的是需要人际关系的角色。另外。组织规模对角色的变动也会产生重要的影响,小组织管理者,最重要的角色是发言人,因为,他需要花更多的时间筹措资源,寻找新的机会促进发展;而大组织的管理者,主要的任务是有效配置内部资源,以便获得最佳资源配置效果,资源分配者的角色相对重要。第三,不论那种类型的经理,其工作都有以下六个特点:①工作量大,步调紧张;②活动短暂,多样而琐碎;③把现实的活动放在优先的地位;④爱用口头交谈方式;⑤重视同外部和下属的信息联系;⑥权力和责任相结合。①

管理学从其产生到 1970 年代,管理学家们研究了许许多多的理论问题和方法问题,产生了各式各样的理论。但是,值得注意的是,直到上世纪五六十年代,才有很少一部分学者开始认真研究管理者的实际活动,七八十年代这些研究工作才开始受到重视。经理角色学派研究的就是管理者实际活动的管理理论,其管理理论在管理学流派中独树一帜,对实际工作的经理人员有相当大的指导作用,一经产生就受到管理理论和实践工作者的重视。当然,这个学派是一个仍在发展的学派,在管理"丛林"中能否进一步成为主流,尚待客观环境的综合作用而定。

(八)系统管理学派

这个学派的创始人和主要代表人物有理查德·约翰逊(Richard A. Johnson)、弗里蒙特·卡斯特(Fremont E. Kast)、詹姆斯·罗森茨威克 James E. Rosenzweig),他们三人于 1963 年共同撰写了《系统理论与管理》一书,比较全面地阐述了管理系统理论。系统学派就是把一般系统理论用于管理学当中,其理论基础是系统科学。他们根据"任何一个系统都是更大系统的子系统"的系统理论,认为任何组织都是一个开放的社会系统;组织与周围的环境是一个有机的整体,组织与环境要保持动态平衡。

在管理学的研究中运用系统思想,并非开始于管理的系统学派。社会系统学派的代表人物巴纳德最早提出了协作系统的概念,并指出管理的职能就在于保持组织同外部环境的平衡。但是,应用一般系统理论建立一种管理理论并形成为一个学派,则是由系统管理学派开创的。

---

① 享利·明茨伯格:《经理工作的性质》,孙耀君主编:《西方管理学名著提要》,江西人民出版社 1995 年版,第 508 页。

　　系统管理学派盛行于 20 世纪 60 年代前后,由于当时系统科学和理论比较盛行,倡导系统管理的人士十分广泛,因此对管理学派影响很大。系统管理理论更多的是一种管理的哲学,它对于管理实践来讲,由于太抽象、不够成熟,难以付诸实践;对于管理理论研究来说,它又太复杂,可变因素太多,不便研究。因此,20 世纪 60 年代以后,该学派的理论有所削弱,连主要代表人物卡斯特、罗森茨韦克都在 1979 年共同出版的《组织与管理——系统权变的观点》一书中,不得不把系统管理理论同权变理论结合起来,以寻找新的出路。

(九)权变理论学派

　　权变理论学派是 20 世纪 60 年代末 70 年代初,在经验学派的基础上首先在美国兴起的一种管理理论,它的兴起有着深刻的历史背景。主要是美国进入上世纪 70 年代以后,社会不安、经济动荡、政治骚动、石油危机,企业处在一个空前不稳定的环境中。而以往的管理理论,或忽视外部环境对组织的影响,侧重于研究企业内部组织的管理;或追求普遍适用的、最合理的管理模式与原则。这些管理理论在企业面临瞬息万变的外部环境时,却显得无能为力。在这种情况下,人们不再相信有一成不变、普遍适用的"最好的"管理理论和方法,管理必须相机而变、随机制宜,管理的权变理论应运而生。

　　美国学者保罗·劳伦斯(Paul R. Lawrence)、弗雷德·卢桑斯(Fred Luthans)、琼·伍德沃德(Jona Woodward)、杰伊·W. 洛希(JayM. Lorsch)是这个学派最主要的代表人物。弗雷德·卢桑斯在 1976 年出版的《管理导论:一种权变学》一书中系统地概括了权变管理理论的主要观点:①对"复杂人"人性假设进行了进一步的研究,提出了人性假设上的"超 Y 理论",并以此作为权变理论的人性假设基础。②管理环境或组织环境决定管理方式,没有什么一成不变的适合于任何时代、任何组织和任何个人的普遍最佳管理方式,管理者应根据组织所处的环境,因人因地,采取灵活多变的管理方法。③环境是自变量,而管理的观念、方法、技术是因变量。这就是说,在某种环境条件下,就要采用某种相应的管理原理、方法和技术。④环境变量与管理变量之间的函数关系就是权变关系。

权变理论学派与系统管理学派、经验学派、行为科学学派都有密切的关系。权变理论与系统管理理论都以系统论为理论基础,因此,1979 年,卡斯特、罗森茨韦克出版的《组织与管理——系统权变的观点》一书将系统管理理论同权变理论结合起来研究,两种理论不同的是权变理论是系统管理思想向具体管理行动的延伸和运用;权变理论与经验管理理论都否认管理的普遍性、强调管理的实践性,不同的是经验管理学派只是在比较研究的基础上对各个企业的实际管理经验作出归纳和总结,而权变理论学派不仅做出归纳和概括,而且把各种经验归纳为几种基本的类型,并给每一种类型找出一种模型。

卢桑斯在 1973 年发表的《权变管理理论:走出丛林的道路》一文中认为,用权变理论可以统一各种管理理论的观点,是管理理论走出理论丛林之路的灵丹妙药。确实,权变理论在产生之初,不少管理学者给予它高度的评价,认为比其他一些管理理论有更光明的前景,是解决企业环境动荡不定的一种好方法,能使管理理论走出理论丛林之路。然而,没有过多久,管理学家们就不得不承认,这个期望又一次落空了。因为,它过分强调管理的特殊性和个性,在研究中免不了滑向经验主义,使自己没有独特的管理理论,成为一只装满其他学派各种管理理论的大口袋,其作用只是对以往各种管理理论的灵活运用。

二、现代"管理理论丛林"评析

(一)现代管理理论各学派所研究的内容不超出管理学的三大内容

管理学可以分为三大板块,即组织理论、管理方法以及经营理论。现代管理理论流派,各有自己对管理的看法,各有自己的理论主张,但从内容上来看,不超出三大内容,即组织理论、管理方法以及经营理论。例如,被孔茨归纳为古典管理学派的以泰罗为代表的科学管理和以法约尔为代表的一般管理理论以及以韦伯为代表的理想的行政组织理论,实际上包含了管理方法和组织理论两个方面。泰罗的科学管理原理,本质上可以归结为一种管理方式或方法,因为人的科学工作和协作以及人的激励与效率的关系的研究实为相应的管理方式方法而已;而法约尔和韦伯的著作,则是典型的组织研究成果。行为科学学派作为管理学中的重要学派,用典型的心理学知识、行为分析方法来研究组织、组织中的非正式组织、人际关系、人的需要与行为关系、人的本性及相应的管理方法等问题。行为科学学派,虽然代表人物众多,内容丰富,观点纷呈,但研究的问题不外乎两个方面,即组织的动力学问题和以人为本的管理方式方法问题。经验主义学派用实证、案例分析的方法,直接研究组织及组织中的管理问题。至于社会系统学派代表人物的巴纳德的研究成果,不过是从经理人员在组织中的作用角度看组织如何有效运作。决策理论学派主张"管理就是决策",决策贯穿于管理的整个过程中,主要是发展了决策的科学方法体系,属于管理方法的研究。权变理论学派、管理科学学派等,其研究内容不过是组织及组织内管理的科学方式方法。

管理学虽然学派"林立",但本质上不过是各从自不同学科的角度及相应的分析方法对管理学的三大内容,尤其是组织与管理方式方法的研究而已。正是如此,才促成了管理学发展至今拥有众多学派;也正是如此,管理学才成为一门有众多学科支撑的学科。[①]

(二)代管理理论出现"丛林"现象的主要原因

1.对许多概念的理解不统一包括"管理"一词

在管理学领域中,语义上的问题特别严重,即使是"管理"、"组织"、"领导"、"决策"等这样的关键词或概念在含义上也存在着分歧。如"管理"一

[①]　芮明杰主编:《管理学:现代的观点》,世纪出版集团、上海人民出版社 2005 年版,第 3—4 页。

词,泰罗认为,管理就是"确切地知道你要别人去干什么,并使他用最好的方法去干";法约尔认为,"管理就是由一个或更多的人来协调他人活动,以便收到个人单独活动所收不到的效果而进行的各种活动";西蒙认为,"管理就是决策";孔茨认为,"管理就是设计并保持一种良好的环境,使人在群体里高效率地完成既定目标的过程";管理过程学派认为,"管理就意味着通过别人并同别人一起把工作做成";管理科学学派认为,"管理就是制定和运用数学模型与程序系统,用数学符号和公式来表示计划、组织、控制、决策等合乎逻辑的程序,求出最有力的解答,以实现组织目标";等等。即使现在绝大多数人都会同意管理过程学派的观点,即"管理就意味着通过别人并同别人一起把工作做成",但是,这个"别人"指的是正式组织的人呢,还是包括所有团体活动中的人呢?管理是对人进行统治呢?引导呢?还是教育呢?"组织"这个词在词义上也非常混乱,管理过程学派用这个词来表示一个企业各部门之间的职能结构,而有时我们把组织成员的挑选、使用、培养也叫组织工作。"领导"一词,有人认为是管理的同一语,而有的人认为领导与管理是有区别的;有的学者将组织和群体看成是同一个概念,有的学者将这两个概念进行了区别;"决策"一词,有人认为决策就是管理,而有的人认为决策只是从各种可供选择的方案中进行选择的一种过程,等等。可见,在管理学界,对管理、组织、领导等管理学中的非常关键的概念缺乏统一的定义和理解,不可避免地加速了管理理论"丛林"的繁衍滋长。

2.对管理和管理学所包含的范围没有取得一致意见

管理学界不仅对管理和管理学的解释还没有取得一致意见,而且管理和管理学所包含的范围同样没有取得一致意见,使得管理理论的研究范围非常的模糊。孔茨曾提出一系列问题质疑管理学的研究范围:是不是所有的人际关系的处理都意味着管理呢?如果是,那么,街头小贩也算是管理人员吗?父母算不算管理人员?一群乌合之众的一个头目是不是一个管理人员?管理的领域是不是等同于社会学和社会心理学两者结合起来的领域?它是不是整个社会关系系统的同义语?由于管理学研究的范围始终没有得到一致的意见,管理理论研究的范围始终处于混沌状态,致使管理和管理学的范围非常广泛,管理著作和管理专家多如牛毛,似乎一切事物都可以归入"管理学"范畴。社会上很多人都自称是管理学家,没有系统学习过管理理论的人也认为自己从事的工作是管理研究工作,商海中从事管理咨询的"学者"不计其数。作为一门学科,连研究对象和范围都有分歧,出现理论上的分歧这是很自然的事情。

3.管理学者不愿意相互认同

管理学者不愿意相互认同,包括两个方面。第一是对管理学前辈的观点不认同,把前人对管理经验的概括和总结看成是"先验的假设"而予以抛弃。泰罗、法约尔、韦伯、厄威克、古利克等人都是具有非常丰富的实际管理经验的管理学家,他们对管理的概况和总结非闭门造车,是建立在扎实的实践基础上的。但后来的管理学者往往把这些前辈提出的一些管理原则加以曲解,认为只不过是老生常谈而予以抛弃,然后提出一些貌似不同的"新"原则。其实,这些"新"原则正是前人早已发现的基本原则,只不过是用不同的话语表述出来而已。第二是同时代的管理学者之间不能或不愿意相互认同。管理理论界惯用的一种手法,是攻其一点、不及其余,抓住某一理论的某项原则在不完全符合实际的情况下而否定这个理论的体系。例如,有人抓住企业中存在双重隶属关系这一点而否定统一指挥的原则。为什么会出现这种现象,孔茨进行了犀利的论述和剖析。他认为,不是管理学者、管理学界之间缺乏相互理解的能力,而是因为其他一些原因不愿意相互理解,高筑流派之间的壁垒。这些原因可能是害怕别人的新发现影响到自己的专业和学术地位,担心自己的知识过时、陈旧。同时,部分学者为了实现自己的学术理想,维护自己的独创地位,著书立说,以期名垂千古。这些因素都妨碍了管理流派的相互融合。全盘否定前人及同时代学者提出的原则,自行标新立异,使管理学不能够达成共识,具有普遍指导意义的原理极少。管理学者不愿意相互认同,增加了理论混乱的程度。①

有学者根据研究对象、研究取向、研究假设、研究方法四个维度,对管理理论学派纷争的原因进行了分析。认为,目前管理理论的研究主体主要包括三类人:一是专业研究人员,这部分人形成所谓的"学院派";二是企业高管人员,这部分人形成所谓的"实践派";三是咨询人员,这部分人形成所谓的"实战派"。按照理论指导实践的基本逻辑,三者之间的关系应当是学院派提出理论,实战派解释传播理论,实业派应用检验理论并形成由下至上的不断反馈过程。但现在三者之间的关系是实业派提出理论,实战派解释传播理论,学院派论证理论。这三类人员,由于在研究取向上存在实用主义和学术精神的差别,加之管理学一直以应用学科自居,各种管理技术成为管理教育的中心,实用主义有余,学术精神不足。由此不同学派对管理的概念有不同的理解,很难形成公认的管理概念或管理定律,最后造成管理理论边界模糊,研究对象过于宽泛。②

4.人性假设多种多样

美国管理学家哈罗德·孔茨(Harold·Koontz)在 1961 年 12 月发表的《管理理论的丛林》一文中,在总结当时管理理论为何出现"丛林"现象时,认为管理学中对许多概念的理解不统一是其中的一个重要原因,而这些"不统一"的概念中就包括了"管理"和"组织"这两个概念。③ 至于"人性"问题,孔茨没有将其列入当时管理理论出现"丛林"的原因中,但从后来管理理论的发展来看,"人性假设"的不同已成为管理理论分歧的又一个重要原因,因为,人性假设是管理学研究的逻辑起点,许多管理学观点都是以"人性"假设作为逻辑前提的,不同人性的假设,对应着不同的管理模式或管理

---

① 孔茨:《管理理论的丛林》(1961 年),孙耀君主编:《西方管理学名著提要》,江西人民出版社1995 年版。

② 刘宝宏:《管理学理论学派纷争的原因分析》,原载《经济管理》2004 年 19 期,《管理学文摘卡》2005 年 1 期转载。

③ 哈罗德·孔茨(Harold·Koontz):《管理理论的丛林》,孙耀君:《西方管理学名著提要》,江西人民出版社 1995 年版,第 45 页。

理论。

管理思想发展史上,经济人、社会人、自我实现人、复杂人、组织人、文化人假设飘忽不定,不停地转化;X 理论、Y 理论、Z 理论、超 Y 理论一个比一个抢眼。[①] 与之相比,经济学以经济人假设为前提,以此为核心形成了公理体系和系统的方法、原理和定律;而管理学的人性假设"飘忽不定"、"更迭不断",内涵丰富、复杂,难以形成公理体系。当代经济学和管理学都是学派林立,众说纷纭,但由于经济学的人性假设比较一致,其对经济学原理的分歧并不是很大,分歧主要在经济学原理的应用方面。而当代管理学由于其人性假设分歧较大,导致流派纷呈,出现了学科发展中少有的"丛林"现象。有位经济学家曾经说,两个经济学家在一起讨论就会有三个经济学流派;借用这一思路可以说,两个管理学家在一起讨论至少会有四个管理学流派。

5. 以归纳主义为主的研究方法的不彻底性

管理研究以归纳主义为主要方法,这种研究方法本身没有太大的诟病,问题在于管理研究对这种方法使用的不彻底性。所谓的不彻底性,是指大多管理研究停留在对管理现象的"归纳"、"总结"阶段,而没有"升华"到一般理论。[②]

(三)管理理论丛林发展趋势的两种不同的预见

第一种预见是管理理论"丛林"走向统一。William Frederick 曾经说道,大约在五年内、不超过十年,管理学的一般理论就会形成并被管理学界认同。虽然 40 多年过去了,一般管理理论至今仍未形成,但仍有部分学者相信,任何理论的发展都会遵循"天下大事,合久必分,分久必合"的道理。管

---

① 盖勇、徐庆文:《中国古代人性论与现代管理》,原载《广西大学学报》2005 年 1 期,转载《管理科学文摘》2005 年 3 期。

② 刘宝宏:《管理学理论学派纷争的原因分析》,原载《经济管理》2004 年 19 期,《管理学文摘卡》2005 年 1 期转载。

理理论丛林有可能而且也应该走向一个新的统一范式。

　　第二种预见是继续"繁茂"。当孔茨于 1981 年再度对管理学理论进行研究时,不得不承认我们不仅"仍然处在管理理论丛林时代",而且这个理论"丛林"更加"繁茂"了。如今又过去 20 多年了,有学者认为,管理理论不仅没有摆脱管理丛林状态,甚至有更加"繁茂"的态势,一个又一个管理思潮如全面质量管理、企业流程再造、学习型组织、核心竞争能力、六西格玛理论等不断涌现,使管理理论丛林更加盘根错节、交错不清。①

---

　　①　周伟:《管理理论丛林发展研究评价》,原载《社会科学战线》2008 年 1 期,《新华文摘》2008 年 9 期转载。

当代管理理论

　　研究当代管理理论的演进,可以帮助把握未来管理理论及实践的发展趋势。当代管理理论的演进主要是,进入20世纪70年代企业管理中出现了两个引人注目的变化:一是管理重点由基层向高层转移,由业务管理向战略管理转移,出现了"战略热";二是在管理思想上强调系统观念和应变观念,被称为"系统热"和"权变热"。80年代管理的新发展,是注重比较管理学和管理哲学,强调的重点是抓"公司文化",批判"唯理性主义"和"恢复常理"。90年代管理理论的新发展是以业务流程重组为重点的企业再造理论及学习型组织。21世纪的时代特征表现为四大发展趋势,即信息网络化、经济全球化、知识资源化和管理人本化。21世纪的管理必须适应21世纪的时代特征,因此,21世纪的管理将是一个不断创新的管理。[①]

一、战略管理思想

　　20世纪70年代,面对全球物质资源短缺的局面,经理人员不需要考虑企业长期规划问题,只要能够生产出符合质量要求的产品,就能拥有顾客;只要加强成本控制,就可以得到较高的投资回报;只要努力提高产量,就能获得丰厚的盈利。企业管理的重点就是如何扩大生产规模和加强内部控制。

　　进入20世纪70年代后,企业经营环境发生了根本性的变化,一是在西

---

① 周三多、陈传明、鲁明泓编著:《管理学原理与方法》,复旦大学出版社2009年版,第85页。

方主要发达国家,短缺经济转变为过剩经济,竞争日趋激烈;二是由于生产规模日益扩大、生产技术的复杂程度大大增加、产品升级换代的周期大大缩短、生产率的提高主要靠智力而不是体力、生产日益社会化,企业与社会的联系日益密切,企业的环境越来越复杂,即环境变化越来越快、不确定性因素越来越多。

自 70 年代以来,在世界范围内,由于企业之间的竞争越来越激烈,企业的平均寿命缩短了。在美国,62% 的公司存活不到 5 年,寿命超过 20 年的公司只占公司总数的 10%,只有 2% 的公司能够存活 50 年。其中,中小企业的平均寿命不足 7 年;大型企业的平均寿命也不到 40 年。1970 年,美国《幸福》杂志列出的美国 500 强企业,到 80 年代,有 1/3 已销声匿迹。曾被《追求卓越——美国最佳经营公司的成功经验》一书选为"最佳经营公司"的 43 家公司,在该书出版两年后,已有 14 家公司因经营不善,而面临财务困难。[1] 2000 年美国宣布破产的大型公司为 176 家,总资产 95 亿美元;2001 年为 257 家,总资产达到 580 亿美元。企业已进入一种所谓的"朝不保夕"的"终结者时代"。[2]

2003 年中国企业 500 强,在 2004 年的评比中有 1/5 被淘汰;中国企业年平均寿命 6.5 ~ 7 年,私企平均寿命为 7.02 年。[3]

由于竞争与垄断,企业规模的发展呈两个趋势:一方面,出现了一些富可敌国的超大型企业,并且不断发展和扩大,它们控制着该产业绝大部分市场。如美国通用汽车公司,1990 年的销售额为 126 亿美元,是当年泰国国民生产总值的 1.5 倍。另一方面,中小企业不断涌现。1954 年到 1975 年,日本中小企业增加了 200 多万户,但在激烈的市场竞争中,这些企业只能在市场上昙花一现,但同时又有更多的小企业涌现。20 世纪 70 年代,美国倒闭的中小企业有 25 万户左右,而同时又有 40 至 50 万家小企业开业。[4]

---

① 徐艳梅主编:《管理学原理》第 18 页,北京工业大学出版社 2000 年版。
② 丁荣贵:《项目管理》,机械工业出版社 2004 年版。
③ 保育钧:《中国企业平均寿命》,《发现》2003 年第 5 期。
④ 芮明杰主编:《管理学:现代的观点》,世纪出版集团、上海人民出版社 2005 年版,第 58 页。

　　在争夺国内外市场的过程中,许多公司开始认识到有必要对经营活动进行长期的安排,管理学界也开始重点研究如何适应充满危机和动荡的国际经济环境的不断变化,谋求企业的生存和发展,并获得竞争优势的课题。于是,来自战争的词汇——"战略"一词被引入到管理学中,战略管理应运而生。1965 年,戈尔·安索夫(Igor Ansoff)《公司战略》问世,开创了战略规划的先河;1975 年,他的《从战略规则到战略管理》出版,标志着现代战略管理理论体系的形成。此书给"战略管理"下的定义是:"企业高层管理者为保证企业的持续生存和发展,通过对企业外部环境和内部条件的分析,对企业全部经营活动所进行的根本性和长远性的规划与指导"。① 目前,战略管理理与基础管理、职能管理一起成为管理科学的三个层次。②

　　战略管理研究可以分为以下几个时期和学派:

(一)战略规划学派——"三安范式"

　　这个学派产生于 1960 年代,是战略管理学最早的学派,主要代表人物为安东尼(R. N. Anthony)、安索夫(H. I. Ansoff)、安德鲁斯(K. R. Andrews),其管理理论因此被称为"三安范式"。核心观点是:①以未来可以预测为前提或假设,认为战略就是资源配置的过程,也就是如何将公司资源(优势或劣势)与公司所处的环境(机会或威胁)进行匹配,避开威胁寻找机会,捕捉商机的过程;②认为战略由四个要素构成,即市场机遇(企业可能做什么、Might Do)、企业能力(企业能做什么、Could Do)、企业愿望(企业想做什么、Want to Do)、社会责任(企业该做什么、Should do);③提出了制定战略规划的步骤:首先是研究外部环境条件、发展趋势、组织内部的独特能力,其次是识别外部机遇与风险、组织内部优势与劣势,再次是进行环境与资源的匹配,最后是战略选择;④提出了"SWOT(Strength、Weakness、Opportunity and Threat)"内外部环境综合分析法、波士顿矩阵(Boston Consulting Group Matrix)等分析识别环境的工具。

---

　　① 王克敏:《管理理论与思想的世纪回眸》,《管理科学》2000 年第 12 期。
　　② 陈思危:《中国管理科学的学科结构与发展重点选择》,《管理科学》2000 年第 6 期。

这个学派的不足之处是,过分注重环境因素,强调企业资源与环境的匹配,忽视企业能力的培养;而且,该学派假设企业未来的环境是可预测的,而环境是变化的。"SWOT"内外部环境综合分析法,对外部环境和内部条件的分析,都是模糊的、不深入的和漫无边境的。

(二)环境适应学派——改良主义

"三安范式"是以未来可预测为前提的,按照此说法,一切都在意料之中,一切都在控制之下,一切都可以事先计划。但以1973年的石油危机为代表,自1970年代以后,企业经济环境的最大特征是环境越来越复杂、变化越来越快,战略规划学派关于未来可以预测、可以计划的思想越来越受到怀疑,以未来企业环境不确定为基础的环境适应学派应运而生。主要代表人物有奎因(J. B. Quinn)、钱德勒(A. D. Chandler)、彼得·圣吉(P. Senge)。主要观点是:①强调战略的动态变化,认为战略制定是一个不断适应环境的过程,任何战略决策只能是初步的、框架式的,以便接受未来的修正;战略是事后的产物,事先无法规划。②提出"三匹配理论",即企业环境、企业战略、企业组织结构三者之间要相互"匹配",认为组织的战略要适应环境的变化,而组织结构要适应战略的变化而变化。钱德勒有一个著名的观点:"组织结构随战略而改变"。③提出了"学习型组织"理论,认为外界环境在不断变化,组织要通过不断学习来更新知识,以赶上时代发展的步伐(适应环境)。

环境适应学派虽然弥补了战略规划学派关于环境可预测的缺陷,但它要解决的还是企业的条件如何与环境匹配的问题,所以,许多学者认为没有什么理论创新,可以划归到战略规划学派。环境适应学派还有一个缺点,就是缺乏有效的分析工具,使人们觉得该学派的思想有道理,但却无法操作。

(三)产业组织学派——产业组织范式

20世纪80年代初期开始,企业对环境的变化已有一定程度的适应,但世界经济形态发生了一个显著的变化,就是成功的企业大多数来自有吸引力的产业(行业),而且产业内出现了大企业的垄断。基于这样的变化,战略管理学家从适应环境的战略分析框架中跳出来,转向寻找有吸引力的产业,并从成本和差异化上来寻找竞争优势,出现了以波特的竞争战略理论为代表的新的战略范式。该学派的主要观点有:①企业的战略必须与环境相适应,产业是企业经营最直接最重要的环境,战略分析的中心要从企业转向产业。②企业战略的核心是获得竞争优势,而决定竞争优势的条件有两个,一是产业的结构及产业的盈利能力,二是企业在产业中的地位。因此,企业在制定战略的过程中必须要做好两个方面的工作:一是企业所处产业的结构分析;二是企业在产业内的相对竞争地位分析。③创立了产业结构分析模型,认为每个产业的结构或者说环境都是由五个方面(即波特的五种竞争力)构成的,即现有竞争对手、潜在竞争对手(新进入者)、替代品生产者、顾客、供货商。它们影响着产品的价格、成本以及企业所需的投资,进而决定了企业的盈利能力。④在产业结构分析模型的基础上,创立了"S(struture、产业结构)——C(conduct、行为)——P(performance、绩效)"分析模式,认为市场是不完全竞争的,行业的结构决定了厂商的竞争行为,厂商的竞争行为又决定了企业的业绩。⑤提出了赢得竞争优势的三种最一般的基本战略,即总成本领先战略、差异化战略、目标集中(集中一点)战略。⑥提出价值链理论。所谓企业价值链,是指企业创造价值时互不相同、但又互相关联的经济活动的集合。即企业内部各职能部门的每一项经营管理活动都是"价值链条"上的一个环节。这些环节相互关联,相互影响。一个环节经营管理的好坏,会影响其他环节的成本和效益。我们可按照对产品价值的不同影响把企业价值链划分为企业基本增值活动和企业辅助性增值活动两大部分,其中企业基本增值活动包括材料供应、生产加工、成品储运、市场销售、售后服务五个环节;而辅助性增值活动则包括设施与组织建设、人事管理、技术开发和采购管理四个方面。经济学垄断优势原理认为,在充分竞争市场,竞争者只能得到平均利润;如果超额利润能长期存在,则一定存在某种由垄断优势引起的"进入壁垒",阻止其他企业进入。价值链理论认为,竞争者价值链之间的差异是竞争优势的关键来源。因此,企业要想建立竞争优势,就必须弄清楚自己能为客户做些什么,也就是说,要清楚自己在价值链中处于什么位置。抓住了这些关键环节,即战略环节,也就抓住了整个价值链。战略环节可以是产品开发、工艺设计,也可以是市场营销、信息技术,或是人事管理等,视不同行业而异。如,高档时装行业的战略环节是设计能力;餐饮业是地点选择;烟草业则是广告宣传和公共关系。①

　　波特的竞争战略理论,抓住了当时企业的关键点,并给出了一整套战略分析与选择可操作的工具,因此,在企业战略管理领域中迅速流行。在1980年后的20年间,波特的《竞争战略》一书被翻译成17种语言;波特提出的分析框架被遍及全球的经理人员和主要咨询公司使用;几乎所有的商学院都在相关课程中介绍波特理论。不过,以波特理论为指导的战略管理实践,普遍把产业结构分析和在产业中定位作为战略管理最重要的内容,由此走向了产业决定论。② 还有的学者认为,波特的竞争战略思想主要是来自战争和体育运动方面,在这里,无论战争还是体育运动,有两点与企业竞争十分不同:①从竞争对手方面看,战争或体育运动其敌方或对手是非常清楚的,而企业在正常的经营中,一方面,竞争对手不易识别;另一方面,竞争对手不止一个,所以用竞争对手的思想来分析问题,实际操作往往无从下手。②从竞争结果来看:战争或体育运动中的竞争是一种你死我活的竞争,胜利者只有一个,而在企业经营活动中可能有多个胜利者,即双赢或多赢。波特在对竞争对手的分析方面,往往是从远处看待竞争。由于晕轮效应的作用,常常把竞争对手理想化,这种错觉对企业的经营是十分有害的。因此,波特的竞争战略理论是一个指导企业竞争的有效武器,但在运用时也要注意到它局限性的一面。③

　　这个学派的主要代表人物是美国管理学家迈克尔·波特,他以《竞争战略》、《竞争优势》、《国家竞争优势》“竞争三部曲”闻名于管理学界,被世界

---

　　① 波特:《竞争优势》,方振邦主编:《管理思想百年脉络》,中国人民大学出版社2007年版,第372页。

　　② 李东红:《从“资源”到“能力”》,原载《21世纪商业评论》2006年11期,《新华文摘》2007年3期转载。

　　③ 郭咸纲:《西方管理思想史》第三版,经济管理出版社2004年版,第331—332页。

公认为竞争战略和国际竞争领域学术权威。迈克尔·波特认为:要想成功,一个国家所需要做的最重要事情就是提倡竞争,相信竞争是件好事。

(四)资源基础与核心竞争力学派

20世纪80年代,在波特理论流行的同时,企业经营实践发生了新的变化,主要是不仅不同产业的平均利润存在差异,而且同一产业内部不同企业的获利差异更大。如,1990～1993年间,美国西南航空公司利润持续递增,而其他航空公司却亏损约100亿美元,这就表明,同行业不同企业的业绩差异远大于行业间的差异,企业本身在竞争中起着非常重要的作用,企业本身的核心竞争能力比产业结构更重要。产业组织范式受到挑战,战略管理学者开始研究企业自身的核心竞争力,这就是资源基础与核心竞争力学派。代表人物主要有美国学者伯格·沃纳非尔特(BIRGER WERNERFELT)、普拉·哈拉德、哈梅尔等。其主要观点有:①企业是一系列独特资源的"集合体",企业的竞争优势和利润并非完全来自于市场的机会(环境)、产业结构等外部因素,更重要的是来源于企业内部的资源和能力。②核心竞争力"能使公司为顾客带来特别的利益的一类独有技能和技术",是企业获得持久竞争优势的真正源泉,企业战略管理的任务就是识别、培养、扩散、应用这种核心竞争力;③判断某种资源是不是企业的核心竞争力的基本标准是这种资源是否同时具有"价值性"、"稀缺性"、"不可模仿性"和"不可替代性"四大特征,如果企业没有能满足这四个标准的任何资源,就说明企业还没有形成核心竞争力。① 张维迎教授认为企业的核心竞争力应具有五大特点:一是偷不去,二是买不来,三是拆不开,四是带不走,五是溜不掉。②

这个学派的不足之处是,缺乏分析工具,可操作性差,如在企业众多资源中很难识别哪种或哪几种资源是构成企业核心竞争力的资源。同时,也

---

① 普拉·哈拉德、加里·哈默尔:《企业的核心竞争力》,转引自田刚:《2002年点击中国关键词》,载《春城晚报》2002年12月31日。

② 《张维迎谈企业核心竞争力》,原载《经济参考报》2002年1月23日,《管理科学》2002年5期转载。

没有指出如何培养增强企业核心竞争力资源的方法。

　　什么是战略以及各战略管理学派之间的差异,有人用"耗子与猫之间的对答"来比喻说明,非常形象。耗子问猫:我该从哪里走? 猫回答:这要看你到哪里去? 确定目标,并根据目标决定行动方向。这就是战略。耗子再问:我该怎么走? 属规划学派的猫甲回答:你先订好计划再走。属环境适应学派的猫乙回答:你可摸索着走,如果错了就换一条路。属产业结构学派的猫丙回答:你为什么去那儿? 是否换一个目的地。属资源基础与核心竞争力学派的猫丁回答:你应该先培养走路的能力,然后再去。①

二、质量管理理论

　　现代市场营销学权威专家科特勒认为,产品质量分为绩效质量与吻合质量。绩效质量是产品的绝对工作质量,它是单纯以产品中所包含的工程技术水平来衡量的质量,而不考虑质量的市场定位;吻合质量是指由市场定位决定的,与目标市场的需要相一致的质量。与戴明一起被称为质量管理理论双子星座的约瑟夫·M.朱兰(Joseph Juran)认为,质量就是一种"合用性"。而所谓的"合用性"就是指产品在使用期间能满足使用者的需要。因此,质量就是"符合顾客要求的程度",是用户对一个产品(包括相关的服务)满足程度的度量。如一辆100万元的高档车满足了它的目标市场的要求,是优质车;一辆10万元的中低档车满足了它的目标市场的要求,同样是优质车。因此,从市场营销的角度,我们应当"市场驱动质量",而不是"工程驱动质量"。

　　自20世纪20年代以来,质量管理经历了三个发展阶段:20年代至40年代是质量检验阶段,强调严格按照标准对产品进行质量检验;40年代至50年代是统计质量管理阶段,强调运用数理统计原理预防产品废品并检验产品质量;60年代至今是全面质量管理阶段。

---

　　① 《战略管理范式演进》,http://www.doc88.com

（一）质量管理理论的提出和运用

现代质量管理理论由美国著名统计学家爱德华·戴明首先提出。爱德华·戴明,1900 年出生于美国衣阿华州,1928 年获耶鲁大学数学物理学博士,1949 年起,他开始在日本宣传并推行他的质量管理理论,因此,现代质量管理理论虽然由美国的管理学家提出,但实践运用则是从日本开始的。众所周知,20 世纪初,日本企业的产品质量并不好,在人们心目中简直就是假冒伪劣产品的代名词,当时日本人还很崇尚中国的"上海货"。但是,到了 20 世纪 80 年代,人们争相购买日本企业的产品,日本货成了优质产品的象征。日本企业,从劣质产品到优质产品,前后间隔仅几十年,产品质量发生如此大的变化,其奥秘就是得益于爱德华·戴明质量管理理论的运用。

如果泰罗是质量管理的鼻祖的话,戴明则是现代质量管理的先驱。由于在质量管理方面的卓越贡献,特别是他的"14 要点"质量管理理论为 20 世纪全面质量管理(TQM)奠定了理论基础,使他成为全世界最有影响的管理学大师。

为了纪念戴明对日本企业质量管理的卓越贡献,以及进一步发展和推广戴明的质量管理理论,1951 年,日本设立了戴明质量奖。戴明奖共分为三类:①戴明奖,颁发给在以下三个领域做出贡献的个人或组织:一是对全面质量管理的研究取得杰出成绩,二是对全面质量管理的统计方法的研究取得杰出成绩,三是对传播全面质量管理做出杰出贡献;②戴明应用奖:颁发给组织或者领导一个独立运作的机构的个人,获奖条件是,在规定的年限内通过运用全面质量管理使组织获得与众不同的改进;③戴明质量控制奖:颁发给组织中的一个部门,条件是,这个部门通过使用全面质量管理中的质量控制和质量管理方法,在规定的年限内获得了与众不同的改进效果。

爱德华·戴明的质量管理理论的主要论点包括两个方面:

第一是质量管理"14 要点":(1)通过改革和创新,把创造产品与服务改善作为企业经营管理的恒久目的。(2)绝对不容忍粗劣的原料,不良的操作,有瑕疵的产品和松散的服务。(3)停止依靠大批量的检验来达到质量标准的做法,因为检验其实是等于准备有次品,检验出来已经是太迟,且成本高而效益低,正确的做法应该是通过改良生产过程来保证产品的质量。(4)废除"价低者得"的做法。(5)在生产的每一环节都要永不间断地进行改进,以降低浪费和提高质量。(6)建立现代的岗位培训方法。(7)建立现代的督导方法,即督导人员必须要让高层管理者知道需要改善的地方,管理当局知道之后,必须采取行动。(8)驱走恐惧心理,即所有同事必须有胆量去发问,提出问题,表达意见。(9)各部门之间要打破围墙,相互协作,发挥团队精神,这有助于改善设计、服务、质量及成本。(10)取消对员工发出计量化的目标,激发员工提高生产率的指标、口号、图像、海报都必须废除。很多配合的改变往往是在一般员工控制范围之外,因此这些宣传品只会导致反感。虽然无须为员工订下可计量的目标,但公司本身却要有这样的一个目标:永不间歇地改进。(11)取消工作标准及数量化的定额,因为定额把焦点放在数量,而非质量,计件工作制更不好,因为它鼓励制造次品。(12)消除妨碍基层员工工作尊严的因素,包括不明何为好的工作表现。(13)建立严谨的教育及培训计划,因为质量和生产力的改善会导致部分工作岗位数目的改变,因此所有员工都要不断接受训练及再培训,而且一切训练都应包括基本统计技巧的运用。(14)创造一个每天都推动以上13项的高层管理结构。

第二是"PDCA循环"理论,由于是由戴明提出,因此又称"戴明环"。"PDCA循环"应用了科学的统计观念和处理方法,是能使任何一项活动有效进行的一种合乎逻辑的工作程序,特别是在质量管理中得到了广泛的应用。"PDCA循环",作为推动工作、发现问题和解决问题的有效工具,典型的模式被称为"四个阶段"、"八个步骤"和"七种工具"。四个阶段就是P、D、C、A。P(Plan)——计划,包括方针和目标的确定以及活动计划的制定;D(Do)——执行,就是具体运作,实现计划中的内容;C(Check)——检查,就是要总结执行计划的结果,分清哪些对了,哪些错了,明确效果,找出问题;A(Action)——行动,对总结检查的结果进行处理,成功的经验加以肯定,并予以标准化,或制定作业指导书,便于以后工作时遵循;失败的教训也要总结,以免重现。对于没有解决的问题,应提交给下一个"PDCA 循环"中去解决。八个步骤是:①分析现状,发现问题;②分析质量问题中各种影响因素;③分析影响质量问题的主要原因;④针对主要原因,采取解决的措施:——为什么要制定这个措施?——达到什么目标?——在何处执行?——由谁负责完成?——什么时间完成?——怎样执行?⑤执行,按措施计划的要求去做;⑥检查,把执行结果与要求达到的目标进行对比;⑦标准化,把成功的经验总结出来,制定相应的标准。七种工具是指在质量管理中广泛应用的直方图、控制图、因果图、排列图、相关图、分层法和统计分析表等。

(二)质量管理理论"返销"并推广到欧洲

日本通过运用戴明的质量管理理论和推广戴明质量奖,企业的产品质量全面改善,竞争力迅速提高,在 20 世纪成为欧美发达国家的头号劲敌。1980 年 6 月 26 日,美国 NBC 播出《日本能,我们为什么不能》的节目①,戴明的质量管理理论开始引起西方国家的高度重视并"返销"美国,在美国刮起了一股质量革命的旋风。1987 年,美国比照日本戴明质量奖,设立了马克姆·波里奇(Malcolm baldrige)国家质量奖。该奖主要对三类企业进行奖励:一是制造业,二是服务业(依据销售额判定),三是小型企业(雇员小于 500 人)。评奖标准很严,每类企业每年最多有 2 个获奖者。波里奇奖的核心是定点超越,分两步进行:第一步,分析本企业与历史同期相比,取得了多少进步,目的是激励本企业继续前进;第二步,企业要想获得巨大的进步,就要不断地把本企业的业绩与同行业最好企业的业绩比较,找出差距,然后迎头赶上,这就是定点超越。自颁发波里奇奖后,美国企业纷纷比照波里奇奖获得者找差距,然后定点超越,结果产品质量大大提高。到 20 世纪 90 年代,美国企业重新树立了对日本企业的竞争优势,其中,马克姆·波里奇奖的定点超越是美国企业质量成功的重要因素之一。

----

① 斯图尔特·克雷纳:《管理百年》,邱琼等译,海南出版社出版,第 165 页。

美国波里奇国家质量奖和日本的戴明质量奖在推动和改进制造业和服务业方面所取得的质量成效,使欧洲企业有所感悟,他们认为欧洲也有必要开发一个能与之相媲美的欧洲质量奖。1991 年,欧洲委员会(EC)、欧洲质量组织(EOQ)和欧洲质量基金组织(EFQM)共同发起设立了欧洲质量奖。欧洲质量奖的目的和美国马克姆·波里奇国家质量奖以及日本爱德华·戴明质量奖的目的是一样的,都是为了提高对质量改进重要性的认识,推动质量改进运动,对展示出卓越质量承诺的企业进行认可,以提高欧洲企业在世界一体化市场上的竞争力。欧洲质量奖授予欧洲全面质量管理最杰出和有良好业绩的企业,但是,只有营利性企业才能申请,非营利性企业被排除在外。欧洲质量奖评价的领域广泛,它注重企业的经营结果、顾客满意度、人力资源开发,强调分享产品和技术信息的重要性。

(三)全面质量管理理论(TQM)及六西格玛理论(6σ)

阿曼德·费根堡在 1956 年《哈佛商业评论》中首次使用"全面质量管理"一词。上世纪 80 年代,美国著名统计学家爱德华·戴明提出质量管理理论("14 要点"和"PDCA 循环"),并在日本企业中运用获得成功,进而"返销"美国并推广到欧洲,发展成为全面质量管理(TQM—Total Quality Management),简称"TQM",即"全员全过程的质量管理"。全面质量管理是全面的质量管理,范围涉及产品质量、过程质量、工作质量;全面质量管理是全过程的质量管理,涉及市场调研、产品开发、生产制造、销售服务的全过程;全面质量管理是全员参加的管理,要求全体员工都要参加质量管理,而不是质量检验部门的事情。全面质量管理(TQM)理论的主要内容包括:①强烈地关注顾客;②坚持不断地改进:"TQM"是一种永远不能满足的承诺,"非常好"还不够,质量总能得到改进;③改进组织中每项工作的质量:"TQM"不仅与最终产品有关,并且与组织如何交货、如何迅速地响应顾客的投诉、如何有礼貌地回答电话等等都有关系;④精确地度量:"TQM"采用统计技术度量组织作业中的每一个关键变量,然后与标准和基准进行比较以发现问题,追踪问题的根源,消除问题的原因;⑤向雇员授权:"TQM"吸收生产线上的工人加入改进过程,广泛地采用团队形式作为授权的载体,依靠团队发现和解决问题。

到20世纪八十年代末九十年代初,在全面质量管理理论的基础上,出现了一种新的质量管理理论,即六西格玛(6σ或SixSigma)。Sigma(中文译名'西格玛')是希腊字母σ的中文译音,统计学上用来表示"标准偏差",即数据的分散程度。6sigma即意为"6倍标准偏差",在质量上,它表示每百万个产品的不合格率不大于3.4,即产品的合格率是99.99966%。

六西格玛(6σ或SixSigma)最早作为一种突破性的质量管理战略,是八十年代末首先在摩托罗拉公司成型并付诸实践的,然后流行于通用电气公司。摩托罗拉公司实施六西格玛三年后,公司的质量战略取得了空前的成功:产品的不合格率从百万分之6210(大约四西格玛)减少到百万分之32(5.5西格玛),在此过程中节约成本超过20亿美元。随后许多公司在各自的制造流程中全面推广六西格玛质量战略。

不过,真正把六西格玛变成整个业界纷起效尤的管理变革,从而成为管理哲学和实践的是在杰克·韦尔奇领导下的通用电气公司。该公司在1996年初开始把六西格玛作为一种管理战略列在其三大公司战略举措之首(另外两个是全球化和服务业),在公司全面推行六西格玛的流程变革方法,使六西格玛逐渐从一种质量管理方法变成了一个高度有效的企业流程设计、改造和优化技术,继而成为世界上追求管理卓越性的企业最为重要的战略举措。

1987年,国际标准化组织(ISO)制定了ISO90000质量管理和质量保证体系,以适应国际竞争的需要。ISO90000体系的颁布标志着质量管理开始走向世界规范化、序列化和程序化。2000年12月15日,ISO正式发布了2000版ISO90000。2000版ISO90000的核心标准有四个:①ISO90000:2000,即《质量管理体系——基础和术语》;②ISO90001:2000,即《质量管理体系——要求》;③ISO9004:2000,即《质量管理体系——业绩改进指南》;④ISO19011:2000,即《质量和环境管理体系——审核指南》。目前,ISO90000已被世界大多数国家采用,成为国际公认的贸易认证。企业积极开展 ISO90000 认证,能够有效地提高产品质量,树立起质量过硬的形象,消除国际贸易中的有关技术壁垒。[①]

三、企业文化理论

二十世纪七八十年代,日本迅速崛起,投资率和国民生产增长率均比美国高一倍,大有取代美国之势。[②] 面对日本崛起的威胁,美国最初的反应是用新技术武装自己,但是,巨大的资金投入之后,生产率的提高并不明显。最后才发现,美国的失误在于企业管理,而企业管理的失误在于日美企业文化的差异。正如威廉·大内所说的一样:美国企业在 20 世纪所面临的关键问题不是技术或投资,也不是规章制度或通货膨胀,而是我们如何对这一事实做出反应——日本人比我们更懂得怎样管理企业。[③] 于是,从 20 世纪 80 年代开始,管理学界掀起了企业文化研究的热潮,并把企业文化当作企业管理的重要法宝进行研究。企业文化理论的代表人物及主要观点有:

(一)威廉·大内(William G. Ouchi)的"Z 理论"

威廉·大内(William G. Ouchi)是日裔美籍学者,是企业文化理论的创始人和主要的代表人物之一,其主要代表作是 1981 年出版的《Z 理论——美国企业界如何迎接日本的挑战》一书(1984 年中国社会科学出版社出版)。该书出版后立即得到了广泛重视,成为 20 世纪 80 年代初研究管理问题的名著之一,与《寻求优势——美国最成功公司的管理经验》、《日本企业的管理艺术》、《公司文化》一起被称为美国管理"四重奏"。其主要观点有:

(1)最早提出企业文化概念,他给企业文化下的定义是:传统和气氛构

---

① 全国干部培训教材编审指导委员会组织编写:《中外企业管理经典案例》,人民出版社 2006 年版,第 335 页。

② 据 2010 年 8 月 17 日 22:30 CCTV2《今日观察·警惕海外媒体"捧杀"》报道:1995 年,日本人均 GDP 是美国的 1.5 倍,而今天只是美国的 87%。

③ 威廉·G. 大内:《Z 理论》"精采语录",方振邦主编:《管理思想百年脉络》,中国人民大学出版社 2007 年版,第 383 页。

成一个企业的文化;企业文化意味着一个企业的价值观,诸如进取、守成或灵活等,这些价值观构成职工活动、意见和行为的规范。

(2)从员工雇佣、决策、评价晋升、关怀员工、责任、职业途径、控制七个方面对美国和日本的一些典型企业的组织模式进行了比较研究。结果发现:①员工雇佣方面,美国企业是短期雇佣,而日本企业是终身雇佣;②决策方面:美国企业是个人决策,日本企业是集体决策;③评价晋升方面:美国企业是迅速的评价和晋升,日本企业是缓慢的评价和晋升;④关怀员工方面:美国企业是部分关怀员工,日本企业是全部关怀员工;⑤责任方面:美国企业是个人负责,日本企业是集体负责;⑥职业途径方面:美国企业是专业化职业化途径,日本企业是非专业化职业化途径;⑦控制方面:美国企业是明确的控制,日本企业是含蓄的控制。

(3)根据美日企业在这七个方面的差异,他把美国企业称为 A 型组织,日本的企业称为 J 型组织。他认为,日美企业的管理各有特点和优势,美国企业不能照搬日本的管理模式。为此,他提出了"Z 型组织",即"Z 理论"。Z 理论认为企业当局与职工的利益是一致的,两者的积极性可融为一体。其管理方法是:①对职工应是长期的雇佣而不是短期的雇佣;②上下结合制定决策,鼓励职工参与企业的管理工作;③实行个人负责制;④上下级之间的关系要融洽;⑤对职工进行知识全面的培训,使职工有多方面工作的经验;⑥相对缓慢的评价和稳步的提拔;⑦控制机制要较为含蓄而不正规,但检测手段要正规。Z 理论还指出,美国公司学习日本的管理经验就是要从"A 型组织"向"Z 型组织"转变。这种组织,既符合美国的文化,又学习了日本的经验。如在上述七项中,前四项应采用日本模式,第五项应采用美国模式,最后两项应综合日美企业各自的优势。①

(二)特雷斯·E. 迪尔和阿伦·A. 肯尼迪的企业文化构成理论

美国学者特雷斯·E. 迪尔(Terence Deal)和阿伦·A. 肯尼迪(Allan

---

① 威廉·G. 大内:《Z 理论》,文祺主编:《一次读完 28 本管理学经典》,中国商业出版社 2005 年版,第 217 页。

Kennedy)在研究各种文献的基础上,在《企业文化》(又译《企业文化——现代企业的精神支柱》)一书中提出了企业文化构成要素,并对企业文化进行了分类。他们指出企业文化由五大内容构成,即企业环境、价值观、英雄、典礼和仪式、文化网络,其中,环境是企业文化形成的最重要的因素,价值观是企业文化的灵魂,英雄是价值观的化身,典礼和仪式是企业文化的表现形式,文化网络是企业文化传播的渠道。企业文化可以分为硬汉、胆识型文化,努力工作与尽情工作型文化,孤注一掷型文化,按部就班(过程)型文化。

(三)理查得·帕斯卡尔和安东尼·安索斯的"7S"管理模式

理查得·帕斯卡尔和安东尼·安索斯在他们合著的《日本企业管理艺术》(1981 年出版)提出了著名的"7S"管理模式(又称"7—S 框架"),认为任何一项管理工作都会涉及到七个变量,即战略(strategy)、结构(structure)、体制(systems)、人员(staff)、技巧(skills)、作风(style)、共同价值(shared values)。他们进一步把这七个因素分为两类,战略、结构、体制属于"硬 S"因素,人员、技巧、作风、共同价值属于"软 S"因素。他们用这七个变量对日美企业管理进行比较研究。结果发现,日本不仅重视"硬 S"因素,而且更加重视"软 S"因素,而美国大都只重视"硬 S"因素。之后,美国学者托马斯·彼得斯、小罗伯特·沃特曼在他们合著的《成功之路——美国最佳管理企业的经验》一书中,用此模型分析和总结出了美国最佳企业的八项成功经验,指出美国一般企业落后的根本原因,在于过分拘泥于以理性主义为基础的科学管理思想和方法,主张恢复常理,培养强有力的共同价值观。①

(四)埃德佳·沙因的文化本质理论

进入 20 世纪 90 年代后,美国哈佛大学斯隆学院教授埃德佳·沙因在综合前人研究成果的基础上,进一步提出了关于文化本质的概念。他在

---

① 邵冲编著:《管理学概论》,中山大学出版社 1998 年版,第 70 页。

1992年出版的《组织文化与领导》一书中指出,目前文化研究大多停留在物质层面和支持性价值观层面,对于更加深层的文化挖掘不够。对于深层的处于组织根底的文化可分成以下五个维度:一是自然和人的关系,即如何看待组织和环境之间的关系,如组织与环境是支配关系还是从属关系,或者是协调关系等。二是现实和真实的本质,即组织中对于什么是真实的,什么是现实的,判断它们的标准是什么,如何论证真实和现实,以及真实是否可以被发现等一系列假定。三是人性的本质,哪些行为是属于人性的,哪些行为是非人性的,人性原本是恶的还是善的,X理论和Y理论哪一种更有效。四是人类活动的本质,即哪些人类行为是正确的,人的行为是主动的还是被动的,人是由自由意志所支配的还是被命运所支配的,什么是工作,什么是娱乐等一系列假定。五是人际关系的本质,即什么是权威的基础,权力的正确分配方法是什么,人与人之间关系应是竞争的还是合作的,应当是个体取向还是群体取向。与此相应,他将文化分为三个层次,也就是睡莲模型。第一个层次是水面上的"花和叶",它是人造品,是文化的外显形式,包括组织构架、规章制度、程序;第二个层次是"枝和梗",即价值观,是各种公开倡导的价值观,包括使命、目的、行为规范等;第三个层次是"根",是各种视为当然的、下意识的信念、观念和知觉,这种潜在的、实际上对人的行为起指导作用的假设,告诉群体成员怎样观察、思考和感受事物。

四、组织的新理论

企业组织的模式问题一直是管理理论研究的核心问题之一,而对未来企业组织模式的探索研究,又是当今世界管理理论发展的一个前沿问题。从传统的以泰罗的职能制和法约尔"14条原则"为基础适应斯密传统经济分工理论的层级组织,到威廉·大内提出的适应企业文化环境的Z型组织,都是为了建立一个适应经济发展的企业组织形态。

自19世纪工业革命以来,西方企业一直把亚当·斯密的劳动分工理论作为组织结构设计的核心思想,把泰罗的科学管理作为生产组织设计的基本原理,并结合法约尔"14 条原则"的指导方针,形成了占统治地位的科层组织形式——严格的等级制度。从提高管理效率的目的出发,这种组织形式特别强调分工和各负其责;从上下关系看,组织被划分为若干层次,组织是一个等级分明的金字塔;从组织的横向关系看,每一管理层被分为并列的管理部门,每一部门负责一部分专门的工作,各自独立;从对员工的态度来看,把员工视为实现组织目标的工具;从思维方式来看,强调"非此即彼"。这种以严格的等级制度为特征的金字塔结构,在产品和市场变化不大的大规模生产的情况下,确实收到了降低成本和提高产量的积极效果。但进入20 世纪 80 年代后,随着知识经济的到来和发展,以及经济的全球化,三四十年代形成的科层组织形式越来越不能适应新的、竞争日益激烈的环境,我们已经接受并平稳运行了上百年的科层体制遇到了挑战。因此,研究企业组织如何适应新的知识经济环境,增强自身的竞争能力,延长组织寿命,成为世界企业界关注的焦点。在此背景下,管理学界提出企业再造、虚拟组织、学习型组织等新的组织理论。[①]

(一)企业再造

进入 20 世纪 80 年代以来,尤其是 90 年代以来,企业生存与发展的空间环境发生了巨大的变化,这些巨大的变化主要表现在顾客(Customer)、竞争(Competition)、变化(Change)三个方面。由于这三个词的英语单词都以字母 C 开头,所以,人们一般又称为"3C"。顾客方面,买卖双方关系中的主导权转到了顾客一方;竞争方面,市场更加开放,竞争的方式和手段不断发展,竞争日益激烈;企业环境及企业自身变化方面,市场需求日益多变,产品寿命周期的单位已由"年"趋于"月"。为了使企业适应这些变化,管理学者便提出了"企业再造"的理论。

企业再造理论的创始人是美国管理学家迈克尔·哈默和詹姆斯·钱皮,其代表作是 1993 年出版的《再造公司》(又译《重新构建公司——企业

---

① 尚玉钒等:《组织管理面对的现实挑战》,《管理科学》2002 年第 7 期。

革命的宣言》)。他们对企业再造的定义是:"为了飞越性地改善成本、质量、服务、速度等重大的现代企业的运营基准,对工作流程进行根本性重新思考并彻底改革。"显然,"企业再造",就是"企业的流程再造"。那么什么是"流程"呢? 流程就是一套完整的贯彻始终的共同为顾客创造价值的活动。为什么要进行"企业的流程再造",哈默认为工业革命违背了流程,因为人们将整个流程分解成一个个专门的任务,然后集中注意力改进这些任务的绩效。这样就产生了两个后果:一是依据劳动分工和管理分工进行任务划分,为简单的人创造了简单的工作职位。二是当人们专注于自己的任务时,就不会关心整个流程,不会关心流程产生的结果及这种结果为顾客带来的价值。这样,员工们的注意力就会集中在"上司、任务、活动"上面,而不是"顾客、结果、流程"上,最终不可避免地导致了复杂的、结果执行得很糟的流程。① 企业流程再造的主要观点是:①在思想上要破除传统的劳动分工原则下形成的组织原则,建立扁平化的组织结构,因为,"再造"的结果是外包业务的增多和公司规模的缩小;在职能分工上要把分散在各职能部门的作业整合成单一流程,使企业由过去的职能导向型转变为流程导向型;产品的研发和生产流程上,以平行作业代替并行作业;在沟通技术上要创造性地应用信息技术。②"再造"中最关键的部分是,在公司核心竞争力的基础上,确定它应该做什么或它能做得最好的是什么;之后,确定要做的事情最好是由本组织来做还是由其他组织来做。③"再造"的目的是改善企业的"成本、质量、服务、速度"这些事关企业生死存亡的重大问题。

《再造公司》出版一年半之后售出 170 万册,被译为 19 种文字。"六大"会计师事务所和咨询公司中的两家 1994 年分头做过调查研究,得出的结论差不多一致:75% ~80% 的美国最大公司已经开始再造,今后几年里会进一步"再造"。② 日本企业也从 90 年代开始了所谓的"第二次管理革命"。《商业周刊》在评价该书时认为:"是质量管理运动以来最热门的一种管理

---

① 毛道维、刘基荣、王毅:《整合、集成和流程再造及其现实意义》,《管理科学》2000 年第 8 期。

② 徐艳梅主编:《管理学原理》,北京工业大学出版社 2000 年版,第 17 页。

思想。"《再造公司》可能是自《追求卓越》出版以来,供经营管理人员阅读的写得最好、理由最充分的一本书。"它使哈默成为一个万众追随的领袖。"

世界上许多企业通过实施"再造工程",生产效率和产品研发的速度都得到了巨大的提高,如美国 IBM 信用公司的每一项信贷服务,原来要顺序经过 5 个职能部门才能完成,平均需 6 天时间,最长的可达 14 天。后来进行企业再造,取消了原来分部门的职能机构,改为业务员包干制,每名具有通才的业务员把每项业务从头做到尾,结果每项信贷服务平均只需 90 分钟,比原有效率提高 30 倍以上。

(二)虚拟组织(企业、公司)

虚拟组织也是 90 年代管理学研究的一个热点。1990 年,《哈佛商业评论》第六期发表文章《公司核心能力》,首次提出虚拟组织的概念,由此引发后来的"虚拟组"热。1994 年出版的《灵敏竞争者与虚拟组织》是反映虚拟组织理论与实践的较有代表性的著作。虚拟本是计算机术语中的一个常用名词,引用到企业管理中,实质上就是指借用外部力量,整合外部资源的一种策略。虚拟组织,通俗地讲,就是指两个以上的独立的实体,为迅速向市场提供产品和服务,在一定时间内结成的动态联盟。其特点是:①在生产上与传统企业的"高自制率"相反,企业间的合作是各自具有比较竞争优势领域的合作,合作的手段是信息技术、网络技术、通讯技术,合作的目的是通过协作达到互助;②传统企业组织的界线模糊化;③具有灵活、流动性,随着合作项目的结束,虚拟公司也随之解体;④运行过程中运用并行工程,而不是运用串行工程分解工作任务;⑤建立虚拟公司首先要拥有核心技术,并能够抓住市场机遇,通过工业信息网络或国际互联网,寻找合适的合作伙伴;⑥虚拟可以看成是一个企业或组织网络。①

耐克公司(Nike)在生产过程中采用的就是虚拟组织的形式。众所周知,耐克公司是一个著名的运动鞋制造厂商,但实际上耐克公司只有一个很

---

① 徐艳梅主编:《管理学原理》,北京工业大学出版社 2000 年版,第 187 页。

小的制造单位,用来生产耐克鞋的气垫系统,其余几乎100%的业务都是由外部供货商提供的。耐克公司把主要力量集中在新产品的研究开发和市场营销上,制造上采用虚拟组织策略,按不同合作对象的特点,采取不同的合作方式,这使得耐克公司的产值每年以20%的递增率增长。①

创建于1984年戴尔公司(DELL),采用虚拟组织的运作方式,经过仅仅13年的发展,到1997年时已经成长为一个拥有120亿美元资产的大公司。传统的计算机,如IBM公司,都有一种传统的观念,即自己生产所有的零部件,这就使得它必须自己制造一台计算机所需的全部零部件,并保证在各个领域内达到领先水平,这实际上是很困难的。戴尔公司认识到,与其同20个已经进入市场的生产者竞争,还不如同其中最优秀的企业达成合作更为经济。因此,戴尔公司的策略是不搞大而全,而是把有限的资源和资金投入到最能够产生市场价值的部分,让其他企业为其生产一般零件。再如IBM公司,90年代初期,IBM公司由于对PC机的应用前景估计不足,坐失个人计算机发展的良机,致使竞争实力大大弱于自己的苹果公司乘虚而入,一度成为个人计算机市场的全球霸主。

IBM公司作为计算机行业的老牌巨人不甘居人后,决定开发自己的PC机。要实现这一目标,有两条路:一是,按照传统的产业发展之路,从零开始,集中公司内人力、物力、财力资源,全力投入PC机的设计、开发、生产及销售。二是,根据PC机零部件技术、生产日趋成熟的现状,采取向外部借力的策略。IBM最后选择了第二条路,它们从Intel公司购买微处理器芯片,从微软公司引进程序操作系统。这样,节省了大量的初期投入,第一台PC机推出的时间仅为15个月,在市场上也利用已经完善的PC机销售网络来扩大产品的营销空间,仅在初期,其销售网点达2000个。由于采用了借用外部资源的策略,IBM在短短的三年时间里,就夺回了PC机市场的主动权,到1984年,其市场占有率达到26%,1985年更是猛增到41%,超过"苹果"而执PC机时常之牛耳。② IBM公司1980年在信息技术行业价值中占

①　徐艳梅主编:《管理学原理》,北京工业大学出版社2000年版,第18页。
②　徐艳梅主编:《管理学原理》,北京工业大学出版社2000年版,第27页。

50%,但,由于公司一直都是自行开发所有的硬件、软件,在自己的工厂中生产所有的产品并通过自己的销售机构销售产品,十年后的1990年,在信息技术行业的市场价值份额中降到了15%。数字设备公司、希尔公司、西门子公司和IBM走同样的路,但微软、英特尔公司却走完全相反的路,它们占有了很高的市场价值份额,公司得到迅速的增长。①

施乐一直是生产复印机的老大,而且为了保持这种垄断地位,购买了几百项与复印机有关的专利,赚了不少钱。佳能为了进入复印机市场,在进行市场调查的基础上,开始设计新的复印机。设计出来以后,他们没有独家生产,而是找美能达、东芝、吕光、夏普等有能力开发生产复印机的厂家,进行联合生产。施乐最终成为生产复印机的世界著名厂家。

(三)学习型组织

1990年,美国麻省理工学院教授彼得·圣吉出版《第五项修炼——学习型组织的艺术与实务》,提出学习型组织理论。该书于1992年荣获世界企业学会最高荣誉的开拓者奖,圣吉本人也于同年被美国《商业周刊》推崇为当代最杰出的新管理大师之一。学习型组织理论认为,在新的经济背景下,企业要持续发展,必须增强企业的整体能力,提高整体素质。也就是说,企业的发展不能再只靠像福特、斯隆、沃森那样伟大的领导者,一夫当关、运筹帷幄、指挥全局,未来真正出色的企业将是能够设法使各阶层人员全新投入并有能力不断学习的学习型组织。所谓学习型组织,是指通过培养迷漫于整个组织的学习气氛、充分发挥员工的创造性思维能力而建立起来的一种有机的、高度柔性的、扁平的、符合人性的、能持续发展的组织。这种组织具有持续学习的能力,具有高于个人绩效总和的综合绩效。

彼得·圣吉指出,企业应成为学习型的组织,而建立学习型组织的四条标准是:①人们能不能不断检验自己的经验;②人们有没有生产知识;③大家能否分享组织中的知识;④组织中的学习是否与组织的目标息息相关。

---

① 周三多、陈传明、鲁明泓编著:《管理学原理与方法》,复旦大学出版社2009年版,第87页。

要建立学习型组织,需要进行五项修炼:①自我超越:不断地认清并加深个人的真正愿望,集中精力,培养耐心,突破极限地自我实现;②改进心智模式:心智模式是指根深蒂固于心中、影响着人们认识周围世界以及如何采取行动的许多假设、成见和刻板印象,组织成员和组织自身要打破既成的思维定势,解放思想,进行创造性思维;③建立共同远景:组织成员树立共同的远大理想和宏伟目标的过程,它创造出众人是一体的感觉,使组织成员对组织产生归属感,成为有良好默契的工作伙伴;④团体学习:组织成员通过自由交流、"深度汇谈",发展团体成员互相配合、整体搭配与实现共同目标的能力的过程;⑤系统思考:教会人们用系统的观点来看待组织的生存和发展,同时要善于抓住问题的本质,以求从根本上解决问题。其中系统思考是五项修炼中的核心技术。①

———————

　　①　彼得·圣吉:《第五项修炼——学习型组织的艺术与实务》,郭进隆译、杨硕英审校,上海三联书店1998年版,第167页;方振邦主编:《管理思想百年脉络》,中国人民大学出版社2007年版,第448页;傅宗科、膝志军、袁东明主编:《第五项修炼300问》,上海三联书店2002年版,第10页。

中国古代管理思想理论概述

一、中国古代管理思想研究状况

中国古代管理思想研究,当前可以分为三种情况:研究古代管理思想现代应用的古典主义派;基于中国人文特征诠释现代具体操作方法的现实主义学派;否认中国式管理存在的批判主义学派。

1.古典主义学派

台湾学者曾仕强先生是这个学派的集大成者,也是这个学派最主要的代表人物。国内众多的研究《易经》、《孙子兵法》、《三国演义》、《红楼梦》、《西游记》、《大学》、《中庸》、《论语》等管理思想的学者可作为这一学派的追随者。古典主义学派主要研究中国古代管理思想对现代管理的贡献:一是研究中国古代管理思想对当今企业经营管理的借鉴作用;二是把中国古代管理思想和现代西方管理思想结合起来,推动管理理论的发展。[①]

曾仕强先生提出的中国式管理理论认为:

(1)中国式管理的基本内容可归纳为四个部分:儒家思想与现代管理;《孙子兵法》与营销学;中国帝王学与企业管理;禅宗与成功企业家修炼。儒学以其入世,教人进取,且安守本分,促官场人旺、保帝王安心;兵法,以其诡诈,教人工于机巧、深藏不露、明争暗斗;禅宗以其开悟,教人洗心、乐天知

---

① 郭毅夫:《中国式管理的创建与发展方向展望》,原载《企业活力》2007 年 2 期,《管理学文摘卡》2007 年 3 期转载。

命、行止于慧。儒学与兵法是游戏规则,其中,儒学是显规则,用于教人,尤其是广大民众,可以公开张扬、标榜、彰显;兵法是潜规则,用于武装自己,对付他人。儒学一定要大讲特讲,可示范性地做,也不一定要做;兵法可与自己人适当地讲,最好不讲,但一定要做。禅学不是游戏规则,而是人生游戏,是用来调节显规则与潜规则的。

(2)中国式管理倡导以人为本的管理。与西方管理不同,中国式管理希望一个组织像一个人一样,机动而灵活。西方式管理侧重于把人组合起来,形成一个比较稳定的程序化的机器,然后去创造财富。中国式管理的结果是安人,而不是绩效、利润、效益等,这就是"安人之道",即以人为本;否则就是唯利是图,大家就不佩服他,很难把管理做好。

(3)管理就是修己安人的历程。管理的起点是修己。"己所不欲,勿施于人。"一个人要管好别人先要把自己管好;你连自己都管不好,没有人会听你的。

(4)中国式管理是合理化的管理。所谓合理就是合乎规律,朱子解释中庸时曾说"凡其所行,无一事不得其中,即无一事不合理。"中庸思想就是追求"合理化"。它要求避免"过犹"和"不及",也就是要做到"恰到好处、恰如其分。"

(5)管理的最高境界是不战而胜。这是中国式管理的一大特点,用老子的话讲就是"以其不争,故天下莫能与之争。"曾仕强先生曾经说:"'争'心太强,容易做出赶尽杀绝之举,那样不利于自己持续发展。而且,企业如果把所有的竞争对手全部打垮了,自己也将暴露在一些全球企业尤其是外资巨头的视野下,极易与其发生正面冲突,商业风险高了许多。"

(6)中国式管理并没有统一的管理模式,即按一个统一的教育体系,培养一个完整的模式,使其具有便于接受、模仿、传承的特点。像中国武学的上乘功夫一样,中国式管理传授的是一种无上心法,靠的是学习者的悟性。①

―――――――――

① 参见申明编著:《给大忙人看的国学书》,企业管理出版社2009年版,第231—235页。

(7)中国式管理是"情为先、理居中、法在后"的"情—理—法"管理模式,而西方管理是"法为先、理居中、情在后"的"法—理—情"模式。东方管理以"情"为本,即以人为本,尊重人、关心人、鼓励人,以合理化的制度和合理化的人情达成合理化的管理。西方管理则以法为基础,即制度化,制度化是管理的基础,组织典章制度是组织成员共同遵守的"法"。中式管理强调人情,西式管理太过理性,可以相互补充。经营之神松下幸之助曾说:"身为一个管理者,最重要的是能做到宽严并济,如果一味宽大为怀,人们就会松懈而不求上进,但如果一味严厉,部下就会退缩,不敢以自主的态度面对工作。"

2. 现实主义学派

也有学者称之为本土创新派。这一学派按照西方管理理论和模式,结合古代中国管理思想,演绎出解释力更强的中国古代管理理论和管理模式。主要有复旦大学苏东水教授提出的东方管理学派、西安交通大学席酉民教授提出的和谐管理理论、中国人民大学李占祥创立的"矛盾管理学派"以及其他学者进行的本土化研究等。[①] 特别是苏东水教授经过 30 余年的潜心研究,将中国式管理的本质概括为"三为",即"以人为本"、"以德为先"、"人为为人",并从"治国"、"治生"、"治家"、"治身"四个维度,提出了中国管理学完整的学科体系。"治国"、"治生"、"治家"、"治身"四个维度起源于儒家"修身、齐家、治国、平天下"的思想,但又经过现代改造。其中,治国学包括立国之本、治国之道、兴国之要、邦交之策;治生学包括德正生厚、商帮之道、应变管理、网络经营;治家学包括治家基础、家业管理、家族企业、家国和谐;治身学包括修身之道、待人之道、成事之道。[②]

---

① 郭毅夫:《中国式管理的创建与发展方向展望》,原载《企业活力》2007 年 2 期,《管理学文摘卡》2007 年 3 期转载。

② 苏东水、彭贺等:《中国管理学》,复旦大学出版社 2006 年版,第 7—10 页。

3. 批判主义派

这一学派否认中国式管理存在,认为中国式管理是"末路狂欢"、"误人子弟"、"阴风不散"、"反科学"、"有害的噪音"、"管理歪理"等。其中不乏偏见乃至民族虚无主义的影子,当然也不乏真知灼见。对中国式管理的批判主要有以下几个观点:

(1)有管理哲学无管理科学。批判者认为,儒家的管理思想是中国传统文化的主流,它没有发展出任何深奥的管理理论,只揭示一个原则,即管理者当以德治国。从整体上看,中国传统文化对个人道德修养的关注远远超过对组织管理的关注。在西方管理研究中,企业管理主要是针对组织,个人道德修养属于励志学范畴。而且西方管理科学做到了把哲学思想转化为管理工具,而中国式管理却未能把哲学思想转化为管理工具。如果我们只谈哲学,而缺乏相应的管理工具,那就是一种清谈,而不是管理科学。

(2)不适应现代社会需求。批判者认为,中国的"组织管理",是脱胎于中国奴隶社会、发扬光大于中国封建社会的以儒家思想为主要根据的家族式管理和独裁式管理,它是适应中国长期的农业社会的管理方式的。这种管理方式早已无法适应工业时代和知识时代对组织管理的要求,也已经跟不上中国融入世界的步伐。持这种观点的学者还将中、美、日的管理核心观念作对比研究后,认为中国式管理是以家的观念,即以亲情来连接人与人的关系,这是农业社会背景的产物;日本式管理是以社,即用忠诚来连接人与人的关系,有浓厚的帮会气息;美国式管理是契约观念,即用契约来连接人与人的关系,这是商业社会的产物。

(3)无事例支撑。从"中国式管理"走出的国际性大企业数量也太少,在这种情况下,所谓"中国式管理"只能是一种奢谈。①

中国古代管理思想博大精深,虽然没有形成完整的体系,但是毕竟是我们先人深深思考的结果,我们承认其在认知上存在某种不足,但也绝对不是

---

① 郭毅夫:《中国式管理的创建与发展方向展望》,原载《企业活力》2007 年 2 期,《管理学文摘卡》2007 年 3 期转载。

一无是处,因此,在对待我国古代传统管理思想的问题上,那种管理思想的"民族虚无论"是完全错误的,因为他必将在全盘否定我国古代管理思想的基础上导致"全盘西化";鼓吹"国粹主义"、完全的"儒学复兴论"也是十分片面的,并且还有盲目排外、妄自尊大、不思进取的封闭嫌疑,其局限性和消极性表现同样也不利于我国管理思想的发展和完善。正确的态度应该是兼容并蓄,提倡在借鉴意义上的"中西合璧论",我们优秀的管理思想要继承发扬,外国合理的科学的管理思想也接受吸取,把二者结合起来,中学为体,西学为用,相信中国的管理思想必将光大于后世。

二、中国古代管理思想理论概述

中国是世界四大文明古国之一,拥有五千年的文明历史,从治理国家方面来看,历史上曾经出现过"文景之治"、"贞观之治"、"康乾盛世"。从工商企业管理的角度看,根据《史记·货值列传》的记载,在汉代,中国就出现了众多富可敌国的商人、企业家。中国古代管理在国家治理、企业管理等方面都取得了让外国学者顶礼膜拜的成就。

中国古代虽然无现代意义上的系统的管理科学,但有博大精深的管理思想。中国古代管理思想萌芽于夏、商、周,繁荣于春秋战国,定型于汉唐,止步于宋元,盛行于明末清初,衰落于清末。中国早期的管理思想主要是对国家的管理思想,它散见于古代的文化典籍之中,其思想虽然博大精深,但更多的是管理哲学,没有内化于制度。

中国的传统文化是以儒、道、释为中心,以法、墨、农、名、兵、纵横、阴阳为副线。也就是说,中国原有的九派再加上外来的释家,一共是 10 个文化流派。他们是中国文化的核心,对中国历史的发展起着重要作用,对中国乃至东方管理思想起着决定性的作用。① 在这十个文化流派中,最有代表性的有四家,即儒家、法家、道家、兵家。他们代表了四种管理思想,即德治、法

---

① 郭绒刚:《西方管理思想史》,经济管理出版社 2004 年版,第 401 页。

治、无为而治和兵家经营。

（一）儒家管理思想

1."性善论"的人性假设

"性善论"最先由战国时期儒家的主要代表人物孟子提出。孟子的性善论在宋代以后为理学家们所普遍接受，成为中国封建社会正统的人性论思想。中国古代的人性论思想相当丰富，尤其是对中华民族的形成起过重要作用的儒家思想（中国封建社会的统治思想），整个体系就是建立在人性的基础之上。由于儒家在人性论上主张"性善论"，所以在管理上主张"教化"、"仁政"、"以德治国"。

2. 以民为贵、以民为本的"人本"管理思想

民本思想或人本精神是儒家管理思想最鲜明的特色，含义十分丰富，儒家的代表人物无不从各个方面来论证。《尚书·五子之歌》中说"民可近，不可下，民惟邦本，本固邦宁"。《孟子·尽心下》也云："民为贵，社稷次之，君为轻。"这就是说，人民百姓才是国家的根本，根本稳定，国家才能安宁。孟子在总结桀纣失去天下的经验教训时说："桀纣之失天下也，失其民也。失其民者，失其心也。得天下有道，得其民，斯得天下矣，得其民有道，得其心，斯得民矣。"进而得出"得民者得天下，失民者失天下"的结论。[①] 荀子则提出"君者，舟也；庶民者，水也。水则载舟，水则覆舟"的至理名言。[②] 他以"舟"和"水"来分别形容"君"与"民"的关系，没有水，舟就无从浮起、行驶，然而，如果水中掀起万丈巨浪，亦会把舟掀翻。

西方的管理科学从诞生之日起，就以"经济人"假设为理论前提，把人当作"机器人"看待，忽视组织中人的因素及人的需要和行为，因此，西方的管理理论实际上是一种"无人的组织"，是"物本管理"。儒家提出"以民为

---

① 《孟子·离娄上》。
② 《荀子·王制》。

贵"、"以民为本"的思想,是一种"人本管理",与西方的管理理论形成鲜明的对比。

3."以和为贵"的管理思想

"以和为贵"是儒家处世和处理人际关系的基本原则。儒家之"和"在国家管理活动中的作用,一是用来协调管理者与一般老百姓的关系,达到二者的团结;二是用来协调管理者与被管理者的关系,取得二者之间的和谐。在儒家看来,"和"是管理活动的最佳境界。《论语·学而》曰:"礼之用,和为贵。先王之道,斯为美,小大由之。有所不行,知礼而和,不以礼节之,亦不可行也。"和为贵"由此成为著名的儒家名言。《孟子·公孙丑下》也云:"天时不如地利,地利不如人和。"《荀子·王霸》又云:"下不失地利,中得人和,而百事不废。""和则一,一则多力,多力则强,强则胜物。"就是说,只要人们和睦相处,就能团结一致;而只要人们团结一致,就能强大有力。汉代董仲舒说:"夫德莫大于和,而道莫大于中。"由此可见,儒家文化是非常重视人际关系的协调与和谐,强调群体和谐,注重个人对集体的奉献。

有人认为,儒家"以和为贵"的管理思想,一味地讲究以和为贵,而不讲原则,违背了管理的基本原则。其实这是一种误解。事实上,儒家的"和"是有原则的"和"。《论语·子路》曰:"君子和而不同,小人同而不和。"就是说君子以"和"的方式处理人际关系,他们善于协调各种关系,与人和睦相处,但他们并不是盲目苟同、无原则地附和、随波逐流,而是可以有不同看法、观点,甚至不同的宗教信仰。而小人就不同,只要与自己有不同的意见、看法就要打压,不能和睦相处。这里,孔子把"和"与"同"作为区分君子与小人人格的标准。"和而不同"是儒家处理一切事物都应该遵循的一个原则。

4.以德治国、为政以德的"仁政"管理思想

正人先正己,在管理方法或领导方法上特别强调榜样或表率权的作用。《论语·子路第十三》云:"政者,正也。子帅以正,孰敢不正?"《论语·学

问》云"其身正,不令而行;其身不正,虽令不从。"《论语·为政》又云"为政以德,譬如北辰,居其所,而众星拱之。"其意是管理者管理组织时,如果以德来治理,它就会像北极星一样位于组织的中心,成员都会自觉地围绕他行动。《礼记·大学》开篇就说:"大学之道,在明明德,在亲民,在止于至善。"又云"古之欲明明德于天下者,先治其国;欲治其国者,先齐其家;欲齐其家者,先修其身;欲修其身者,先正其心;欲正其心者,先诚其意;欲诚其意者,先致其知。致知在格物。"这就是儒家融修身与治国于一体的"三纲领和"八条目"。"三纲领"即"明明德、亲民、至善","八条目"即格物、致知、诚意、正心、修身、齐家、治国、平天下。具体意思就是,想要"明明德、亲民、至善"的人,先要治理好他的国家;要治理好国家,先要治理好自己的家;要治理好自己的家,先要修养自己的品性;要修养品性,先要端正自己的心;要端正心思,先要使自己的意念真诚;要使意念真诚,先要认识明确;要认识明确,在于探究物理。在这里,"三纲领"是儒家治国的目标,"八条目"则是实现"三纲领"的具体步骤,是一个人道德修养渐进和深化的过程。孔子认为"道之以政,齐之以刑,民免而无耻;道之以德,齐之以礼,有耻且格。",就是说通过严刑酷法治理国家,老百姓因为畏惧而不去触犯法律,他并没有羞耻之心;通过"礼"来治理国家,老百姓因为有了羞耻之心,不仅不会做坏事,而且会有格,即有上进之心。

正因如此,在中国传统教育中,对人的道德品德是非常强调的。比如,在教学内容的安排上,《三字经》云"首孝弟,次见闻。"就是说,学生首先要孝敬长辈,在此基础上才能学习知识。因为,孝是中国传统文化所强调的最重要的美德,如果一个孝顺的人,对长辈孝敬的人,对兄弟友爱的人,不可能是一个坏人。清康熙年间有一个学者叫李毓秀,他写了一本书《弟子规》,里面也有"有余力,则学文。"在从"教育"的"教"来看,左"孝"右"文"。意思就是,教者孝之文也,教育就是要从孝开始。①

---

① 钱文忠:《解读三字经》上册,中国民主法制出版社 2009 年版,第 37 页;申明编著:《给大忙人看的国学书》,企业管理出版社 2009 年版,第 75 页。

5."正名"的层级管理思想

正名,语出《论语·子路》。子路问孔子,如果去治理卫,应该先做什么事情? 孔子回答说:"必也正名乎!"名即名分,是人的身份、地位、权力、财富的标志。过去我们更多的是从封建特权的角度去分析儒家的等级制度,认为这是维护封建统治阶级统治地位的一种制度。从管理学的角度分析,"名"即组织的层次、职能的分工、管理的秩序。任何组织都有层次和等级,层次和等级链是组织有效管理的必要条件。在西方管理科学发展史上,古典管理学的主要代表人物泰罗、法约尔、韦伯都曾经把职能分工、等级链、秩序作为组织管理的重要原则。

6.原则性与灵活性相结合的"经权"管理思想

"经权"观是儒家重要的管理思想。"经"即指"变中不易的常理",即管理中普遍遵循的稳定的原则。"权"指"通权达变",即根据情势的变化,不断调整自己的管理方式。"通权达变"一词出自《易经》:"一阖一辟谓之变,往来不穷谓之通","变通者,趣时者也。"又云:"通其变,遂成天地之文","易穷则变,变则通,通则久,是以自天佑之,吉无不利。"

7.中庸的管理思想

中庸思想贯穿于儒家经典,并成为历史上重要的治国原则。"中庸之为德也,其至矣乎。"中庸是最正确的实行道德的法则,然而能把握这个法则的人却少之又少。儒家把中庸作为人们不易达到却又不可缺的至善至美的道德规范。蔡元培先生认为,"中庸之道"是中华民族普遍认可的行为准则。从尧、舜、禹、汤、文、武至孔子等儒家标榜的典范人物均不为"过犹不及",凡事持中庸态度,而持"极右派"的法家、"极左派"的道家,"无与中华民族性不适宜,只有儒家的中庸之道最为契合,所以沿用至二千年"。孙中山的三民主义,"也是以中庸之道为标准。"①

　　长期以来,人们对中庸的认识有误解,认为中庸就是折中调和,不讲原则,和稀泥。对中庸的这种贬义的理解,并不符合儒家的本意。孔子说:"君子和而不同,小人同而不和",意思是说,君子在人际交往中能够与他人保持一种和谐友善的关系,但在对具体问题的看法上却不必苟同于对方;小人习惯于在对问题的看法上迎合别人的心理、附和别人的言论,但在内心深处却并不抱有一种和谐友善的态度。那么何谓"中庸"呢?孔子的解释是说"过犹不及"。②程熙对中庸的解释是"不偏之谓中,不易之谓庸。中者,天下之正道;庸者,天下之定理"。③朱熹在《中庸章句》的开首将其注之为"中者,不偏不倚,无过与不及之名。庸,平常也"。并引用尧授舜的"允执厥中"和舜授禹的"十六字心传"——"人心惟危,道心惟微,惟精惟一,允执厥中",对中庸的精髓含意进行深刻阐发。"中庸之道",通俗地说,就是要正确掌握事物发展的"度",在处理和解决问题的时候不走极端,避免出现"过与不及"的现象。《三字经》说"中不偏,庸不易"。复旦大学钱文忠教授认为,"中不偏"的意思好理解,就是处世、做事,不偏不倚,不走极端。"庸不易"历来的解释就有两种,两种解释多少有点差距。一种说法是,"庸"是经常、永不变化、永恒的意思。如果按照这种解释,"中不偏,庸不易"就是讲,不走极端这种德行、这种品质,是放之四海而皆准的,是永恒的。另外一种解释是,庸是庸长之意,就是普普通通、平平常常。平庸才能长久,平庸才能伟大。他认为,应该是前一种解释比较稳妥一点。④所以,儒家"中庸"的本意是,无论做人、处事还是办事都不能过分,要"执其两端,用其中于民。"这里的端是指两极,极端就是偏;"中"是指正中、适中。中庸的管理方法是灵活的、有弹性的,不是一成不变的。

---

　　①　《蔡元培全集》第五卷,转引自冯军、雷原:《论中庸管理学理论体系的构建》,《管理学文摘卡》2007 年 4 期转载,原载《经济管理》2007 年 8 期。
　　②　《论语·先进篇》。
　　③　《遗书·卷七》。
　　④　钱文忠:《解读三字经》上册,中国民主法制出版社 2009 年版,第 109 页。

8."纲常"的管理思想

在维持封建社会安定、处理人际关系上,儒家的"三纲五常"思想有着十分重要的地位。

"三纲"中的"纲",纲领也。三纲即,"君为臣纲、父为子纲、夫为妻纲。"讲的服从与被服从、领导与被领导的等级关系,是封建社会的基本社会规则。这是西汉时期董仲舒提出来的传统的三纲。正因为董仲舒提出了三纲,儒家才开始受到尊敬,出现了"罢黜百家,独尊儒术"的局面。复旦大学钱文钟教授认为,以上三纲不是孔子也不是孟子提出来的。孔子说过类似的话,即"君君、臣臣、父父、子子",其意是:国君要象国君的样子,臣子要象臣子的样子,父亲要象父亲的样子,儿子要象儿子的样子。孟子也说过类似的话,但意思完全不一样。《孟子·离娄》云:"君之视臣如手足,则臣视君如腹心;君之视臣如犬马,则臣视君如国人(路人);君之视臣如土芥(泥土一样轻贱的东西),则臣视君如寇仇。"《三字经》讲:"三纲者,君臣义,父子亲,夫妇顺。"意思就是,君臣之间要讲道义,要有彼此恰当和适合的关系;父子之间要亲爱;夫妇之间要和顺。没有服从和被服从的关系。孔子、孟子及《三字经》中的"三纲"与董仲舒的"三纲"是有区别的,可以说是风马牛不相及。前者可以借鉴和继承,后者则是糟粕,必须加以批判和抛弃。"五四运动"时,提出打倒孔家店,是冲"三纲"去的,是对的。但"店"打错了,不应该去打"孔家"店,而是应该去打"董家"店。①

"仁、义、礼、智"后来加上"信"就发展成为"三纲五常"中的"五常"。常,常在,不变的准则。"仁、义、礼、智、信",根据汉代《百虎通义》的解释,仁是指仁爱,义是指得体(非义气),礼是指合乎规范(即礼貌),智是指智慧,信是指诚信。讲到"五常",注意两点:第一,"五常"没有过时,它不仅是这是封建社会做人的基本操守和行为准则,而且也是中国传统文化中优秀的道德品质,是一个人安身立命的保证。"五四运动"时,提出打倒孔家店,

---

① 钱文忠:《解读三字经》上册,中国民主法制出版社 2009 年版,第 52—59 页。

不是冲"五常"去的,而是冲"三纲"去的。第二,五常的先后顺序不能乱,《三字经》讲"曰仁义,礼智信,此五常,不容紊。""智"和"信"必须以"仁、义、礼"为为前提,有智慧的坏人,守所谓信用的坏人,比笨乎乎的坏人,比说话不算数的坏人,恐怕更可怕。①

　　儒家"三纲五常"的管理思想,作为管理中的一种等级制度和人们的行为准则,在早期的封建社会,在政权的统治权威有限,法制不能有效实施的松散社会状态下,对于维持社会稳定、规范个人行为,都起到了积极的作用。后人把"三纲五常"喻为精神枷锁,注重的是它的负面影响。在封建社会,社会以"三纲五常"来评判个人的是非对错,个人也用"三纲五常"来约束自己的行为,以至于"三纲五常"思想成为封建社会人们共同认可的文化和伦理道德。

(二)道家管理思想

　　道家的代表人物为老子,其管理思想主要反映在《道德经》(又称《老子》)。一般认为,此书非一人之作,而是从春秋末年到战国中期这段时间内逐步积累而成。"道"是道家思想的核心概念,而"无为"是道家的中心思想。

1."循道依法"的管理思想

　　在《道德经》中,"道"具有多重涵义和形态,但最基本的有两种:其一,"道"是万事万物的本原、本质。《道德经》第25章云:"有物混成,先天地生。寂合寥兮,独立而不改,周行而不殆。可以为天下母。吾不知其名,字之曰道,强名之曰大。""道"的存在是先于天地万物的,而且是超于人们的视听感觉以外、独立运行的。天下万物和"道"的关系是"一"与"多",即本质与现象的关系。其二,"道"又是万事万物存在、发展的规则。老子称之为"众妙之门"、"玄德",并且说"人法地,地法天,天法道,道法自然。"

---

① 钱文忠:《解读三字经》上册,中国民主法制出版社2009年版,第72页。

　　既然"道"是万物之本和万物的规律,那么了解和掌握这个根本,依据"道"行事,则能够把握正确方向。"执古之道以御今之有,能知古始,是谓道纪。"根据客观的规律来支配当前的具体事物,来控制现在和未来,就是符合"道"的规律。因为在老子看来,"夫物芸芸,各归其根",在现象上虽然繁杂纷纭,但其背后有可循之规,掌握了规律也就掌握了主动。否则就会陷入混乱,"知常曰明,不知常妄作—凶。"纵观《道德经》全书,有一个总的宗旨,就是要人们"循道依法,"就是坚持按照已知的规律,来应对未来。虽然未来相对于现实而言是不可预测的,不确定的,但无论是企业还是国家,只要其领导人能够按照规律行事,就不至于陷入大的挫折。①

2."无为而治"的柔性管理思想

　　在"道"的基础上,老子提出了"无为"的管理思想,认为管理者只有按照"无为"的原则办事,才能把事情管理好。为什么国家要遵守"无为"的原则呢? 老子有一个著名的比喻:"治大国若烹小鲜",这就是说,治理大国应当象煮小鱼一样,必须小心翼翼。小鱼细嫩,翻动易烂,因此烹煮小鱼不能随便翻动,而在某种状态上说,人民、国家也象小鱼一样极为细嫩,经不起翻动和折腾,国家的法律制度一旦制定,便不能随便变动。

　　"无为"的思想,要求人们在大"道"与"自然"面前,应当"去甚、去奢、去泰",保持"无为"的态度。这是不是要人们什么都不要做呢? 当然不是。道家的"无为",意指不要将自己的私欲、私念强加给外部事物,不要人为地、故意地造作。因此,道家的"无为"是"道常无为而无不为",这就是要人们在尊重自然、尊重物性,按照自然发展变化的规律与法则的基础上,有所为,有所不为。

　　《周易·系辞》中有"形而上之者谓之道,形而下之者谓之器"的说法,即超越形体之上的、凭感官不能感知的事物称之为"道",有形体的、凭感官可感知的事物称之为"器"。老子曰:"古之上闻道者,微妙玄器"。又曰:

---

　　① 傅周、卢长有:《品读＜道德经＞领悟超前管理哲学》,原载《党政干部学刊》2007 年 5 期,《管理科学》2007 年 10 期转载。

"上士闻道,勤而行之;中士闻道,若存若亡;下士闻道,大笑之。不笑不足为道。"将"道"放在了只有"上士"才能"闻之"的"形而上"的层面。有学者认为,在中国五千年的文明史中,法家适用于基层员工,儒家适用于中层干部,道家适用于高层领导。因为,基层管理的核心问题是公平、公正,而法(制度)可以克服随意性,体现公平,保证管理的稳定性,提高管理效率;"君使臣以礼,臣事君以忠",中层的管理中心是"忠";而对于高层领导团体,关键在于"志同道合",即在求道的路上能够相互配合。① 被称为中国近代"三不朽"的曾国藩,其事业的成功,就是他依时而变(一生三变),交替使用儒、法、道三家学说。他早年由辞赋之学转向程朱理学,就是由求取功名的学问变成修身养性修炼"内功"的学问,这是第一变;回湖南任团练大臣后,由程朱理学转向为韩申之学,采用严刑峻法,对犯人就地正法,就是采用法家的学说,这是第二变;守父丧时,他痛苦地反省出三五年后的经历,悟出了以柔克刚的道理,于是由韩申之学转向黄老之学,这是第三变。②

　　"无为"是道家思想中最特殊、最智慧、也是最具有效率的管理艺术,如果没有高度的认识和智慧,则根本不会运用。反过来,凡是管理者或领导者能认识到并善于运用的,就必定是伟大的成功者。有学者认为"无为"的管理艺术可以分为三个阶段:第一阶段是"有为而妄为"。秦始皇是有为之君,灭六国而一统天下,万里长城为民族象征,文治武功彪炳千古,但秦始皇笃信法家思想,以暴政维系其强大的帝国,激化了社会矛盾,到秦始皇二世,强大的秦王朝仅仅十四年就土崩瓦解了。第二个阶段是"有所为有所不为"。"有所为"比较容易,可要"有所不为"就需要胆量和智慧了。从"有所为"过渡到"有所不为",这是一种管理模式的转变,需要具备深刻的管理功底和领导魅力,否则很难成功。第三个阶段是"无为而无所不为"。这是管理的最高境界,不具备深厚的文化功底和管理实践,是很难领悟这句话的

----

① 顾文涛、李东红、王以华:《中国传统管理思想的逻辑层次》,原载《经济管理》2008 年 7 期,《管理科学》2008 年 7 期转载。
② 唐浩明:《曾国藩的成功之道》,载骆建彬主编:《卓越领导国学讲堂》(二),北京大学出版社 2008 年版,第 136 页。

深刻含义的。①

　　老子说:"以正治国,以奇用兵,以无事取天下。"无为而治要建立在规范管理的基础上,领导者要具备高超的领导艺术,要平衡集权和授权的度,有为而不妄为,有所为有所不为,无为而无所不为。乱世靠有为,治世靠无为;创业靠有为,守业靠无为;管理靠有为,领导靠无为。有为与无为的辩证关系需要在实践中进行艺术化的处理,绝没有一成不变的模式。

(三)法家管理思想

　　在先秦百家争鸣的思想格局中,法家是与当时国家治理实践结合得最紧密的一个学派。商鞅、韩非子、李斯等曾辅佐秦国富国强兵,灭六国统一中国,取得了巨大的成功。当然,秦国统一中国后,在时势转移的情况下。仍然用法家的严政酷律治国,无视道德观念对管理的积极作用,最终导致了秦王朝的土崩瓦解,正所谓"灭秦者,秦也,非六国也。"②汉代贾谊评价秦始皇政治得失时,指出秦灭亡的原因是"仁义不施而攻守之势异也。"法家思想集大成者韩非子和实践者李斯一同学于儒家代表人物荀卿,因此,有学者认为法家原于儒家。③ 不过,法家与儒家的区别是非常明显的。法家的管理思想体系概括起来就是建立在"自为"人性假设上的以"法"为核心,"法、术、势"三位一体的极端专制的中央集权制。法、术、势是其管理思想的三大要素。④ 法家学派的代表人物,主要有重"法"的商鞅、重"术"的申不害、重"势"的慎到,以及集法、术、势理论之大成的韩非子。

1."自为"的人性假设

　　现代美国著名管理学家道格拉斯·麦格雷戈在《企业的人性面》中说:

---

　　① 张利:《管理中的"无为无不为"》,原载《中国证券报》2008 年 1 月 25 日 A17 版,《管理科学》2008 年第五期转载。
　　② 杜牧:《阿房宫赋》。
　　③ 申明编著:《给大忙人看的国学书》,企业管理出版社 2009 年版,第 44 页。
　　④ 周碧晴:《中国古代管理思想刍议》,原载《军事历史研究》2006 年 1 期,《管理学文摘卡》2006 年 4 期转载。

"在每一个管理决策或每一项管理措施的背后,都必有某些关于人性本质及人性行为的假定"。春秋战国时期,关于人性问题的讨论十分热烈,这与诸子百家对治国问题的密切关注直接有关。正如儒家的管理思想是建立在"性善"假设的前提上一样,法家的管理思想是建立在人性"自为"的前提上的。

人性"自为"的观点首先由法家代表人物慎到提出。《慎子·因循》说:"人莫不自为也,化而使之为我,则莫可得而用矣。"他认为人的本质都是"自为"的,上至君王,下至臣民莫不概外。慎到的所谓"自为",就是自己依靠自己,自己为自己打算,自己为自己考虑,自己为自己谋利。商鞅进而指出:"民之性,饥而求食,劳而求佚,苦则索乐,辱则求荣,此民之情也……羞辱劳苦者民之所恶也,显荣佚乐民之所务。""故民生则计利,死则虑名。""民之生,度而取长,称而取重,权而索利。"①这就是说,人性都是自私自利、好利恶害的,在经济活动中每一行为都要获取最大限度的经济利益。韩非子从肯定的角度,总结综合慎到和商鞅的观点,进一步论证了人性自私自利的合理性。在他看来,人的行为都是自私本性下的趋利避害的行为,人与人之间的关系根本上是一种利益关系。他举例说:"医生吮吸病人的伤口,口含病人的脓血,二者之间没有骨肉之亲,医生之所以这样做,是出于求利;制造马车的希望人人富贵,而制造棺材的希望人们早死,这并非是造马车的心地仁厚而造棺材的心地不好,这是由于人们不富贵则马车卖不出去,没有死人则棺材无法出售,背后都是对自身利益的追求。②

法家"自为"的人性假设,被韩非子的老师、儒家主要代表人物之一荀子认为是"性恶"的表现。这一看法与法家"自为"的本意相去甚远,因为,法家对"自为"的人性是肯定的,而荀子把它作为是"性恶"的表现则说明对"自为"的人性是否定的。然而,法家"自为"的人性假设,与二千多年以后亚当·斯密在《国富论》(1776年)中提出的"经济人"假设却可以说是如出一辙。

---

① 《商君书·算地》。
② 黎红雷主编:《中国管理智慧教程》,人民出版社2006年版,第92页。

2. 以法治国的管理思想

法家基于"自为"的人性假设，否定道德观念对人的约束作用，反对儒家"以德治国"的管理思想，主张"为治者，不务德，而务法"的"法治"管理思想①。司马谈《论六家之要旨》上说："法家不别亲疏，不疏贵贱，一断于法，则亲亲尊尊之恩绝也。"《韩非子·八经》曰："凡治天下，因必人情。人情者有好恶，故赏罚可用。赏罚可用，则禁令可立，而治道具矣。"这句话的意思就是，人自私的本性无从改变，也不必要改变，管理者只能顺应并利用人的这一天性，办法就是用法律来引导、激励、制约人自私的本性。《管子·明法解》明确指出："法者，天下之程序也，万物之仪表也。"即法律制度是天下的规程，万物的准则。《韩非子·有度》云："奉法者强，则国强；奉法者弱，则国弱。"《韩非子·心度》又云："故治民无常，唯法为治，法与时转则治，治与世宜则有功。故民朴而禁之以名则治；世治而维之以刑则从。时移而法不易者乱，世变而禁不变者削。故圣人之治民也，法与时移，而禁与世变。"其中，"法与时转则治，治与世宜则有功"，已成为千古名言。即治国必须以法为准绳，法则应因时因情而变。

如何才能做到"以法治国"？首先是"明法"，将法律条文公布出来，使法令公开化、明确化，让老百姓明明白白，以便认真遵守。其次是"守法"，这是实行"法治"管理的基本原则。商鞅曾经指出，如果君臣抛弃法度而以个人的好恶来管理国家，则国家必乱无疑，因此，君主要带头守法，言论和行为都要以法为准绳。最后是"严法"，就是严格执行法律制度。韩非子认为，一方面，凡赏罚一定要坚决，如果赏赐丰厚，就会出现争先恐后去建功立业的理想局面；刑罚严峻，大家厌恶的种种奸邪现象就可以雷厉风行地禁止。另一方面，赏罚要分明得当。"功当其事，事当其言，则赏；功不当其事，事不当其言，则罚。"②

---

① 孙耀君主编：《东方管理名著提要》，江西人民出版社 1995 年版，第 113 页。
② 《韩非子·二柄》。

3. 以势为尊的集权管理思想

"势"由慎到提出。所谓的"势"，就是权力、权势、权威。慎到认为，"势"是管理的基础，是君主统治众人、控制臣下的凭借，掌握权势、具备权威、拥有权力是进行国家管理活动的必要条件。他指出，君主要想实行法治，必须"权重位尊"，才能"令行禁止"。他说，贤人屈服于不肖，是贤人权轻势微；不肖屈服于贤人，是因为贤人地位尊贵。因此，在管理活动中究竟谁服从谁，并非以道德、才能为标准，而是取决于权势的大小。慎到比喻说，你看腾蛇在雾里游，天龙在云里飞，多么自由自在。可是，一旦云消雾散，它们立刻变得如同蚯蚓一般失去凭依之"势"，就再也飞腾不起来了，这说明，云雾之类的可依之"势"，不可轻视。尧尽管圣明，当他只是一个普通老百姓的时候，他想请邻近帮个忙，也没有人肯理他；到他南面称王了，就一呼百应，令行禁止。如此看来，单凭贤才是不能让那些无能之辈低头心服的；可你一旦掌握了大权，即使什么才能都没有，也足以让贤才们屈服在你之下，由此可见权势之重要。

韩非子继承并发展了慎到这一重"势"的传统。他把"势"分为"自然之势"和"人为之势"。"自然之势"是指客观的既定条件下的或治或乱的管理情势；"人为之势"则是指管理者通过创造条件而人为地对自己权威的强化，使被管理者不得不顺从君主的意志，不得不服从君主的权威。韩非子更注重人为之势，主张君主应当运用各种手段，把全部权力都掌握在自己手中，以成为绝对的权威者。

如何强化人为之势呢？首先，法家主张用重赏严罚的手段。商鞅认为，民众害怕羞辱劳苦，而爱好显荣佚乐，因此，对他们要用严刑重罚来吓唬，用恩惠来诱导。韩非子称"赏罚"为君主的"二柄"，他指出英明的君主之所以能够制裁他的臣子，就在于"二柄"，即杀戮之"刑"和庆赏之"德"。商鞅认为实行"赏一刑九"的人才能称王于天下，因此，在赏罚手段中，法家尤其看重严刑的一面。其次是以"法"来控制臣民的言论和思想，以此确立君主的绝对权威。在商鞅变法中，"农战"是他变法、立法的核心内容，他主张凡是不利于"农战"的一律禁绝,由此而提倡"不贵学问"的愚民政策。他认为,人们不重视学问就变得愚昧,愚昧则带来闭塞,难于与外界交流,这样就只能一心一意地勤勉务农。在谈到"禁奸"方法时,韩非子指出,禁止奸邪的思想是比禁止不法行为更为重要、更为有效的方法。法家企图通过愚民政策对社会思想文化的控制,从而确立统治者的绝对权威。①

4. 以术为用的控制技巧

申不害是先秦法家的重术派的代表。他认为,君主"以法治国",仅有"势"这一权威基础还不够,应还有一套使大臣处于依附地位的"术"。韩非子将申不害的"术"纳入其"法治"体系,并力图使二者结合起来。他指出,所谓"术",就是按照人们的才能授予适当的官职,根据个人的名位提出相应的职责,使他们手握赏罚和生杀大权,以及考核各级官吏能力的方法和手段。因此,"术"就是管理的策略和手段。在韩非子看来,"法"是君主要求臣下遵守的东西,而"术"是要求君主自己掌握在手里的东西。《韩非子·定法》:"君无术则弊于上,臣无法则乱于下。"就是说,君主不用"术",就会在上面受蒙蔽;臣下不守法,就会在下面胡作非为。因此,"术"和"法"缺一不可,都是帝王行使权力所必须具备的东西。法家术的具体控制技巧主要有:

韩非子把"术"分为三大类:驾驭术、治奸术、考核术。

首先是"循名责实"的形名术,即按照官职名分来追究官员的实绩,用下属的言论去衡量其所做的事和所取得的功效。这是一种驾驭下属的技巧。《韩非子·内储说上》提出了驾驭下属的七种技巧,即"七术":第一叫"参观",就是从多方面参考验证臣下的言行;第二叫"必罚",就是对臣下有罪必罚,以显示君主的权威;第三叫"赏誉",就是赏赐要讲究信用,以充分调动人的积极性;第四叫"一听",就是逐一听取臣下的言论,然后责求他们的功效,这样,谁愚蠢谁智慧、谁有能谁无能就会很清楚;第五叫"诡使",就

---

① 黎红雷主编:《中国管理智慧教程》,人民出版社 2006 年版,第 100 页—101 页。

是故布疑阵,以迷惑臣下,从而观察他们是否忠诚;第六叫"挟智",就是明知其事,故作不知,责问臣下,那么臣下的伪装就会显露出来;第七叫"倒言",就是故意说反话、做反事,以试验、检验臣下的正邪。

其次是防范奸诈的治奸术。这是用来防止君主统治权被削弱以至被篡夺的一系列策略,即监督技巧。从人性自私好利的角度出发,韩非子认为君臣都有各自的利益,君臣之间不可能建立信任的关系,信任他人是君主的一大祸患。从不信任臣下的角度出发,韩非子主张君主应当密切监督臣下,以防范人臣奸诈。韩非子将人臣奸诈之术归纳为八种:一是"同床",人臣往往会贿赂君主的夫人、宫妾、亲信与美女,通过他们来蛊惑君主;二是"在旁",即人臣通过贿赂君主身边的太监小丑、亲信伺从而影响君主;三是"父兄",即人臣通过贿赂君主的伯叔或兄弟来干扰君主;四是"养殃",即人臣投君主所好,通过赢得君主的欢心而乘机谋取私利;五是"明萌",即人臣通过散发公家财物和私行小惠以取悦民众,为自己博得声誉,从而蒙蔽君主成其私欲;六是"流行",即人臣招徕舌辩之士,豢养巧言之人,使他们为自己的私利向君主进言;七是"威强",即人臣招罗武士、侠客与亡命之徒,以此恐吓群臣百姓而行其私威;八是"四方",即人臣借用别的大国的权威来诱迫、挟制、恐吓自己的君主。

对于"八奸",韩非子提出的应对之策是:君主在处理宫内之事时,享受美色而不理会她们的禀告,不为私人请托;对于左右近侍,要使用他们,但对他们的话一定要加以考察,不让他们任意夸夸其谈;对于宗室兄弟及大臣,听取他们的意见,但一定要让他们用受罚来担保后果,不让其胡乱地举荐和建议;至于对玩乐观赏之物,一定是法律上有所规定的,不使群臣擅自进献或裁减,不让其猜度到君主的心意;对于恩惠的施行,如发放国库的财物、分发官仓粮食,凡对民众有利的事,一定要出自君上的名义,不让臣下以此施恩于民众;对于舆论,凡称誉者赞美的人、毁疵者所憎恶的人,一定要核实其才能,查明其过失,不让群臣任意吹捧或诋毁;对于勇猛之士,作战立功,不破格行赏,私斗犯禁不赦免罪过,不让群臣任意利用个人财富收买勇猛之士;对于其他诸侯国的要求,合理的就听从,不合理的就拒绝。

　　再次是"审合刑名"的考核术,即考核技巧。《韩非子·二柄》:"人主将欲禁奸,则审合刑名者,言异士也。"意思是说,君主想要禁止奸诈,就一定要认真考核言论和事实是否相符。这里所讲的"审合刑名",既是君主对臣下的禁奸法,也是君主对臣下的考核法。而韩非子所讲的考核法的核心是名实相符或言行相符,二者符合与否是君主对臣下进行奖惩的根本依据。这一考核方法,一方面要求臣下守职,即臣下的所作所为要与职位相称,既不能做得少了,也不能做得多了;做得少了是失职,做得多了则是越职或侵官。另一方面,该考核方法要求臣下尽忠、说实话,即言行符合,过与不及都是不忠,都应该受到处罚。对要求臣下守职,韩非子举出韩昭侯的例子。有一次,韩昭侯喝酒而睡觉,典冠官(掌管君主帽子的近侍官)怕昭侯受寒,便替他加了一件衣服,昭侯醒后很高兴,便问左右近卫:"谁给我加了一件衣物?"左右告诉他,是典冠官。韩昭侯因此处罚了典衣官(掌管君主衣服的近侍官),同时也处罚了典冠官。因为,典冠官"做得多了",而典衣官"做得少了"。韩非子曾指出,一个君主不必有什么特殊的才能,只要能采取这一考核方法,就能将群臣控制得很好,群臣也不敢结党营私。①

　　在中国历史的长河中,"德治"只是理想的目标,在现实生活中,更多的人在更多的时候只有依赖法治权才能奏效,这就是中国自汉武帝"废黜百家,独尊儒术"以来,外儒内法或阳儒阴法的真实历史。如果中国不是以儒家为其正统文化而是以法家为其正统文化的话,那么,中国就有可能在13世纪前就进入了工业革命时期。② 当然,与儒家和道家的管理思想相比,法家的管理思想在短期内能取得较好的管理效果,但长期实行,或实行得不彻底,反面的效果会逐渐暴露,而且可能是破坏性的。所以,有人认为用"儒家的心肠,法家的手段"来进行管理,是管理的最优状态。

(四)兵家管理思想

美国著名管理思想史教授克劳德·小乔治,在论及早期军事家对管理

---

① 黎红雷:《中国管理智慧教程》,人民出版社2006年版,第114—115页。
② 郭绒刚:《西方管理思想史》,经济管理出版社2004年版,第402页。

的贡献时说:"如果我们把工业组织的管理同军事机构的管理相比较,就会发现在管理上取得成功的主要条件是相同的。管理中的一些重要因素——授权、直线人员与参谋人员的区分、激励等,有许多是从军事上移植过来的。"①

在浩如烟海的兵家典籍中,尤以先秦时期的兵法对后代影响最为深远,其中又以春秋时期的《孙子兵法》最为著名。它代表了我国军事管理的最高成就,其丰富深邃的思想引起了中外人士的普遍关注,其影响已远远超过军事管理领域。日本著名企业家松下幸之助就说:"中国古代先哲孙子,是天下第一神灵。《孙子兵法》乃是我成功之法,更是本公司全体人员必读之书。"美国波音公司副总裁斯蒂芬·默瑟说:"尽管《孙子兵法》是两千多年前写的,但是现在仍有很大的价值。我读《孙子兵法》是创造性阅读,将兵法与商业运作相结合。比如孙子说'不战而屈人之兵',实际上是告诉企业管理者必须考虑周围的商业环境,什么竞争可以参与,什么竞争不可以参与。"②已有大量企业家将《孙子兵法》的兵法谋略引入企业经营管理中,并取得了令人瞩目的成绩。

1.因地制宜的权变思想和战略管理思想

现代管理学中的权变理论和战略管理理论产生于20世纪六七十年代。战略管理理论的核心是企业高层管理者为保证企业的持续生存和发展,通过企业外部环境和内部条件的分析,对企业全部经营活动所进行的根本性和长远性的规划与指导。而权变理论的要求是管理方法要根据所处的环境及其变化,相机而变、随机制宜。

现代管理学中的这种战略管理思想,早在2500多年前,孙子就已提出来。可以说,孙子是世界上第一个形成战略思想的伟大人物。《孙子·谋攻》云:"知己知彼,百战不殆;不知彼而知己,一胜一负;不知彼不知己,每战必败。"《孙子·地形》也云:"知天知地,胜乃无穷"。《孙子·计》云:"夫

---

① 张文昌、于维英编著:《东西方思想史》,清华大学出版社2007年版,第29页。
② 司马哲、岳师伦:《孙子兵法与三十六计智谋鉴赏》,中国言实出版社2006年版,第3—4页。

未战而庙算胜者,得算多也;夫战而庙算不胜者,得算少也。"《孙子兵法·虚实篇》中说:"水因地而制流,故兵因敌而制胜。故兵无常势,水无常形;能因敌变化而取者,谓之神。"这就是说,环境对战争有着重要的影响,而且这些环境还处在不断的变化之中,战前要根据战争所处的环境,综合考虑多种因素,对事关全局的战略进行精心的谋划,充分准备;在战争的过程中,因地制宜,灵活决策,绝不生搬硬套,搞教条主义。

那么,如何才能做到,因地制宜,"权变管理"呢? 首先是"将在外,君令有所不受"(《大地篇》)。将帅有权根据临时情况变化,灵活决策,即"将能而君不御者胜"。其次是出奇制胜。《势篇》言:"战势不过奇正"。"奇正"是《孙子兵法》的特有术语,"正"指采用常法,"奇"指采用超常规的方法。"凡战者,以正合,以奇胜。故善出奇者,无穷如天地,不竭如江海……声不过五,五声之变,不可胜听也;色不过五,五色之变,不可胜观也;味不过五,五味之变,不可胜尝也;战势不过奇正,奇正之变,不可胜穷也。奇正相生,如循环之无端,孰能穷之?""三军之众,可使必受敌而无败者,奇正是也。"再次,就是虚实并用。《虚实篇》云:"夫兵形象水,水之行避高而趋下,兵之形避实而击虚;水因地而制流,兵因敌而制胜。故兵无常势,水无常形。能因敌变化而取胜者,谓之神。故五行无常胜,四时无常位,日有短长,月有死生。"那么,如何才能做到虚实并用呢?《计篇》云:"兵者,诡道也。故能而示之不能,用而示之不用,近而示之远,远而示之近。利而诱之,乱而取之,实而备之,强而避之,怒而挠之,卑而骄之,佚而劳之,亲而离之,攻其无备,出其不意。此兵家之胜,不可先传也。"

2."为将五德"的领导特质理论

领导特质理论是现代管理学中领导理论的重要组成部分。领导特质理论认为,领导者和一般人的特质是不同的,一个人要成为一个领导特别是成为一个有效的领导,必须具备一些与众不同的特质。纵观管理学发展的历史,各国领导理论的研究者们,在不同的时期从不同的角度出发,对人们怎样才能成为有效的领导者,提出了成百种领导者所应具有的品质特征。《六韬》中说:"存亡之道,命在于将。"俗话说"千军易得,一将难求。"之所以一将难求,难就难在千军之将不是随便哪个都能担的。这种人必须要有特殊的才能和杰出的综合素质。所以,早在 2500 多年前,孙子在研究战争的时候,也非常重视人"将帅"的"特质"问题,在孙子十三篇中多次提到将帅的素质和修养问题,其中,尤以"为将五德"和"为将五危"最有影响。

所谓的"为将五德"就是说,一个优秀的将帅必须具备的五个方面的才能。孙子在《计篇》中说:"将者,智、信、仁、勇、严也,"这里的"智",即智谋;"信",即讲究信誉,赏罚有信;"仁"即关心下属;"勇"即勇敢果断;"严"即纪律严明。曹操在注释此句时提出,"将宜五德备也",强调一位优秀的将领,应当五德兼备,缺一不可。

在提出"为将五德"的同时,孙子在《九变篇》提出了"为将五危",以告诫将帅要尽量避免五个方面的弱点。"故将有五危,必死,可杀也;必生,可虏也;忿速,可侮也;廉洁,可辱也;爱民,可烦也。凡此五者,将之过也,用兵之灾。覆军杀将,必以五危,不可不察也。"在这里,孙子突出强调的是"为将五德"之"度"。"必死"的"必",即固执一端。不怕牺牲是将帅应具备的品德,但如果超过了限度,变成轻生死决、作无谓的牺牲,那就成了拼命主义。"必生,可虏也",战场上越是贪生怕死,越有被俘的危险。"忿速",指的是性格急躁,急于求成。"廉洁",过于洁身清廉,看重名声。"爱民"指的是一味迁就求全,不知权衡利弊。这些都是可能被敌人利用的弱点,是那种片面性严重而不懂得辨证法的庸将所具有的特点。

综合孙子的为将思想,不难看出他对将领素质的要求有两个明显的特点,一是综合性,二是辨证性。具备"五德"等综合素质,恰当把握各种才能的限度,避免"五危"之类的失误,灵活发挥自己的特长这便是建大功,成大业的良将。①

---

① 薛国安:《孙子治军之道与现代企业管理谋略》,原载《滨州学院学报》2006 年 5 期,《管理科学》2007 年 2 期转载。

组织与管理

一、组织是管理的载体

管理是组织中的管理,组织是管理的载体,是管理学研究的逻辑起点;而管理是组织的重要因素,没有管理组织将无法发挥应有的作用。

1.组织的概念

古典管理理论认为,组织就是人的集合体,如一个医院是医生和病人的集合体等。这个定义没有抓住组织的本质。切斯特·巴纳德认为组织是一个或两个人以上协作系统,并提出了组织三要素,即协作意愿、共同目标、信息沟通。其中,个人"协作意愿"的强度,取决于自己为组织做出的"牺牲"与组织为自己提供的"诱因"。① 这个定义更加全面,它首次提出并分析了组织的要素,这在之前的古典管理理论中是没有的。斯蒂芬·P.罗宾斯认为,组织是对完成特定使命的人们的系统安排。

综合以上定义,我们认为组织是由两个或两个以上的个人为了实现共同的目标组合而成的有机整体。构成组织的要素主要有目标、结构、资源、环境、文化、管理等。

2.组织的类型

(1)营利组织:通过提供产品获取利润,以利润为目的。

---

① 切斯特·巴纳德:《经理人员的职能》,1938 年。

（2）非营利组织：以提供服务为目的。可以是公共部门,也可以是私立组织。

（3）互利组织：由志愿者或相关成员组成的、以帮助成员提高利益的组织。如,一些政治团体、农村合作社、商业协会、俱乐部等。

3. 组织的作用

组织是人类集体协作的产物,首先它具有聚集和扩大的作用。所谓的聚集作用就是指,通过组织把分散的社会成员聚集成为集体,用集体的力量去征服和改造自然与社会。所谓扩大作用是指,聚集起来的力量并不等于个体力量的简单相加,而是大于单个人的力量的总和。组织能够按照与常规数学不同的逻辑发挥作用,即 $1+1>2$,它的出现,大大提高了人们征服和改造自然与社会的能力,是人类进步的一个重要标志。儒家代表人物荀子认为,就人类而言,论力气比不上牛,论行走比不上马,但牛和马能为人所役使,为什么呢? 是因为"人能群,彼不能群。"[1]这里的"群"就是建立组织结构。台湾学者增仕强认为,组织就象一块布,有"经"有"纬",一根线很容易拉断,但线织成布以后不容易撕烂,这就是组织的力量。马克思曾说:通过协作,不仅提高了个人生产力,而且创造了一种生产力,这种生产力本身必然是集体力。[2] 列宁指出:"无产阶级在争取政权的斗争中,除了组织以外,没有别的武器。"

其次,组织可以节省交易成本。罗纳德·科斯在 1937 年发表的被认为是新制度经济学奠基之作的《论企业的性质》一文中回答了他自己一直疑惑不解的问题:企业的起源或纵向一体化的原因。他认为之所以会产生企业组织,是因为市场在配置资源时有交易费用,即交易成本,包括搜寻交易信息、谈判及监督履行合约所需的费用。这些交易如果通过组织并以"权威命令（行政命令）"的方式来安排,可能会得到成本的节约。权威的作用包括:

---

① 《荀子·王制》,载王先谦:《诸子集成·荀子集解》,第 104 页。
② 马克思:《资本论》第一卷,人民出版社 1975 年版,第 362 页。

（1）权威保证了政令的畅通；

（2）严格的等级式科层结构保证了组织目标的层级式分解，使分工协作有效；

（3）上下信息沟通方便，便于监督；

（4）由于监督方便，可以减少偷懒行为，使资源配置更有效；

（5）可以将资源集中起来使用，提高效率。[①]

由于以上优点的存在，导致了组织本身的产生和发展。但并不是只要成立一个组织，这个组织在资源配置时，就会有如此的优点和长处。组织的这些优点的存在，既与组织具体构造有关，也与组织运行规则有关，更与管理者有关。

4. 组织目标

目标是组织的重要要素，任何组织都有目标，没有目标的组织是不存在的。所谓的组织目标是指组织希望达到的成果或结果，它根据组织的宗旨与使命制定。制定目标的主要原则是：第一是必须预先确定。第二是必须体现组织的宗旨和使命。第三必须落实。落实包括：能够分解为子目标，并转化为具体的工作安排；可以考核，即达到某种程度的具体衡量标准；必须规定完成的时限。

组织目标的作用主要有：①导向作用：目标是组织成员努力和组织活动的指南，一旦确定，所有的资源将围绕目标进行生产、加工、服务。②激励的作用：特别是当组织的目标充分体现了组织成员的共同利益，并与每个成员的利益很好地结合在一起时，就会极大地激发组织成员的工作热情、献身精神和首创精神；③标准和依据的作用：目标是业绩考核的标准和依据，同时也是决策、控制、组织结构设计的标准和依据。④沟通和协调的基础：因为组织目标界定各部门和人员的大致的工作内容及其主要程度。[②]

---

① R. 科斯：《论生产的制度结构》，上海三连书店 1994 年版，第 3—7 页。

② 邵冲编著：《管理学概论》，中山大学出版社 1998 年版，第 86 页；芮明杰主编：《管理学：现代的观点》，世纪出版集团、上海人民出版社 2005 年版，第 93 页。

组织目标可以划分为许多层次。首先是宗旨与使命。宗旨是一个组织的基本任务,是组织存在的目的或基本理由,它表明一个组织存在对于社会的意义。例如,大学的宗旨是培养国家的建设者和接班人;医院的宗旨是救死扶伤;军队的宗旨是保家卫国。宗旨是一个组织最基本的目的,它通过具体化才能成为行动的指南。

使命是管理者为企业确定较长时期的生产经营的总方向、目标、总特征和总的指导思想。一般限定企业经营活动的领域,或者强调区别同一行业组织不同的经营理念、价值观等。企业使命反映企业的目的、特征和性质。德鲁克认为,明确企业使命,就是对"本企业是干什么的"、"本企业应该是什么样的"两个问题进行思考和解答。

美国《商业周刊》对75家公司使命陈述的研究,使命陈述通常由以下9项内容构成:①顾客:组织的顾客是谁? ②产品或服务:组织的主要产品或服务是什么? ③位置:组织在哪里竞争? ④技术:组织的基本技术是什么? ⑤哲学:组织基本的信念、价值、抱负和哲学是什么? ⑥对生存的关心:组织对组织目标的许诺是什么? ⑦自我观念:组织的主要强处和竞争优势是什么(优势)? ⑧对公共形象的关心:组织的公共责任是什么? 组织希望树立什么样的形象? ⑨对雇员的关心:组织对其雇员的态度是什么?[①]

综上所述,使命应在充分了解组织可以做什么、能够做什么、应该做什么的基础上,回答组织的产品是什么、技术是什么(如何生产)、为谁生产(顾客)三个最基本的问题,以界定组织的基本任务和活动领域。

其次是公司的目标(总目标):组织希望达到的成果或结果。根据组织的宗旨与使命制定。

再次,公司的目标还必须进一步转化为分公司、部门和单位,一直到个人的目标。

在各目标层次之间是"手段——目标链"的关系(组织目标的分解形式),即组织最上层制定的目标,需要用一定的手段来实现,这些手段就成

---

① Kathryn M. Bartol and David C. Martin, Management, McGray_Hill, 1991, pp. 157 – 158;转引自邵冲编著:《管理学概论》,中山大学出版社1998年版,第83页。

为下一层次的目标。这样顺推下去就产生出更为具体的目标。无论多么复杂的组织,都可以用手段——目标链来分解组织的目标。管理者在建立目标时,目标与目标之间要有明确的"手段——目标链"关系,避免矛盾与冲突。①

另外,任何组织、任何单位、任何个人的目标都不会仅有一个,这就是目标的多样性。美国学者德鲁克认为应该有八个;格罗斯认为应该有七个;爱德华·施莱认为以 2~5 个为宜;哈罗德·孔茨认为,一个管理者同时可以追求 5~10 个。管理学者对组织目标数量的看法虽然不同,但有一点是共同的,即目标的数量要有所限制。如何减少目标的数量? 可以考虑以下办法:去掉不必要的目标;把次要目标改为约束条件;将几项目标结合形成一个综合目标。②

5. 组织的资源

组织的资源是组织管理的对象。组织资源包括:

(1)人力资源:组织拥有的成员的知识、能力、技能以及他们的潜力和协作能力。

(2)金融资源:货币资本和现金。由于可以购买人力资源和物质资源,所以,一个组织拥有的金融资源多寡实际上也反映了一个组织拥有资源的多少。

(3)物质资源:组织存在所需的诸如土地、厂房、办公室、机器设备等各种物质材料。对一个组织而言,物质资源的多寡,也表现为拥有的财富的多少。

(4)信息资源:可以分为知识性和非知识性两类。一个组织没有一定的信息资源就等于一个瞎子,会有盲人骑瞎马半夜临深池的感觉。

(5)关系资源:组织与其他各方如政府、企业、学校、团体、名人、群众等方面合作及亲善的程度和广度。组织的存在不是孤立的,它必须与其他各

---

① 邵冲编著:《管理学概论》,中山大学出版社 1998 年版,第 88—89 页。
② 黄孟藩编:《管理决策概论》,中国人民大学出版社 1982 年版,第 32—34 页。

方保持密切的联系,而这种关系有时会非常有利于组织目标的实现。

每个组织所拥有的资源,尽管在数量、质量、种类上不尽相同,但一定是有限的。因此,要根据组织资源确定组织目标。组织的目标一定要与组织资源相匹配,即组织资源一定要能支撑目标的实现。其次,要充分有效利用资源。人们利用资源,可以大于组织所拥有的资源(借助其他组织的资源),也可以小于组织所拥有的资源。有效利用资源表现为两种情况:一是在既定的资源条件下,更好地实现组织目标;二是在既定组织目标条件下,尽量少占用资源。①

二、管理是组织的重要因素

"一个和尚挑水喝,两个和尚抬水喝,三个和尚没水喝。"组织不是在任何时候都是整体大于部分之和,如果组织结构不合理,内部紊乱,力量相互抵消,就会 $1+1<2$。所以,在现代社会,一个社会集团的力量大小,并不取决于它的人数多少,而取决于它的组织程度。因此,要发挥组织聚集、扩大以及节省交易成本的作用,要不断提高管理的水平,在合理设计组织结构的同时,整合组织的各种力量,正确处理好组织层次与组织幅度、正式组织与非正式组织、直线部门与参谋(职能)部门、集权与分权、组织目标和个人目标之间的关系。

1. 管理的概念

泰勒(罗)认为,管理就是"确切地知道你要别人干什么,并使他用最好的方法去干。"法约尔(1916 年)认为"管理是所有的人类组织(包括家庭、企业或政府)都有的一种活动,这种活动由五项要素组成:计划、组织、指挥、协调、控制。"这是影响最大的一个定义。美国学者福莱特(1942 年)认为"管理就是通过其他人来完成工作"。西蒙认为"管理就是决策。"小詹姆

---

① 芮明杰主编:《管理学:现代的观点》,世纪出版集团、上海人民出版社 2005 年版,第 31 页。

斯·H.唐纳利等人在他们的著作《管理学基础——职能、行为、模型》(美国商学院 20 世纪 70 年代以来使用频率最高的教科书)中认为,"管理就是由一个或更多的人来协调他人的活动,以便收到个人单独活动所收不到的效果而进行的各种活动。"斯蒂芬·罗宾斯则认为"管理是通过协调其他人的工作有效率和有效果地实现组织目标的过程。"哈罗德·孔茨和海因茨·韦里克认为"管理就是设计并保持一种良好环境,使人在群体里高效率地完成既定目标的过程(1993 年《管理学》第十版)。"加雷思·琼斯认为"管理是对资源进行计划、组织、领导和控制以快速有效地达到组织目标的过程(2000 年)。"现代管理学大师彼得·德鲁克于 1954 年和 1989 年提出,管理是一种实践,其本质不在于"知",而在于"行";其验证不在于逻辑,而在于成果;其唯一的权威就是成就。管理是一门学科,管理学科把管理当作一门真正的综合艺术。①

管理的定义是一个不断发展完善的过程。上述管理的定义,虽然表述不同,但基点是一致的,即管理是一种协调活动。

综上所述,管理就是在一定的环境下,管理者通过决策、计划、组织、领导、控制、创新等职能的发挥,对组织的资源进行有效协调,以实现组织目标的过程。管理的这个定义包括了以下含义:①管理是在一定的环境下进行的;②管理的载体是组织;③管理的目的是为了实现组织的目标;④管理的对象是组织资源,包括人、财、物、信息、关系等;⑤管理的职能包括计划、组织、领导、控制、决策、创新等;⑥管理的本质是协调;⑦管理应当是有效的。

管理的有效性包括效果和效率两个方面。"效果"是指"做正确的事",是组织目标的实现程度;"效率"是指"正确地做事",是组织投入和产出的比值。寓言故事"龟兔赛跑"中,兔子嫌乌龟慢,半路睡觉,结果笨者占先,乌龟获胜,这是兔子没有"正确地做事"或没有"效率"的结果。现在有人编了新的"龟兔赛跑"故事,说是兔子不服气,邀请乌龟进行了第二次比赛,结果兔子还是输了,原因是兔子在比赛时跑错了方向,这是虽然"正确地做

---

① 德鲁克:《管理:任务 责任 实践》,孙耀君:《西方管理学名著提要》,江西人民出版社 1995 年版,第 354 页。

事"了,但没有"做正确的事"或没有效果的结果。① 在现实管理中,有些工作是很有效果的,但还是要受到抨击,就是因为没有效率。在管理中效果和效率相比,应当说前者是第一位的,后者是第二位的,因为,在做"不正确的事"的时候,效率与效果成反比,效率越高越没有用。当然,效率也很重要,特别是在竞争激烈的当今社会。在没有竞争的条件下,没有效率不等于无法实现目标,"自己跟自己玩",可以不讲成本、不计时间,目标总有一天会实现,如中国的万里长城、埃及的金字塔,效果很好,但修建时不一定就有很高的效率。但是,在竞争的环境里,人家的成果在你前面出来,你的成果已不是成果,没有效率意味着死亡。所以,管理在利用组织资源实现组织目标的过程中,效果和效率要有机地统一起来。

2. 管理的职能

管理职能理论最先由法约尔提出,他认为企业的经营活动不外乎六个方面:①技术活动:包括生产、制造、加工;②商业活动:包括购买、销售、交换;③财务活动:包括筹集和最适当地利用资本;④安全活动:包括保护财产和人员;⑤会计活动:包括财产清点、资产负债表、成本、统计;⑥管理活动:包括计划、组织、指挥、协调和控制。根据法约尔的管理职能理论,管理是企业经营活动的内容之一,它由计划、组织、指挥、协调和控制五项职能构成。

自法约尔提出管理五大职能理论以后,许多学者提出了自己管理职能理论。如,哈罗德·孔茨和西里尔·奥唐奈认为,管理有计划、组织、人事、领导、控制五种职能;古力克认为管理由计划、组织、人事、指挥、协调、报告、预算七项职能构成。

西方学者提出的管理职能多达 13 种,不同的管理职能理论不管有几种,都是这 13 种职能的组合。这 13 种职能被进一步归纳后,就成为管理的基本职能或管理的传统职能:①计划:包括制定组织目标、编制行动计划;②组织:组织结构设计、岗位设置、人员配备、组织力量整合、组织变革。③领

---

① 邱庆剑、黄雪丽编著:《世界五百强企业培训故事全案》,广东省出版集团、广东经济出版社 2005 年版,第 54 页。

导;指挥、沟通、协调、激励;④控制:对组织目标执行情况进行监控,发现偏差、纠正偏差。

20世纪50年代以后,西蒙提出了"管理就是决策"的观点,认为决策是管理最重要的职能。进入21世纪以后,许多学者认为创新是管理的又一个重要的职能。

关于管理的创新理论,最先由意大利经济学家熊波特于1912年在其成名作《经济发展理论》中提出。他认为发现新的产品就有新的回报,因此,资本主义的本质是一种毁灭性的创新。他指出,创新是指企业家实行对生产要素的新的组合。包括以下五种情况:①引入(采用)一种新的产品或提供一种产品新的质量;②采用一种新的生产方法;③开辟一个新的市场;④获得一种原料或半成品的新的供应来源;⑤实行一种新的企业组织形象,例如,建立一种垄断地位或打破一种垄断地位。

从现代管理看,管理创新应包括下列五种情况:①提出一种新的发展思路,并加以有效实施;②创设一个新的组织机构并有效运转;③提出一个新的管理方式方法;④设计一种新的管理模式;⑤进行一项制度的创新。①

管理职能在实际执行中应注意两点:一是管理是依次执行一系列职能的过程,但现实管理中,很多时候管理的职能是交叉进行的,而不是顺序进行的。管理者在工作时,可能同时在做着计划、组织、领导、控制工作,而且这些工作并非严格遵循上述顺序。二是作为管理者,不论在哪一个层次,其工作性质和内容基本上是一致,都包括领导、组织、计划、控制等几个方面,但不同层次的管理者在各种职能上花费的时间却有所不同,即工作职能的重点是不同的。如高层花在计划、组织、控制职能的时间比基层多,而基层花在领导职能上的时间比高层多。

3. 管理者

任何组织的活动不外乎两项。一项是业务工作,即组织的具体业务工

---

① 芮明杰主编:《管理学:现代的观点》,世纪出版集团、上海人民出版社2005年版,第25页。

作。不同的组织其职能不同,业务工作也不同。如医院的业务工作是救死扶伤,学校的业务工作是教书育人。组织的另一项工作就是管理工作,即协调业务工作的工作。

根据组织的活动类型,组织中的人员也可分为两大类,即业务工作者和管理工作者。业务工作者是指直接从事某些具体业务工作的人,他们不具有指挥、监督其他人工作的职责;管理工作者是组织中协调他人活动的人,他们对业务工作进行协调并具有指挥、监督其他人工作的职责。

业务工作和管理工作既相互区别又相互联系。首先管理工作是独立进行的活动;其次,管理工作不能独立存在,而是与业务工作同时并存于一个组织之中,否则管理工作就失去了协调的对象;一个人可以"双肩挑",即既是业务工作者又是管理工作者。

按管理者在组织中的层次地位分类,管理者可分为高层、中层、基层。"是否接受其他管理者的指挥"和"是否指挥其他管理者",可以帮助和判断一个人在管理层次中的位置。按管理者所从事的管理领域分类,可分为综合管理者和专业管理者。综合管理者负责管理整个组织(总经理)或组织中某个工部(跨国公司的地区分部)的全部活动;专业管理者仅仅负责组织职能中某一项职能活动的管理,如财务部、人力资源部、市场营销部等部门的经理。

4. 管理者的角色

20世纪60年代,加拿大管理学者亨利·明茨伯格对五位总经理的工作进行了仔细的研究后,得出结论认为,管理者扮演着三个方面的10种角色:

(1)人际关系角色:管理者与各种人发生各种联系时所担当的角色。它包括:①挂名首脑:象征性首脑,组织的象征,必须履行一些礼仪性的职责,如迎接来访者、签署法律文件、参加典礼仪式等。②领导者:正式首脑,负责激励、指挥、动员下属,实现组织目标职责。③联络者:在组织内外部建立关系网络。以上三种角色经常合为一体,如管理者参加另一个组织安排的会议时,就同时扮演着挂名首脑、领导者、联络者的角色。

(2)信息角色:获取、处理和传递各种信息资源的角色。包括:①监听者:寻求和获取各种与组织发展有关的信息,寻找机会,避开威胁。②传播者:把收集到的信息,经过必要的处理和筛选后传递给组织内部的有关人员和部门,使组织成员获得必要的有关组织的信息。③发言人:代表组织向外界公布组织的态度、决定、政策、报表、计划等。如向董事和股东说明组织的财务状况和战略发展方向;向消费者保证组织在切实履行社会责任,以及让政府对组织遵纪守法感到满意。传播者与发言人的区别是,前者所面向的是组织的内部,后者所面向的是组织的外部。

(3)决策角色:包括:①企业家:捕捉发展机会进行投资,并组织实施。②故障排除者(混乱驾驭者):当组织面临重大、意外的动乱时,负责采取补救行动。③资源分配者:负责分配组织的各种资源,即决定组织资源用于哪些项目。④谈判者:代表组织进行谈判活动,包括与员工、顾客、供应商的谈判。管理者都把大量的时间花费在谈判上。①

管理者层次和组织规模对管理者的角色有着显著的影响。首先,不同层次的管理者,其扮演的角色的侧重点是不同的。一般来讲高层管理者最重要的角色是决策的角色,中层管理者三方面角色的分配比较平均,而基层管理者更多的是需要人际关系的角色。其次,组织规模对管理者角色的侧重点也会产生重要的影响。小组织管理者,最重要的角色是发言人,因为,他需要花更多的时间筹措资源,寻找新的机会促进发展;而大组织的管理者,主要的任务是有效配置内部资源,以便获得最佳资源配置效果,资源分配者的角色相对重要。② 松下幸之助曾说:当你仅有一百人时,你必须站在第一线,即使你叫喊甚至打他们,他们也听你的;但如果发展到一千人时,你就不可能留在第一线了,而是身居其中;当增至一万人时,你必须退居到后面,并对职工们表示敬意和谢意。

———————

① 亨利·明茨伯格:《经理工作的性质》,孙耀君主编:《西方管理学名著提要》,江西人民出版社1995年版,第512—519页。

② 芮明杰主编:《管理学:现代的观点》,世纪出版集团、上海人民出版社2005年版,第69页。

有关管理者角色的理论,主要有三种。第一种是以法约尔为代表提出的管理职能理论,认为管理的职能主要有计划、组织、领导、控制、决策、创新等。第二种是明茨伯格提出的管理者角色理论。第三种是巴纳德提出的管理(经理)人员的职能理论。这种理论将管理的三项职能分别对应于组织的三个要素,认为管理人员的职能主要有三项:①建立和维持一个交流畅通的信息系统;②从组织成员那里获得必需的服务(招募和选拔能很好地做出贡献并协调地进行工作的人员);③规定组织的目标。

以上有关管理者角色的三种理论是相互联系、相互补充。

5. 管理者的技能

美国学者罗伯特·卡茨(1974年)提出,一个管理者要履行管理的职能和角色,应该具备三种技能:

(1)技术技能:从事业务工作所需的知识、技术和方法。虽然没有必要所有的管理者都成为精通某一领域专业技能的专家,但还是需要了解或初步掌握与其管理的专业领域相关的基本技能,以便与自己所管理的领域内的专业技术人员进行有效的沟通、指导、监督,发挥专家权。

(2)人事技能(人际技能):与组织单位中上下左右打交道的能力,即与人沟通共事、激励下属和得到同事和领导支持的能力。对于管理者,处理物的管理技能和处理人的关系技能之间,管理更注重后者。实际调查发现,在管理者成功的影响因素中,绝大多数人将人事技能排在第一位。

(3)概念技能:洞察、分析、判断、抽象和概括事物的能力,与抽象思维能力有关,所以又称为思维技能。它是纵观全局,对影响组织的生存与发展的重大因素进行分析的基础上,对组织发展的方向做出正确判断和决策的能力。概念技能水平的高低与一个人的知识、经验、胆识等因素有关。因为,概念技能不仅仅表现为一种分析认识问题的能力,更为重要的是在此基础上做出决策的能力。

上述三种技能,是所有的管理者都是需要具备的,但不同类型的管理者,由于管理职能重点不同,对这三种技能的要求程度是有区别的。根据研究,一个组织中,高、中、低三个层次的管理者对概念、人事、技术三种技能的结构比例依次为:高层为 47:35:18、中层为 31:42:27、低层为 18:35:47。《史记·淮阴侯传》"论将"中,刘邦问韩信:"象我这样的人,能带多少兵?"韩信说:"你最多只能带十万人。"刘邦又问:"那么你呢?"韩信回答:"我带兵多多益善。"刘邦听后笑着说:"你带兵多多益善,怎么又会被我抓住呢?"韩信说:"陛下虽然不能带更多的兵,但你却善于统帅和指挥将领,所以,我就被你抓住了。"这段对话说明,刘邦和韩信由于地位不同,从而工作职责不同,进而要求的能力素质不同。刘邦需要的是帅才,韩信需要的是将才。

伦理道德与管理

20世纪60年代以前,企业的使命仅仅是获得经济利益,企业社会责任问题没有引起人们的重视。随着经济和社会的发展,再加上管理理论和实践日益发展,人们要求企业不仅提供满足消费者需求的产品和售后服务,而且要考虑消费者长远利益和社会福利。企业的商业伦理道德正日益受到商业伙伴的重视。一个比较明显的现象是,越来越多的审计公司由于不赞成客户的商业伦理道德表现,而拒绝合作。审计公司会告诉客户:"我们不再对你的公司账目进行审计,我们不想在上面签自己的名字,因为我们不喜欢你做生意的方式。"

许多企业确实存在严重的道德和社会责任问题。曾经被看作应受谴责的行为,如撒谎、欺骗、歪曲、掩盖错误,在一些人眼里已经变成可接受的甚至是必要的做法;有的管理者通过非法利用知情者的信息获取利润;一些企业的环境污染、矿难、毒粉、苏丹红、石蜡油等问题,已严重威胁消费者的利益和社会的公共利益。

事实上,企业的管理活动无时无刻不涉及道德和社会责任问题。比如,化工厂在生产产品的同时,对空气造成了污染;塑料袋生产企业给人们带来了方便的同时,也带来了白色污染。①

一、什么是伦理道德

"道德"与"伦理",一般并不做严格的区分,经常可以互换使用,特别是

---

① 刘汴生主编:《管理学》,科学出版社2006年版,第77页。

作为"规范"讲时,更是如此,如"应该讲道德"与"应该讲伦理"是同一个意思,"道德规范"与"伦理规范"也是同等的。

在中国传统文化中,"伦"指人所处于其中的那个共同体,以及个人在这个共同体中的地位。"理"指原理。"伦理"就是关于"伦"的原理。人类两大基本共同体:家庭和社会。前者为"天伦",是家庭血缘关系的共同体;后者为"人伦",是社会关系的共同体。企业属于社会关系的共同体。最能诠释和表现伦理本性的就是人的姓名。在"姓名"之中,"姓"是家庭血缘关系的实体,"名"是个体在家族共同体中的地位。现代意义上的伦理是指人、群体、社会、自然之间的利益关系,包括人与人的关系、人与群体的关系、人与社会的关系、人与自然的关系、群体与群体的关系、群体与社会的关系、群体与自然的关系、社会与社会的关系、社会与自然的关系等。

"道德"一词,在西方古代文化中意为"风俗和习惯",后来发展成为"社会的道德风俗和人们的道德个性。"在中国的传统文化中,"道"旨意为原则、规律、规范,"德"是指人们内心的情感和信念,即人们坚持行为准则"道"所形成的品质和境界。现代意义上的道德是指,社会生活中每个人必须遵守的行为原则和规范。道德作为维持人类社会正常生活的基本规范,可以分为有关私人生活的道德规范和有关公共生活的道德规范。前者如个人品德、修养、习惯、作风以及个人私生活中处理爱情、婚姻、家庭及邻里关系的道德规范;后者如遵守社会公共秩序、文明礼貌、讲究公共卫生、爱护公共财物、保护环境、见义勇为、救死扶伤、维护民族尊严和民族团结,以及职业道德如忠于职守、勤恳工作、廉洁奉公、诚实劳动、团结合作、维护本行业声誉等。

那么什么是管理伦理道德呢?在现代管理学中,通常把伦理道德理解为那些用来明辨是非的规则原则,它帮助管理人员判断某种管理行为正确与错误的标准。[①]

---

① 刘汴生主编:《管理学》,科学出版社 2006 年版,第 77 页。

二、企业为什么需要伦理道德观

首先,伦理道德观是企业不可缺少的一种资源。任何社会组织,要想长期存在,不仅需要遵守法律,同时还必须遵守道德规范。伦理道德是现代企业的核心价值构件。"财富的创造是一种道德行为"。"任何企业产品的品质,早先决定于创办人的价值观,后来则决定于整个企业的工作价值观"。①1886～1892 年,恩格斯为《英国工人的状况》的美国版、英国版、德国版写了三个序言,三者都贯穿一个思想——诚信是现代经济规律之一:资本主义越发展,它就越不能采用它早期所采用的那些哄骗和欺诈手段,这些狡猾手腕在大市场上已经不合算了,那里时间就是金钱,那里商业道德必然发展到一定的水平,其所以如此,并不是出于伦理的狂热,而纯粹是为了不白白浪费时间和劳动。②

2001 年 9 月 3 日 CCTV"新闻 30 分"播出南京冠生园旧月饼翻新"再利用"的新闻。

事件的简单经过是,2000 年中秋节过后的第 9 天,南京冠生园食品厂将当年没有卖完的价值几百万元的月饼陆续从各地回收回来,然后将这些月饼去皮取馅(馅在月饼生产成本中占 20%～30%),把剥出来的月饼芯重新搅拌、炒制,入库冷藏。

2001 年 7 月 2 日,南京冠生园开工做新月饼,这些保存了一年的馅料也被悄悄派上了用场。

调查的记者曾经问南京冠生园老板吴震中,他的回答是:这是全国范围内的一种普遍现象。月饼是季节性很强的产品,大家都想抢这块市场,而这个市场又很难估量,没有一个厂家,做几个卖几个的。他捅破了"整个行业的窗户纸。"

---

① 查尔斯·汉普登—特纳、阿尔方斯·特龙佩纳斯等:《国家竞争力——创造财富的价值体系》,徐联恩译,海南出版社 1997 年版,第 5 页、第 6 页。
② 《马恩格斯全集》22 卷,第 368 页,参见《求是》2002 年 15 期第 36 页。

据知情人讲,此种做法始于1993年。吴震中认为,他们是遭"知情同行的暗算"。

南京冠生园月饼旧馅再利用被曝光后,南京商家第二天一大早就紧急将其生产的月饼做撤柜处理。人们对月饼生产混乱无序和少数企业视百姓健康安全为儿戏深感愤恨的同时,也对南京人很有感情的"老字号"南京冠生园"落马"感到惋惜。

"南京冠生园事件"还使其他冠生园企业蒙受了损失。当时,上海冠生园集团的月饼已运到武汉、福州等地,南京冠生园事发后,运到外地的月饼全部被退回,而上海冠生园跟南京冠生园是毫无关系的。

四川冠生园也因此大量退货被迫停产。

又如,成立于1913年的安达信,2001年成为全球第五大会计师事务所,代理着美国2300家上市公司的审计业务,在全球84个国家设有分公司,拥有4700名合伙人,2000家合作伙伴,专业人员达8.5万人,年度财政收入93.4亿美元。

遗憾的是,好景不长,安达信的盛况在2001年12月2日这一天开始了逆转。这一天美国能源巨头—安然公司突然宣布申请破产保护。这一消息令美国人大为震惊,震惊之余,人们将目光逐渐转移到为安然提供审计服务的安达信上。既然安然的问题非一日之功,那么独立审计的安达信怎么一直没有发现呢?

紧接着,爆出了更惊人的消息:负责安然审计事务的安达信既然销毁掉了大量与之相关的文件。后经司法部门调查,在2000年10~11月间,"安达信心照不宣地、故意地、不诚实地劝说雇员修改、破坏、销毁及藏匿"与审计相关的文件。至此,冰山一角已显现。

随着调查的深入,越来越多的问题暴露出来。实际上,安达信在审计活动中弄虚作假,并非始自今日,但均被它一一应付了过去,并未造成太大的影响。于是,侥幸心理使安达信在作假的歧路上越走越远,终于东窗事发。在过去的20年里,安达信至少有10次掏钱平息了政府和客户公司的怨气,以避免他们调查发现安达信故意忽略无视甚至隐瞒客户公司的财务问题。

仅在 2000 年,安达信就向佛罗里达州家电制造商 Sumbeam 公司的股东支付了 1.1 亿美元的赔偿金,交换条件是,他们不要指控安达信签字通过了该公司的利润额。

2002 年 8 月 30 日,安达信公司宣布退出从事了 89 年之久的上市公司审计业务,公司已到了倒闭的边缘。仅仅 9 个月,安达信的没落已成为不争的事实。

有学者这样评价安达信事件:老子曾说:"胜人者有力,自胜者强。"企业真正的对手不是别人而是自己。安达信作为全球五大会计师事务所,实力不可谓不强,水平不可谓不高,可它最终还是失败了,打败安达信的不是其对手,恰恰是自己。[①]

以上两个案例说明,失去了伦理道德标准的企业,是注定要失败的。即使安达信这样的巨人也不例外。

其次,道德影响企业的绩效。"经济学者在繁忙的计算与统计过程中,尤其遗漏了一项非常重要的经济要素,一项关系所有经济活动成败的因素——人际关系。其实,所有交易活动的优先顺序,都决定于经济行动者或决策者的价值观,这些价值观决定经济活动的优先顺序,主导着经济活动。"[②]如果管理者能够"道德"一点的话,经济活动中的交易成本可能会降低。[③] 实践证明,许多决策不是技术和经济上的不可行,而是道德上的不可行造成的。有良好道德素质的管理者,会顾全大局,不斤斤计较个人得失,考虑员工和组织的利益,推动组织发展和变革。道德可以成为竞争优势;有良好道德素质的管理者,在决策时,会考虑方方面面的利益,从而做出公正的决策,使决策得到大多数人的支持,吸引、留住人才,激发员工的积极性。1914 年 1 月,福特把个人的工作时间压缩到每天 8 小时,并把工资从 2.34

---

① 苏勇:《现代管理伦理学》,石油工业出版社 2003 年版,第 143 页,转引自于干千主编:《管理学基础》,北京大学出版社、中国林业出版社 2007 年版,第 86 页。

② 查尔斯·汉普登—特纳、阿尔方斯·特龙佩纳斯等:《国家竞争力——创造财富的价值体系》,徐联恩译,海南出版社 1997 年版,第 8 页。

③ The Economic Isitution of Capitalism, Oliver. Williamison. New York: Free Press. 1985。转引自周三多、陈传明、鲁明泓编著:《管理学——原理与方法》,复旦大学出版社 2009 年版,第 147 页。

美元提高到 5 美元。对此很多人都表示不理解,因为福特公司每年将为此多支出近 1000 万美元,而当时它的年利润也刚过 1000 万美元。有经济学家批评福特:"把《圣经》的精神错用在工业场所,拿博爱主义做幌子来争取人心。但亨利·福特却反复强调,给工人以高工资"是效率问题而绝不是慈善行为","工人也无需感激雇主",因为"这是一个公平的,种瓜得瓜种豆得豆的世界。"实际上,这个决定使福特公司的旷工率从 10% 降到 0.5%。例外,工人的高工资也引起了新的消费革命,又为公司创造了更多的市场和利润。①

从某种意义上说,企业的竞争也是道德的竞争,例如"诚信不欺"、"顾客至上"是一种美德,同时也是经商长久取胜的一大法宝。许多企业的经营理念、文化都包含了企业道德原则和规范。

1904 年,德国著名的社会学家、经济学家和政治学家马克斯·韦伯到美国考察,随后写出了《新教伦理与资本主义精神》一书。他在这本经典著作中指出:在欧美资本主义国家中,杰出的工商企业家大都是新教徒。美国之所以产生了充满活力、发展迅速的市场经济,和从欧洲逃到美国来的新教徒(也称清教徒)带来的伦理道德、职业精神有直接关系。由此演绎出一个在世界范围内产生重大影响的结论:现代资本主义成功的最大秘密在于其独特的伦理——新教伦理。新教伦理从三个方面影响着资本主义企业尤其是企业家:②

第一是"天职"的劳动观。职业是上帝安排的任务,是 calling。人们劳动的目的不是利润、工资,而是向上帝尽天职,从而造就了兴奋异常而永无止境的经营者和劳动者。美国第三十任总统柯立芝曾说:美国是一个搞工业的国家,所以,需要有一个为实业界服务的政府,建一座工厂就是盖一座

---

① 中央电视台:《公司的力量》节目组《公司的力量》,山西出版集团山西教育出版社 2010 年版,第 107、114 页。

② 周三多、陈传明、鲁明泓编著:《管理学——原理与方法》,复旦大学出版社 2009 年版,第 142 页。

圣殿,在工厂里干活就象是在那里做礼拜。[①]

按照"经济合作与发展组织"发表的数字,平均每个美国人每年工作1976 个小时;德国人 1535 个小时,比美国人少 22%。而荷兰人、挪威人等比德国人还少。即使是英国,也比美国少 10%。从 1973 到 1999 年这 26 年间,美国人平均每年工作的时间延长了 50 个小时,即增长了 3%,而同期德国人缩短了 12%。1999 年,法国又把每周工时从 40 小时减到 35 小时,缩短了 12.5%。"按照美国人的标准,欧洲人则属于懒散。"[②]

第二是"蒙恩"的财富观。在经营和劳动中,财富不是经营和劳动的结果,而是上帝恩宠的标志,因而只有符合道德的财富才具有蒙恩的意义,由此赋予人的行为以伦理道德的合理性和合法性。

第三是"节俭"的消费观。一方面,新教伦理的"天职"和"蒙恩"的观念,最大限度地释放了人们的某种冲动;另一方面,新教伦理又以"节俭"的观念束缚着消费尤其是奢侈品的消费。正如美国最负盛名的员工职业精神培训手册《敬业》一书所言:不是贪欲,恰恰是职业伦理的禁欲导致了市场经济的发展,市场经济更多的是对欲望的理性抑制。另外,新教伦理强调,最大限度地赚取财富,就是在履行自己的天职。

三、相关的道德观念[③]

1. 权利主义道德观

这种观点认为尊重和保护个人基本权利的行为是善的,即是符合伦理道德的。这里的基本权利就是人权,只要是人就应当平等地享有人的基本权利,如生存权、发展权、言论自由权、受教育权、医疗保障权、工作权等。这

---

① 中央电视台:《公司的力量》节目组《公司的力量》扉页"公司来了,世界变了",山西出版集团、山西教育出版社 2010 年版。

② 詹姆斯·H. 罗宾斯著、曼丽译《敬业》,世界图书出版公司北京公司 2004 年版,第 2 页。

③ 参见周三多、陈传明、鲁明泓编著:《管理学——原理与方法》,复旦大学出版社 2009 年版,第 149 页;刘汴生主编:《管理学》,科学出版社 2006 年版,第 78 页。

些权利不是某个权威赐予的,而是人与生俱来的。政府的法律和各种组织的管理者,应当尊重和保护人权。

权利主义道德观保护了人的基本权利。但它把保护人的权利看得比工作的完成更加重要,造成一种墨守成规的工作气氛,可能会影响劳动生产率和工作效率的提高。

2. 功利主义道德观

这种观点认为,给行为影响所及的大多数人带来最大利益的行为就是善的,即是符合伦理道德的。根据这种道德观,企业解雇 20% 的工人是正当的,因为这可以提高另外 80% 的职工的待遇。

这种观点有其合理的一面,因为,给大多数人带来最大利益,同时鼓励提高劳动生产率,符合利润最大化的目标,必然得到大多数人支持,可以认为是善的。

但是,功利主义道德观存在两个问题:一是取得最大利益,可能采取不公正、不道德,甚至是损人利己的手段;二是利益的分配方面,规定了大多数人有利,但没有规定利益如何分配。

3. 公平道德观

这种观点认为,管理者不能因种族、性别、个性、个人爱好、国籍、户籍等因素歧视部分员工。也就是说,按照同工同酬的原则和公平公正的标准向员工支付薪酬的行为是善的,即是符合伦理道德的。现阶段,我国各类组织中,农民工、临时工、非正式工与在编的正式工之间,工资待遇有着极大的差别,这是违反公平道德观的具体表现。

公平道德观保护了那些可能缺少代表或无权的利益相关者的利益,但不利于培养员工的风险意识和创新精神。

4. 综合社会契约道德观

综合社会契约道德观认为,管理者应根据实证因素(是什么)和规范因素(应该是什么)进行决策。这种道德观综合了两种契约：一种是经济参与人当中的一般契约，它规定了商业活动的程序(是什么)；另一种是社会契约，它规定了哪些经济行为方式是可以接受的(应该是什么)。

这种观点的实质是在说明契约的道德前提，并要求管理者根据各行业和各公司中现有的道德标准，以决定什么是对的，什么是错的。例如，在中国的美国公司，同等技能的员工的报酬，与在美国的公司的员工相比，差别可能在 5 ~ 10 倍，但这并不被认为是不道德或不公平。

5. 推己及人的道德观点

这是中国古代儒家文化的核心道德观，它要求管理者在决定管理行为时，要换位思考，将心比心，设身处地地思考问题。这种道德观十分重视对上级的"忠诚"，对下属的"仁爱"，对朋友的"义气"和"诚信"以及对各方的"和谐"。

以上各种观点本质上是围绕企业是"经济人"还是"道德人"的争论。功利主义道德观，理论上秉承古典经济学的"经济人"假设和"私恶即公利"的信条(即追逐个人私利客观上会促进公共利益)。从实践上看，功利主义与高效率、高生产率、高额利润的目标相一致，这就使得许多管理者为自己寻找适当的理由来追求利润最大化。

企业的基本功能是创造利润，追求经济效益，但因此同时，企业的行为又是一种社会行为，这种行为使企业的经济行为上升到伦理的层面。企业如同一枚硬币，同时承担着"经济人"和"道德人"的角色。

现在，功利主义遭到越来越多人的反对，最典型的理论就是"相关利益者的利益"说。这种理论要求企业的决策不仅要考虑股东的利益，而且还要考虑所有相关者的利益。

四、道德管理的基本规范①

1. 职工与管理者的道德规范

职工与管理者作为企业人员,在组织中被看作是一种被管理和管理的关系,这种关系是组织存在和发展的需要,也是组织必须要有的一种最基本的结构。但是,现代管理与以往管理的根本区别在于,"被管理者"不再是"没有思想"的工具,而是"活生生的人",体现了"以人为本"的管理思想。这种思想要求职工与管理者的道德规范应该是:

(1)管理者在同职工的关系上,管理者要把"以人为本"的思想贯彻到管理之中。具体的道德规范体现为:①尊重职工个性和尊严,不仅把人看作手段,更把人看作目的成就;②承认职工在能力上的差异,不搞平均主义;③讲究用人之道,适才适所,人尽其才;④对职工讲信用,言必信,行必果;⑤对人的内部控制制度上,不可要求过高,以与企业生产经营活动相适应为限度;⑥注意讲究"需要层次论",尽量满足职工的不同的需求。

(2)职工在同管理者的关系上,职工要关心企业,服从领导和安排,融洽上下关系。

2. 职工与职工的道德规范

组织是一个协作系统,它需要协作。然而,以个人为激励对象的管理和激励机制,容易引起组织内部个人之间的过度竞争,影响部门之间、个人之间的协作精神,导致彼此保密、封锁、不合作,人与人之间关系紧张,进而损害组织利益。合作与竞争不是相互排斥的,而是对立统一的。合作使职工之间相互取长补短,通过共同协作奋斗实现组织利益;竞争则让每个职工扬长避短,充分发挥个性,实现组织利益。

---

① 刘汸生主编:《管理学》,科学出版社 2006 年版,第 81 页。

3.企业与社会的道德规范

①在处理与国家的关系时,坚持服从并服务于国家利益;②在处理与各级政府的关系,遵纪守法,照章纳税;③在处理与顾客的关系时,应遵循顾客至上的原则;④在处理与供货商的关系时,应信守合同;⑤在处理与竞争者的关系时,应公平竞争;⑥在处理与自然环境的关系时,保护环境,不污染环境。

五、影响管理道德的因素

1.价值观

价值观作用于管理者的决策行为时,受到三种个人因素的影响。[①]

(1)自我实力:又称自我信心。自我实力强的人更多地依靠自己的个人价值观和是非观念,受他人影响较小。

(2)环境依赖:当情况不清楚时,环境依赖性较强的人,更多地依赖他人的信息来确定问题;而不依赖环境的人则依靠自己拥有的信息和自己开发的信息。

(3)控制点:它反映一个人如何理解自己对生命中事件的控制能力。"外部控制"论认为,生命中的事件是由命运、天命、运气决定的;"内部控制"论认为,生命中的事件是由自己的行动控制的。内部控制论更容易对后果产生责任感,因为他们更依赖他们个人的价值观和是非观念来指导自己的行动;外部控制论者,对行为后果责任感较差,因此,更容易受组织内其他力量的影响。

---

① ［美国］戴维·J.弗理切:《商业伦理学》,机械工业出版社1999年版,第90页。

2.个人道德发展的层次阶段(三个层次六个阶段)[①]

(1)前惯例层次(两个阶段):①正确的行为是为了避免惩罚。②满足个人需要是正确的。正确的行为是为了满足自己的需要

(2)惯例层次(两个阶段):③得到他人同意的是正确的。正确的行为是为了让他人认为自己是个好人。④合法的就是正确的。正确的行为是为了遵守法律和权威。

(3)原则层次(两个阶段):⑤尊重个人权利和社会契约就是正确的。正确的行为是为了遵守社会契约。⑥普遍原则决定什么是正确的。正确的行为必须符合公正公平的原则和普遍人权原则。

有关道德研究表明:①人们要依次通过以上六个阶段,不能跨越;②道德发展可能中断,可能停留在任何一个阶段上,也可能倒退和堕落;③多数成年人的道德发展处于第四阶段上。

中国企业家史玉柱在巨人集团破产后东山再起时,坚持要还清法律规定可以不还的欠债。这一行为表明,其道德当时已发展到第六阶段。[②]

3.组织结构

(1)有无必要的权力制衡、监察、检查、审计机制,有无外部群众和舆论监督:如果有比较完善的内外制衡监督机制,可以防止和制止不道德的管理行为的产生。

(2)组织内部有无明确的规章制度:如果有比较完善的规章制度,可以防止和制止不道德的管理行为的产生。

(3)上级管理行为的示范作用:"上梁不正下梁歪"。下级必然会十分关注上级的管理行为,从中弄清哪些行为是上级可以接受和期待,然后上行下效,弃规章制度于不顾。

---

① 参见劳伦斯·科尔伯格:《道德发展哲学》,1981年版。
② 周三多、陈传明、鲁明泓编著:《管理学——原理与方法》,复旦大学出版社2009年版,第158页。

（4）绩效评估考核体系会起到指挥棒的作用：考核指标偏重于成本，所订的指标又偏高，各级管理者迫于强大的压力，会不择手段地去追求成果。

4. 组织文化

诚信、包容的组织文化，将减少不道德的管理行为；没有诚信、包容的组织文化，将助长不道德管理行为的滋生或扩散。

5. 问题强度

问题强度是指该问题如果采取不道德的处理行为可能产生后果的严重程度。

六、改善企业道德行为的途径[①]

1. 制定和颁布正式的道德规则

包括：①职工与管理者之间的道德规范；②职工与职工之间的道德规范；③组织的社会道德规范。

要使道德准则发挥作用，要注意两点：一是管理者要以身作则。"其身正，不令而行；其身不正，虽令不从。"管理者以身作则，是建立道德文化的基础。二是依据道德准则建立奖惩机制。颁布道德准则，全凭员工自便遵守，缺乏一种有效的道德管理奖惩机制，这样的道德准则等于没有。要使道德准则发挥作用，必须制定奖惩制度，遵守的给予奖励，违反的给予惩罚。选择谁或什么事作为提薪奖励或晋升的对象，将向员工传递强有力的道德准则信息。

---

① 参见刘汴生主编：《管理学》，科学出版社 2006 年版，第 86—88 页；周三多、陈传明、鲁明泓编著：《管理学——原理与方法》，复旦大学出版社 2009 年版，第 160—164 页。

2.聘用符合组织道德的人

品德比才能重要,但考察一个人的品德比考察一个人的才能要困难得多。"路遥知马力,日久见人心"。它需要一个长期观察的过程。组织在聘用人时,要注重人的价值观、自我强度、控制点、环境依赖、道德发展水平等。

3.制定切实可行的工作目标

工作目标不仅要明确,而且要切实可行(不能太低也不能太高)。如果过高,会产生不道德的行为。例如"末位淘汰制",为了不被淘汰,员工会不择手段。

4.独立的社会审计

独立的社会审计比自己审计更容易发现不道德行为。

5.正式的保护机制:

对两种员工要进行保护:一是处于道德困境时依据自己的价值观行事的员工;二是揭露不道德行为的员工。

6.建立优秀的组织文化。

组织文化的核心作用是根据组织的价值观规范员工的行为。优秀的组织文化对改善员工的道德素质具有非常重要的作用。

7.对员工进行道德培训。

越来越多的组织意识到,对员工进行适当的道德培训是非常重要的,于是他们采取了各种方式如开设研修班、组织专题讨论会等来提高员工的道德素质。

七、企业的社会责任

1. 从企业发展的角度考察,一个企业的健康发展一般会经历这样三个层次,承担三种相应的责任。

(1)承担法律责任:从它开办的那一天起,它就必须遵守相应的法律,如保护企业间公平竞争的"反垄断法"、保护消费者正当权益的"消费者权益保护法"、保护社会长远利益和整体利益的"环境保护法"、"公司法"。违背这些法律,随之而来的法律诉讼会使企业遭受巨大损失,甚至被强制性关门歇业、破产清算。因此,它必须承担相应的责任。

(2)承担经济责任:企业的正常运转与发展依赖于它的盈利能力,它必须在法律的许可范围内,寻求财富或价值最大化,也就是要承担它的经济责任。

(3)承担社会责任:企业还必须为自己确立更长远、更宏大的目标,为人类的进步、社会的发展、生活质量的改善,贡献它的一份力量,亦即承担社会责任。

2. 企业社会责任:组织在法律法规和谋求经济利益的基础上,还主动追求和承担有利于整个社会和谐发展的相关责任。在前面提及的企业发展三个层次中,前两者叫做社会义务,第三个层次就是社会责任。这三个阶段是紧密联系的,一个企业只有获得了发展的基础,才有更多的能力捐助社会;反过来,一个贡献社会、具有良好声誉的企业,它建立的良好公共关系,为它赢得合同、树立品牌、增强盈利能力起到了促进作用。

3. 企业社会责任的内容:目前人们所接受的企业社会责任内容十分广泛,可大致概括为以下几个方面:①

(1)对顾客的责任:包括①深入调查,并千方百计地满足顾客的需求;②广告要求真实;③交货及时;④价格合理;⑤产品使用方便、经济、安全;⑥

---

① 周祖成:《企业伦理学》,清华大学出版社 2005 年版,第 42 页。

产品包装不应引起环境污染;⑦实行质量保证制度;⑧提供周到的售后服务。

(2)对供应者的责任:①恪守信用;②严格执行合同。

(3)对竞争者的责任:公平竞争。

(4)对政府社区的责任:①执行国家的法令法规;②照章纳税;④保护环境;⑤提供就业机会;⑥支持社区建设。

(5)对所有者的责任:①提高投资收益率;②提高市场占有率;③股票升值。

(6)对员工的责任:①公平的就业、上岗、报酬、调动、晋升机会;②安全、卫生的工作条件;③丰富的文化、娱乐活动;④参与管理、全员管理;⑤教育培训;⑥利润分享。

(7)在解决社会问题方面的责任:①救济无家可归的人;②安置残疾人就业;③资助失学儿童重返校园;④在高校设立奖学金;⑤支援老少边穷地区发展经济;⑥帮助老人;⑦资助文化、教育、体育事业

SA8000,是 Social Accoutability 8000 简称,意思是"企业社会道德责任标准",自 1997 年问世以来,受到了公众极大的关注,在美欧工商界引起了强烈反响。SA8000 是既 ISO9000(质量标准)、ISO14000(环境标准)之后出现的又一个重要的国际性标准。它对企业的社会责任制定了最低标准。内容包括(9 个方面):

(1)童工:企业必须按照法律控制最低用工年龄。

(2)强制雇佣:企业不得进行或支持使用强制劳工或在雇佣中使用诱饵或要求抵押金,企业必须允许雇员轮班后离开并允许雇员辞职。

(3)健康安全:企业须提供安全健康的工作环境,对事故伤害的防护,健康安全教育,卫生清洁维持设备和常备饮用水。

(4)联合的自由和集体谈判权:企业尊重全体人员组成和参加所选工会并集体谈判的权利。

(5)差别待遇:企业不得因种族、社会地位、国籍、伤残、性别、生育倾向、会员资格或政治派系等原因存在歧视。

（6）工作时间：企业必须遵守相应法规，雇员一周工作时间不得超过60小时，加班必须是自愿的，雇员一周至少有一天的假期。

（7）惩罚措施：不允许物质惩罚、精神和肉体上的压制和言词辱骂。

（8）报酬：工资必须达到法定和行业规定的最低限额，并在满足基本要求外有任意收入。雇主须提供津贴、处理和扣除额，不得以虚假的培训计划规避劳工法。

（9）管理体系：政策；管理评审；公司代表；计划与实施；供应商和分销商的监控；处理考虑和采取纠正措施；对外沟通；核实渠道；记录等。

4. 两种关于企业社会责任的观点

（1）传统经济学观点：为股东实现组织利益的最大化是企业的天职，否则就不成其为企业，保护社会福利是政府和非赢利组织的责任。密尔顿·弗里德曼于1970年9月13日在《纽约时报》上发表了题为《企业的社会责任就是增加利润》中认为：将组织资源用于社会效益时，都是在增加经营成本，这些成本必须要有人买单，要么通过高价转嫁给消费者，要么降低股息由股东吸收。

除此之外，反对企业承担社会责任的理由还有：企业承担社会责任淡化了企业的宗旨与使命（经济的生产效率），违反利润最大化的原则；企业领导缺乏处理社会问题的必要技能等。

（2）社会经济学观点：企业不只是对股东负责的独立实体，它们还要对社会负责，因此企业不只是创造利润，还应包括保护和增进社会福利。其理由是：首先，承担社会责任可以增强企业的竞争力，是企业生存与发展的需要；其次，市场机制有缺陷，如不完全竞争、存在外部效应、价格信号失真等；第三，法律有局限。

一些大企业发展的历史和大量调查的结果表明，企业承担社会责任和企业的经济绩效之间是正相关的。我国2006年1月1日施行的《中华人民共和国公司法》修订案规定：要求公司承担社会责任。

管理学中的人性假设理论

人性,即人的本性,指人所具有的正常的感情和理性。人性既有共性即通性,也有个性即每个人所具有的不同的本性。管理学中的"人性"是指人性假设或人性理论,它对管理学的发展和管理的实践起着非常重要的作用。美国著名管理学家道格拉斯·麦格雷戈在《企业的人性面》中说:"在每一个管理决策或每一项管理措施的背后,都必有某些关于人性本质及人性行为的假定"。

纵观管理思想的发展历程,可以发现,管理是基于对人性进行各种不同假设的基础上进行的,管理与人性不可分离。可以说,人性假设是管理学研究的逻辑前提,古今中外管理学研究与实践中,不同人性假设对应着不同的管理模式和管理理论。如中国古代儒家认为"人之初,性本善,性相近,习相远",所以强调教育教化人,建立"仁政";法家思想代表人物韩非子认为"人之初,性本恶",所以强调法制与奖罚。又如,过去一般的商店开架售货时,都要写上"偷一罚十",实际上就是假设顾客是贼。再如,某企业非常重视管理,制定了许多规章制度,其中,惩罚条理600多条,奖励的只有5条,得到奖励比拿"五一"奖章还困难,实际上这个企业对职工的假设就是倾向于"性恶论"。同样,西方管理科学发展史上,每一种管理理论的提出也几乎都是以自己的人性假设理论为前提的,如泰罗、法约尔、韦伯等人提出的古典管理理论,以"经济人"假设为前提,总结出了科学管理理论,与其对应的是任务导向型管理;从"社会人"假设出发,人们总结出了行为科学理论,与其对应的是参与式管理;从"自我实现"假设出发,人们总结出了"Y"理论,与其对应的是目标自主管理方法;从"复杂人"假设出发,人们总结出了权变理论,进而得出了"管理丛林"理论等等。

中西方管理模式的不同,归根结底是人性理论的不同。在西方的管理理论发展史上有多种多样的人性假设,但西方文化对人性的假设总的来说是"性恶论",因此,西方管理思想是建立在"性恶论"基础上的。如何抑制"恶念恶行",西方人坚信"知识"能够抑制人的恶念,改变人类命运,因此,西方的现代管理理论具有科学、理性的取向。① 基督教的"原罪说"就隐喻地表达了"性恶论"的立场,基督教认为,人是因为作恶(亚当与夏娃偷吃禁果)才被贬到人间,人在现世就是赎罪,拯救人的恶性。意大利文艺复兴时期的政治思想家、历史学家马基雅维利认为:"一般说来,人都是忘恩负义的,易变的,奸诈懦弱的,贪得无厌的。"②儒家思想是中国传统文化的核心,其整个思想体系都是建立在人性理论上的。儒家的人性理论非常丰富,有"性本善"、"性本恶"、"有善有恶论"、"性无善无恶论"、"性善恶混论"、"性三品说"等,但总的来说,中国的传统文化对人性的假设是"性本善",因此在"治人"上以"和为贵",是一种人文取向,更注重人情。

管理学形成和发展可以梳理出三条线索:第一条是从具体管理实践中总结出来的管理原理和方法技术,这是目前管理学发展的主线,我们称之为应用管理学;第二条是以基本的人性假设出发构造的管理理论,每一个新假设的提出和新理论的出现都会对管理思想的发展产生重大的影响,这种从假设出发构造的管理理论体系,我们称之为理论管理学,对人性的不同认识和理解导致了不同的管理理论;第三条是以企业管理案例研究为主要代表的管理学,这一条线索实际上给管理提供了一块试验田,使每一位受教者都把自己假想为管理活动中的一员,对管理环境进行假想式的试验,以求各种可能的管理结果,我们称之为实验管理学。③ 人性假设理论的研究与发展是管理学发展的重要线索之一。可以说,自从上个世纪初管理科学诞生以

---

① 盖勇、徐庆文:《中国古代人性论与现代管理》,《管理科学文摘》2005 年 3 期,原载《广西大学学报》2005 年 1 期。

② 马基雅维利:《君主论》,湖南人民出版社 1987 年版,第 71 页。

③ 郭咸纲:《西方管理思想史》,经济管理出版社 2004 年版,第 5 页;钟立娟:《人性与管理》,原载《黑龙江社会科学》2006 年 1 期,《管理学文摘卡》2006 年第三期转载。

来,在一定的人性假设前提下,寻求管理活动中的共性与规律,使其日趋规范化和科学化就成为西方现代管理不变的追求。因此,学习和研究人性假设理论对学习管理学具有非常重要的意义。

一、"性善"论

"性善论"最先由战国时期儒家的主要代表人物孟子提出。孟子在回答弟子的提问时说:"恻隐之心(仁:同情心),人皆有之;羞恶之心(义:害羞之心),人皆有之;辞让之心(礼:知道彼此谦让),人皆有之;是非之心(智:知道什么是对什么是错),人皆有之。"①《孟子·公孙丑上》说:"由是观之,无恻隐之心,非人也;无羞恶之心,非人也;无辞让之心,非人也;无是非之心,非人也。"从上述这段文字中,我们可以得出这么一句话:"恻隐之心"、"羞恶之心"、"辞让之心"、"是非之心"这四种心是每个人都有的,如果没有这四种心就不是人。《孟子·公孙丑句上》又说:"恻隐之心,仁之端也;羞恶之心,义之端也;辞让之心,礼之端也;是非之心,智之端也。"就是说恻隐"、"羞恶"、"辞让"、"是非"这"四心",是仁、义、礼、智这四种道德之"端"。仁、义、礼、智被孟子简称为"四端"。人之有"四端",犹如人之有"四体",是人本来固有的,不是因外在影响而产生的。②"四心"是孟子"性善论"立论的基点,极为重要。

孟子的性善论在宋代以后为理学家们所普遍接受,成为中国封建社会正统的人性论思想。被称为中国传统社会启蒙读物、"初等教材"的《三字经》,其开篇第一句话就是"人之初,性本善,性相近,习相远"。从"性善"论出发,孟子终生要建立"仁政"管理体系,强调"以和为贵",施行仁政,主张"德治",以教育教化人。

中国古代的人性论思想相当丰富,尤其是对中华民族的形成起着重要作用的儒家思想(中国封建社会的统治思想),整个体系就是建立在人性的

---

① 《孟子·告子章句上》。
② 《孟子·公孙丑上》

基础之上。由于儒家在人性论上主张"性善论",所以在管理上主张"教化"、"仁政"、"以德治国"。复旦大学钱文忠教授认为在西方社会中,每个人都是有罪的,只有上帝是无罪的。正因为如此,所以谁都不能相信,表现在社会管理运作上,就是不能把所有的权力交给某几个人,要把管理的权力予以分散,互相监督,彼此独立,创设出一套严格的制度来限制彼此。而中国文化传统的主流,就是接着《三字经》开始的"人之初,性本善"六个字,也就是接着疑似孟子的思想走了下来。我们相信每个人的天性都是善良的,可谓人人皆可为尧舜,每个人都知道不要损害别人的利益。损害别人利益的人,主要应该是教育他,引导他,培养他,而不是用法制去规范他。①

儒家在人性论上也有"性恶"论。如《孟子·告子》说:"故曰,口之于味也,有同耆焉;耳之于声也,有同听焉;目之于色也,有同美焉。至于心,独无所同然乎?心之所同然者何也?谓理也,义也。"意思是说:口对于味道,有相同的嗜好;耳朵对于声音,有相同的听觉;眼睛对于颜色,有相同的美感。一说到心,难道就偏偏没有相同的地方了吗?心相同的地方在哪里?在理,在义。圣人不过就是先掌握了我们内心相同的东西罢了。所以理义使我的心高兴,就像猪狗牛羊肉使我觉得味美一样。这句话的含义是人是"趋利避害"的,是"性恶"的。儒家在人性论上有"性善论"和"性恶论",但占主导地位的是"性善论"。

又如韩非子老师、儒家主要代表人物之一荀子更是直接认为,人性是"性恶"的。他在《荀子·性恶》中说:"人之性恶,其善也伪。"而且这种人性是先天而生、不学而能的。人性恶的表现是,人饥而欲饱,寒而欲暖,劳而欲休,生而好利、嫉妒、喜欢声色。

儒家和法家一样,在人性论上,也有性恶的观点,但在管理思想上却与法家截然不同。可能我们会简单得出一个结论:儒家在人性论上有"性善论"和"性恶论",但占主导地位的是"性善论"。其实主要的原因是,儒家认为"性相近,习相远;苟不教,性乃迁。"经过后天的教化,人的自私可以得到

---

①　钱文忠:《解读三字经》上册,法制出版社2009年版,第5页。

转化,即所谓的"化性起伪",化恶为善,荀子从这里导出他的"礼治"的治国方案。①

二、"性恶"论

"性恶"论源于法家的人性"自为"的观点。法家代表人物慎到提出人性"自为"的观点。他的所谓的"自为",就是自己依靠自己,自己为自己打算,自己为自己考虑,自己为自己谋利。商鞅进而指出,人性都是自私自利、好利恶害的。韩非子从肯定的角度,总结综合慎到和商鞅的观点,进一步论证了人性自私自利的合理性。在他看来,人的行为都是自私本性下的趋利避害的行为,人与人之间的关系根本上是一种利益关系。他举例说:"医生吮吸病人的伤口,口含病人的脓血,二者之间没有骨肉之亲,医生之所以这样做,是出于求利;制造马车的希望人人富贵,而制造棺材的希望人们早死,这并非是造马车的心地仁厚而造棺材的心地不好,这是由于人们不富贵则马车卖不出去,没有死人则棺材无法出售,背后都是对自身利益的追求。

韩非子则认为人的这一自私本性无从改变,也不必要改变,管理者只能顺应并利用这一人性。《韩非子·八经》:"凡治天下,必因人情。人情者有好恶,故赏罚可用。赏罚可用,则禁令可立,而治道具矣。"这就是说,要治理好天下,必须因顺人情,人情是好利恶害的,因此要利用赏罚进行管理,只有这样才能令行禁止。法家的"法治"管理思想就是从"性恶"的人性思想基础上提出来的。②

法家"自为"的人性假设,与二千年多年以后亚当·斯密在《国富论》(1776年)中提出的"经济人"假设可以说是如出一辙。

---

① 黎红丽:《中国管理智慧教程》,人民出版社 2006 年版,第 92 页。
② 黎红丽:《中国中国智慧教程》,人民出版社 2006 年版,第 92—93 页。

三、基督教"原罪"说

根据《圣经·创世纪》，上帝在创造自然万物的时候，按照自己的形象创造了最初的人——亚当和夏娃，把他们安置在伊甸园中，并禁止他们碰伊甸园中智慧树上的果子。起初，亚当和夏娃在伊甸园中过着无忧无虑、不知善恶的日子。然而，后来他们在魔鬼化身——蛇的引诱下，偷吃了禁果，违背了上帝的戒命，被上帝逐出伊甸园，到大地上来生殖后代，繁衍子孙。这就是基督教所说的"始祖的堕落"。亚当和夏娃偷吃禁果、违背上帝戒命所犯下的罪过，也随着生殖行为传给了他们的后代，成为人类的原罪，代代相传，绵延不绝。所以，基督教认为，人之原罪与生俱来，每个人生来就是有罪的。原罪几乎就是人的本性。

后世的基督教思想家、改革家、新教创始人奥古斯丁、马丁·路德、加尔文等人，对基督教的"原罪说"做了进一步的阐释和发挥，将"原罪说"解释为"性恶论"。如基督教思想家、基督教教父奥古斯丁(345~430)认为，人性是恶的。他说："天主，请你俯听我，人们的罪恶真可恨……在你面前，没有一个人是纯洁无罪的，即使是出生一天的婴孩亦然如此。"基督教改革家、新教路德宗的创始人马丁·路德(1483~1546)说："人类的一切情感、欲望和意向，都是邪恶的、刁滑的和败坏的，犹如《圣经》上所说的一样。"因此，"人的肉体里和灵魂里全都有一个搅乱了的、败坏了的和受到毒害的本性，人类没有一点东西是好的。"基督教改革家、新教加尔文宗的创始人加尔文(1509~1564)说："原罪是祖传下来的我们本性的堕落与邪恶，它透入灵魂的一切部分。"因此，"我们的本性，不仅没有任何的善，而且却富有着一切的恶。"①

---

① [古罗马]奥古斯丁：《忏悔录》，周士良译，商务印书馆1963年版，第9—11页。

四、受雇人假设

在资本主义初期的社会里,工人被看作受雇佣的人,是一个会说话的工具,就像泰勒所说的一样:"我只想雇佣他们的手,但我不得不雇佣整个人。"

在当时的企业主或管理者眼里,这些受雇工人全是些好吃懒做、游手好闲、好逸恶劳、推一推动一动、没有一点责任心的恶习人。这些人受雇于企业,如果不加严格管理、不多加看管、不给予处罚,就会不听使唤、偷懒,甚至破坏和闹事。基于这样的假设,企业主或管理者采用残酷的手段管束工人,如增加劳动强度、延长劳动时间、不改善工作环境、尽量少给工资、实施严厉的惩罚手段。当时企业里所制定的许多管理条例和管理措施,在今天看来,都是十分不人道和不可思议的。①

五、"经济人"假设

"经济人"假设,又称"理性经济人"假设,最早由著名英国经济学家、古典政治经济学杰出代表(古典政治经济学集大成者)亚当·斯密在 1776 年出版的代表作《国民财富的性质和原因的研究》(简称《国富论》)中提出;1817 年,古典政治经济学另一位杰出代表(古典政治经济学的完成者)大卫·李嘉图在其代表作《政治经济学及其赋税原理》中对经济人假设做了进一步的研究,提出了群氓假设。"经济人"假设理论认为:①人是自利的,追求自身利益是人们行为的根本动机;②人是理性的,他能根据自身利益和所处的环境,通过理性判断,使自身利益最大化。上述古典政治经济学对人类本性的分析,对西方资产阶级早期的管理理论产生了广泛而深远的影响,很长一段时间被奉为西方管理上的一项指南。20 世纪初,管理科学诞生以

① 芮明杰主编:《管理学:现代的观点》,世纪出版集团、上海人民出版社 2005 年版,第 34 页。

后,古典管理学派的代表人物泰勒、法约尔、韦伯在人性假设上秉承了亚当·斯密和大卫·李嘉图的"经济人"假设理论。

根据"经济人"假设,古典管理理论的管理方式是:①以工作任务为中心,将管理工作重点放在如何提高劳动生产率,完成工作任务方面,即采取任务导向型的管理方式;②主张用绝对、集权的权力进行管理,应用职权发号施令,使被管理者绝对服从;③强调严密的组织,制定具体的规范和工作制度,以便控制、监督员工努力为组织目标工作;④在激励方面,采用"胡萝卜加大棒"的管理方法,用金钱报酬调动人的积极性,突出个人奖励并力图扩大差别,同时对消极怠工者采取严厉的惩罚措施。

人虽然是好吃懒做、游手好闲、好逸恶劳的,但人是有需要的、有追求的,是可以激励的。经济人假设开始注意到工人生产积极性对提高生产效率的影响,是对被管理者认识的深化。建立在经济人假设基础上的"胡萝卜加大棒"的管理方法,比"受雇人"假设下把工人当作"会说话的工具"来严加管束要先进,且更符合人性。当然"经济人"假设只关注人对物质、经济的基本需求,简单地把人看作是自然人、生物人,忽视了人的社会性和复杂性。表现在管理上就是管理者对被管理者缺乏信任、缺乏足够的理解与尊重。简而言之,就是"见物不见人",不重视人,不尊重人,把人当作机器来看待。科学管理理论或古典管理理论以"经济人"假设为理论前提,所以科学管理之父、古典管理理论的奠基人泰勒曾说:合适的搬运工的首要条件是"像牛一样蠢笨和懒散",我只需要他们的体力而非大脑。古典管理理论的重要代表人物、汽车工业的先驱福特也说:我需要的是他们(工人)的手和脚,但却不得不雇佣整个的人。福特发明生产流水线的思想来源是,他认为"要降低工人思考的必要性,将工人移动的次数降至最低,因为工人每移动一次只能做一件事情。"而向前运行的装配线把工作送到工人面前(而不是工人到工作面前),恰好符合福特"将工人移动的次数降至最低"的思想。现在我们秉承了福特的这一思想,在所有的生产活动中,我们有两条基本原则:一是一个人不必做超过一个步骤的工作;二是所有的人不必弯腰工作。

"经济人"假设,把人当作经济动物,注重物质对人的刺激作用,而忽视了人的社会性;注重物的作用,而忽视人的作用。在"经济人"假设前提下的管理是一种"以物为本"的管理,它虽然极大地提高了劳动生产率,但也带来了人的极端异化。

六、社会人假设

资本主义进入 20 世纪二三十年代以后,一方面,科学管理在极大地提高了劳动生产率的同时,也使工人的劳动强度大大提高,各种各样的问题开始出现,工人们愤愤不平,抗议、罢工等事件时有发生。在福特的工厂里,员工的流失率曾一度达到 300%,企业主不得不提高工资以保留难得的熟练工人。另一方面,随着社会和科学技术的发展,人的因素在提高劳动生产率中的作用越来越重要。1929 年,资本主义世界爆发了资本主义历史上最深刻、最持久的一次经济危机,资产阶级的学者们开始寻找这次经济危机爆发的原因及解决的办法。他们一方面对亚当·斯密的自由放任的市场经济能否适应垄断资本主义进行反思,另一方面对泰勒的科学管理理论在管理工人方面的效能进行思考。反思的结果是,在经济学方面,凯恩斯主义的兴起为资本主义的持续发展开出了药方;在管理学方面,梅奥开辟了以"社会人"假设理论为前提的行为科学研究新方向。①

"社会人"假设理论是梅奥在著名的"霍桑实验"的基础上提出来的。"社会人"假设理论认为:①人不仅仅是为了单纯追求金钱收入,还有安全感、尊重、友情、归属感等社会性需求;②社会需要的满足对人的行为具有更大的激励作用。

根据"社会人"假设,行为科学理论在管理上主张:①管理要以人为中心。与经济人假设前提下的管理方式相反,"社会人"假设前提下的管理方式以人为中心,要求管理人员不能只考虑如何完成工作任务,在完成工作任务的过程中应当关心人、体贴人,爱护、尊重员工,满足人的社会心理需要,

---

①　郭咸纲:《西方管理思想史》,经济管理出版社 2004 年版,第 151 页。

建立融洽的人际关系,以提高人员的士气。②重视非正式组织的作用。管理者不应只注意正式组织的计划、组织、领导、协调、控制等职能的作用,而应更加重视"非正式组织"的作用,以培养和形成职工的归属感和整体感,形成良好的人际关系。③管理人员应具有人际关系的技能。管理者不仅是生产的组织者,还应是人际关系的协调者;他们应注意倾听职工的意见,了解职工的思想感情,在职工与上级之间起到桥梁和联络人的作用,做到上情下达,下情上达。④在激励方面,提倡实行集体的奖励制度,而不主张实行个人奖励制度。⑤建立职工提案制度。职工的建议或意见受到尊重还是被忽视,是影响人际关系和职工情绪的一个重要原因,因此,应在企业中广泛采用提案制度。⑥建立面谈制度。上司可利用下属参加工作、工作岗位调动、生日、考核、退职等一切机会,同部下进行个别谈话,让他们自由公开地讲出他们的不满和意见,平衡他们的心理情绪,使之有家庭式的感受。⑦让职工参与决策。让职工共同参与企业生产经营和管理上的一些重大决策,会增加职工对企业的认同感和归属感,也尊重了职工。这将改善企业的人际关系,提高部下的士气。⑧上下沟通①。

　　人具有自然属性和社会属性,其中,社会属性是人的本质属性。经济人假设只看到了人的自然属性,而社会人假设已经看到人的社会属性,"社会人"的人性理论对人性的认识,较之"经济人"假设无疑前进了一大步。但"社会人"假设在一定程度上存在否认经济利益对人的激励作用,过分强调了人的社会需求,与"经济人"假设相比,"社会人"对人性的假设走向了另一个极端。同时,"社会人"假设仍将人看作是消极的、被动的被管理者,没有看到人的能动作用和创造性,没有把人看作是有价值观念、有思想、有修养的人。

七、"自我实现人"假设

　　"自我实现人"假设理论首先由美国学者亚伯拉罕·马斯洛(A. H.

---

　　①　芮明杰主编:《管理学:现代的观点》,世纪出版集团、上海人民出版社2005年版,第36页。

Maslow)提出。1943年,马斯洛在《人类动机论》一文中首次提出了需要层次理论,把人的需要分为生理、安全、社会、尊重、自我实现五个层次的需要。自我实现的需要是人的最高层次的需要。所谓的"自我实现",就是指人都需要发挥自己的潜力,表现自己的才能;只有当人的潜力、才能被充分发挥出来,人们才会感到最大的满足。用马斯洛的话来说,就是能力被运用、被发挥出来,人才会停止喧闹,所以,"每个人都必须成为自己所希望的那种人"。马斯洛还通过对社会知名人士和一些大学生的调查,认为"自我实现的人"应具有15种特征,主要包括:具有敏锐的洞察力,思想高度集中,有创造性,不受环境偶然因素的影响,只跟少数志趣相投的人来往,喜欢独居等等。

1965年,美国行为科学家埃德加·沙因在《组织心理学》一书中对人性理论研究的成果进行了概括总结,把人性假设归纳为四种,即经济人假设、社会人假设、自我实现人假设、复杂人假设。在论及自我实现人假设理论时,他指出,人的需要有低级和高级的区别,人们寻求工作是为了达到自我实现的需要;人们力求发展自己的能力和技术,在工作上有所成就;人们能够自我激励和自我控制,外来的激励和控制会对人产生一种威胁,造成不良的后果;个人自我实现同组织目标并不冲突,而且是一致的,在适当的条件下,个人应调整自己的目标使之与组织目标相结合。①

自我实现人假设理论认为,与经济人假设和社会人假设前提下的管理方式相比,自我实现人假设前提下的管理方式应进行四个方面的变化:①管理重点的变化。经济人假设以工作任务为导向,重视物质刺激因素,轻视人的作用和人际关系。社会人假设看到了经济人假设的缺陷,反其道而行之,在管理中以人为中心,重视人的作用和人际关系,把物质因素放在次要地位。"自我实现人"假设前提下,管理的焦点应从人的身上转移到工作环境上,但与经济人假设不同,即重点不是放在计划、组织、指挥、协调和控制上,而是要创造一种适宜的工作环境、工作条件,使人们能在这种条件下较充分

---

① 邵冲:《管理学概论》,中山大学出版社1996年版,第268页。

地挖掘自己的潜力，发挥自己的才能，从而达到自我实现。②管理方式的改变。根据自我实现人假设理论，管理方式要由过程管理变为目标管理，让组织成员参与组织目标的制定，并根据共同设定的目标实行自我激励，自我管理，充分发挥自己的潜力。③管理人员职能的变化。管理者的主要角色既不是生产指挥者，也不是单纯的人际关系调节者，而是一个采访者。他们的主要任务在于设法为发挥职工的才智创造适宜的条件，减少和消除职工自我实现过程中所遇到的障碍。④奖励方式的改变。经济人假设依靠物质刺激调动职工的积极性，社会人的假设依靠改善人际关系调动职工的积极性。这些都是从外部来满足人的需要，而且主要是满足人的生理、安全和归属（或交往）需要。"自我实现人"假设理论认为，激励应以外在激励为主变为内在激励为主，如使人们在工作中获得知识、增长才干。

　　"自我实现人"假设理论是"社会人"假设理论的继承和发展，它在"人有社会和心理需要"认识的基础上，进一步认识到了人性的主动性和创造性，使人在生产中的地位得到了提高，使人类的价值和尊严得到了维护。当然，"自我实现人"也有它的缺陷，它抛开了具体人的社会本质，以抽象化的、理想的、脱离社会实际的人性设定生活世界里"现实的个人"，认为人都是好人，忽视人对经济利益的关注和经济利益对人的激励作用。现实生活中的人是很复杂的，不是每个人都会追求"自我实现"，也不是每个人都把充分发挥自己的才能、展现自己的才干作为最大的满足。马斯洛虽然提出了"自我实现人"假设，但他也认识到，对多数人来说，自我实现只是作为一个奋斗的目标，因为受到社会环境的种种束缚，没有自我实现的条件，真正的自我实现只有极少数人才能达到。一个人是否追求自我实现，使自己趋于完善，取决于个体后天所接受的全部社会环境的影响。①

---

　　①　王志军、段陆生：《管理中的人性假设析论》，原载《重庆社会科学》2007 年 7 期，《管理学文摘卡》2007 年 6 期转载。

八、"X—Y"理论

美国著名行为科学家道格拉斯·麦格雷戈(Douglas M. McGergor,1906~1964)1960 年在《企业中的人性方面》一书中提出了著名的人性假设理论——"X—Y 理论"。他把传统的人性假设,即古典管理理论学派和行为科学学派的人性假设—经济人假设和社会人假设称作 X 理论。他认为古典管理理论的"经济人假设",是"强硬"的"X 理论";而行为科学理论的"社会人假设",是"温和"的"X 理论"。

他认为传统的人性假设,即"X 理论"对人性的假设,概括起来包括以下5 个方面:①人的本性是坏的,一般人生性懒惰,想尽可能地少做工作;②他们缺乏雄心壮志,宁愿被人领导,不愿承担责任;③他们天生就以自我为中心,对组织需要漠不关心;④他们的本性就是反对变革;⑤他们轻信而不明智,易于被骗子和野心家蒙蔽。

基于对人性的上述假设,管理部门和管理人员的任务就是,对被管理者进行积极的干预,对他们进行劝说、奖励、惩罚、控制,即必须指挥他们的活动,调整他们的行为。因此,人们常把管理的定义概括为:管理就是通过别人来完成事情。

麦格雷戈根据马斯洛的需要层次理论,指出 X 理论的"胡萝卜加大棒"或"蜜糖加皮鞭"的管理方式,只对低层次需要未得到满足的人有效,而对于高层次未得到满足的人就无效了。在现代社会条件下,随着科学技术的发展,人们的生理、安全等低层次的需要已得到相当满足,再想用"X 理论"管理方式来激发职工的工作热情,显然是做不到的。

麦格雷戈在"自我实现人"假设理论的基础上,提出他的新的人性假设,即"Y 理论"。"Y 理论"认为:①人并不是天生厌恶工作,他们对工作的喜好和憎恶决定于这项工作对他是一种满足还是一种压抑;②人们对自己所参与和制定的目标,能够实现自我指挥和自我控制;③在适当的条件下,人们不但能接受,而且能主动承担责任;④大多数人都具有相当高的用于解决组织问题的想象力、独创性和创造力;⑤在现代工业条件下,一般人的智力潜能只是部分地得到发挥。

"Y 理论"基于对人性的上述假设,提出以下管理方法:①分权与授权;②由职工对自己的工作成绩做出评价(按照 X 理论,通常是由上级给下级的工作做出评价);③扩大工作范围,给职工提供自我实现的机会;④实行参与和协商式管理方式;⑤其他方法,包括如改善职工关系,创造良好的管理气氛,合理利用奖惩和提升机会等。

有学者认为,麦格雷戈的"X 理论"代表了"经济人"和"社会人"的人性假设,而"Y 理论"则代表了"自我实现人"的人性假设。如果从中国的"性恶"和"性善"论看,麦格雷戈的"X—Y 理论"实际上是将两种不同的人性假设——"性恶"和"性善"概括为"X—Y 理论",不过他个人更推崇"性本善"。①

麦格雷戈的"X—Y 理论"与中国儒家的"性恶"、"性善"论有共同之处,但是,也有许多不同点,一是社会环境的不同,一个是资本主义社会,一个是封建社会;二是应用的条件不同,一个是为企业管理服务,一个是为社会管理或者说为政治统治服务。从理论深度来说,"X—Y 理论"偏重于人的行为的研究,基本上属于行为科学的研究范畴;而儒家的"性善"、"性恶"理论则偏重于道德。从管理的对象来说,"X—Y 理论"着重于被管理者行为的研究,而儒家的"性善"、"性恶"论则着重于整个国家的管理者和被管理者的道德研究,而且偏重于如何对管理者进行管理的理论。至于恶的来源,麦氏理论认为这是由管理当局的组织方式和控制方式引起的,只要改变这些方式,就可以改变人性;而儒家理论认为人的本性是来源于先天的,要改变人的本性主要靠人后天自己的努力。②

---

① 王凤彬、李东编著:《管理学》,人大出版社 2000 年版,第 315 页。
② 张明兴:《从人性假设的视角探究西方管理思想的发展》,《管理学文摘卡》2006 年 4 期转载,原载《现代企业》2006 年 4 期,第 45—46 页。

九、"管理人"假设

管理人假设由决策学派创始人西蒙提出。第一,管理理论认为,任何组织都有两项活动:即业务活动和协调业务活动的管理活动,因此,组织中的人员可以分为业务工作人员和管理人员两种。根据此观点,决策、计划是管理人员的事情,业务人员只负责执行和操作。西蒙认为,即使是企业中的一个操作工,他在管理中也有双重身份:一方面,他接受来自其他各方面的指令、监督与控制;另一方面,他在面对自己的工作领域,在操作机器和工具进行生产或服务时是一个主动的实施者,是面临各种突发问题的果断处理者,从这个意义上看,他也是一个狭义的管理者。因此,组织中的所有人都是"管理人员"。第二,既然每个人在自己的工作领域中,是一个主动的实施者,是面临各种突发问题的果断处理者,因此,人都是具有成就感的人。不是"X理论"的人性假设所说的那样,人生性懒惰、缺乏雄心壮志等。第三,"经济人"假设把人看成是完全理性的人,在决策过程中决策者以最优为决策标准,他们可以在充分了解有关决策信息的基础上,做出完成组织目标的最佳决策。管理人假设针对经济人假设中关于"人是完全理性人"的观点提出了质疑,认为人类实际的理性既不是完美无缺的,也不是非理性的,而是部分理性,或者说是有限度的理性,他们在决策时以令人满意为决策准则。因为:①决策时做到绝对的理性,以最优为决策标准,必须具备的三个前提条件:一是决策者可以掌握有关决策问题的完整的信息并知道所有可能的方案,二是决策者要具有无限的估算能力,三是决策不受时间的限制。但是,现实生活中由于决策者在认识能力和时间、经费、情报来源等方面的限制,不可能完全具备以上这些前提,因而,人们不可能做出完全合理或最优的决策。②由于受决策时间和可利用资源的限制,即使可以充分了解有关决策信息,决策者也只愿意获得最方便和花钱最少的信息。③决策者在识别和发现问题中容易受知觉上的偏差的影响,而对未来的状况做出判断时,直觉的运用往往多于逻辑分析方法的运用。④在风险决策中,与经济利益的考虑相比,决策者对待风险的态度起着更为重要的作用。⑤如果总是企图找到最好的,不但最好的找不到,也许连好的也找不到,反之,如果满足于好的也许在找的过程中会碰上一个最好的。经济人假设和管理人假设下的人的两种决策观,可以用以下两个例子说明,一个是在草堆中寻找最细的针,一个是从草堆中找到可以用的针。

　　管理人假设为管理思路、理论和方法打开了新的天地。基于管理人假设的决策学派提出的管理思路和方法是:首先,企业员工都具有管理者和被管理者的双重身份,工作的不同只是分工的不同,企业的成功有赖于全体员工共同一致的努力。第二,认为要通过适当的放权让每个人在授权范围内独立自主和创造性地工作、决策,发挥每个人的聪明才智和潜力,而这将更有利于企业资源的有效整合。第三,人的成就感是自我发展的动力,企业不应该仅仅是使用人的场所,还应该是发展、培养和造就人的学校。①

　　"有限理性"概念的提出以及由此得出的"管理人假设",不仅奠定了西蒙决策理论的基础,也使得西蒙对理性主义传统的反思和批判达到了一定的理论高度。②

十、"复杂人"假设

　　"复杂人"人性假设理论,又称"超 Y 理论",它率先是由美国学者薛恩(E. H. schein)等人在二十世纪七十年代初提出。薛恩在考察了以上几种对人性的假设后指出,人的需要并不都是一样的,而是因人、因时、因地而异的;不可能有纯粹的"经济人",也不可能有纯粹的"社会人"或"自我实现的人";在现实生活中实际存在的是在各种情况下表现出不同反应的"复杂人"。二十世纪 70 年代,美国心理学家约翰·莫尔斯(J. John. Morse)和杰伊·洛尔希(J. w. Lorsch)对薛恩的"复杂人"人性假设理论进行了进一步的研究。他们分别用"X 理论"和"Y 理论"在亚克龙工厂和卡美研究所、史托

---

① 芮明杰主编:《管理学:现代的观点》,世纪出版集团、上海人民出版社 2005 年版,第 36 页。
② 乔东、李海燕:《西方现代现代思想理性主义传统反思》,载《理论导刊》2007 年第 6 期。

克顿研究所进行实验研究,结果是在工厂里采用"X 理论"取得了较好的效果,而在研究所里运用"Y 理论"进行管理效果较好。这说明,"X 理论"不见得一无是处,毫不可取;"Y 理论"也不见得一切都好,可以到处运用。根据这一实验结果的分析,他们在 1970 年发表的《超 Y 理论》和 1974 年出版的《组织及其成员:权变方式》中阐述了"复杂人"人性假设理论。其主要观点有:第一,人的需要是多种多样的,不同的人有不同的需要,即使是同一个人,在不同的时期、不同的环境下,其需要也是不一样的。第二,人的需要不是与生俱来的,而是在后天的环境影响下形成的,不同的环境会产生不同的需要。① 第三,管理的方式由工作性质、成员素质等来决定。第四,不同的人对管理方式的要求不同,有人希望有正规化的组织和规章条例来要求自己工作,而不愿参与问题的决策去承担责任,这种人欢迎以 X 理论指导工作,有的人却需要更多的自治责任和发挥个人创造性的机会,这种人欢迎以 Y 理论为指导的管理方式。②

另外,1957 年,美国行为科学家克里斯·阿吉里斯(Chris Argyris)在《个人与组织:互相协调》一书中提出了人的个性成长理论,即"不成熟——成熟"理论。他认为人的个性是一个不断成长的过程,就像一个人从不成熟的婴儿长成成熟的成人一样,要经历七个方面变化:从被动到主动;从依赖到独立;从只有少量动作到能做多种动作(从办事方法很少到办事方法很多);从兴趣偶然、浅薄到兴趣持久、深刻;从目光短浅到目光长远;从从属地位到平等地位或优越地位;从缺乏自我意识到有自我意识。有的学者把阿吉里斯的"不成熟——成熟"理论归结到"自我实现人"假设理论中,有的学者则把它归结到"复杂人"假设理论中。应该说,阿吉里斯的"不成熟——成熟"理论实际上是一种"复杂人"假设理论,它告诉人们,人在不同时期其个性是不同的,其个性是变化的、复杂的。

根据"复杂人"的假设,管理学中产生了一种新的管理理论,即权变理论(应变理论)。该理论认为,由于人的需要不同,能力各异,对于不同的管

① 戴淑芬主编:《管理学教程》,北京大学出版社 2005 年版,第 214 页。
② 周三多、陈传明、鲁明泓编著:《管理学原理与方法》,复旦大学出版社 2009 年版,第 74 页。

理方式会有不同的反应。因此,没有什么一成不变的适合于任何时代、任何组织和任何个人的普遍最佳管理方式,管理者应观察员工之间的个别差异,根据具体情况,因人而异,采取灵活多变的管理方法。

基于"复杂人"假设的权变理论,由于主张根据不同的具体情况、针对不同的人采取灵活机动的管理措施,含有辩证思想,一出现就备受人们的推崇,很快发展成为管理理论中的一个重要学派。确实,如果能使管理真正做到针对某个具体的个人实施恰当的方法,那么就可指望组织中的每一个人都能最大限度地发挥自己的潜能,使工作达到最佳绩效。然而,"复杂人"假设以生活现实中人们的个性与行为表现作为人性的内容,强调了人与人之间的差异,忽视人性中的普遍性和共性,它必然导致只见人们的差异,不见人类不同于动物的最根本的属性。设想在规模庞大的企业中,对每一个人都采用不同的管理方式是不可能的。实际上,"复杂人"假设把本属管理学层次的人性问题降低到心理层次的个性方面,基于这种人性假设的不要一般性规则的管理理论已丧失了管理的基本意义。

十一、"文化人"假设

"文化人"假设是上世纪 80 年代初西方学者在企业文化运动蓬勃开展时提出来的。它率先由美国学者威廉·乔治·大内在 1981 年 4 月出版的《Z 理论——美国企业界如何迎接日本的挑战》一书中提出。"文化人"假设,首先对以往的人性假设理论进行了总结和评价,认为人们对自己本性的认识是由浅入深的,从"经济人"假设,人们总结出了科学管理理论;从"社会人"假设出发,人们总结出了行为科学理论;从"复杂人"假设出发,人们总结出了权变理论,并得出了"管理丛林"理论。随着人们认识的加深,人性的多样性和相异性展现在我们面前。但是,"这种多样性和相异性并不意味着不一致和不和谐。所有这些假设都是相辅相成的。每一种假设都开启了一个新的地平线并且向我们展示了人性的一个新方面。"其次,在对以往的人性假设理论进行了总结和评价的基础上,提出了"文化人"的定义,即以往不同的人性假设,构成了人类的共同本质——全面发展的人。再次,根据"文化人"假设,提出了人本管理理论。其主要观点是:人是有价值的资源,是有感情、有文化、有自觉意识的主体,人既是手段,又是目的。在管理实践中,实现组织目标的同时要实现个人的全面发展。

"文化人"假设对以往管理理论的超越在于,人本管理是自科学管理理论以来对西方管理学成果的反思、批判和扬弃;它充分汲取了科学管理理论的系统观点,形成了以价值观为核心,以物质、行为和制度为层面的浑然一体的有机管理系统。①

十二、马克思主义人性理论

当前,有学者根据马克思的人性理论,提出了一种新的人性观。这种人性观认为,人性主要有以下几个方面的特征:①人性具有自然属性(动物属性)和社会属性。人的这两种属性是客观存在的,却不是平行存在、发展的。人性是以社会性为基础,人的社会属性处于主导和支配的地位,自然属性受社会的制约。在总的原则上,人性的全部内容就包含在"人的自然属性、社会属性及二者的和谐"之中。②人性主要是人类在后天的社会实践中和社会生活中逐渐形成的,不存在天赋的、与生俱来的人性。③人具有主体性,人的主体性使人具有自主意识、自我反思、自觉行动、自我驱动、协调发展的能力。人的行为动力来自于自我精神的驱动。④人活着一般是为追求生存优越和实现自己的理想。

基于上述人性特征,新的人性观点提出了一种新的管理理论——精神管理。精神管理理论认为:①随着社会的发展和科技的进步,人们的物质生活水平有了很大的提高,物质刺激的边际效用逐步递减,人们的精神需求在不断提升,精神的重要作用受到了高度重视。②与传统管理重点强调对人的行为外部控制和物质刺激相比,精神管理由"物本主义"转向"人本主

---

① 张明兴:《从人性假设的视角探究西方管理思想的发展》,《管理学文摘卡》2006 年 4 期转载,原载《现代企业》2006 年 4 期,第 45—46 页。

义",以人为本,充分尊重人的主体性作用,提倡自我管理和自我驱动。③
工作中人与人之间的关系是主体与主体之间的关系,管理与被管理者之间
只是分工的不同,不存在等级的差别。①

十三、人性理论回顾与展望

回顾以往的各种人性假设理论,它们之间存在着以下关系:一是它们的
产生都符合时代发展的需要,具有鲜明的时代特征,任何一种人性假设理论
对当时管理理论的发展和实践都起到了重要的作用。二是人们对人性的认
识是不断从低级向高级发展的,某种人性理论的产生,都使人类对人性的认
识由浅薄走向深刻,由片面走向全面。三是存在各种各样的人性假设理论,
是管理科学出现"理论丛林"现象的原因之一,但是,各种人性假设理论之
间不是相互矛盾,而是相互补充的。如,"经济人"假设只认识到了人的自
然属性,而"社会人"假设进一步认识到了人的社会属性;"经济人"假设只
认识到人对经济利益需求,而"复杂人"假设却认识到了人的需要是多种多
样的,并且是不断发生变化的。

在知识经济社会中,科学技术是第一生产力,人是生产力中最重要的因
素,人力资源已成为第一资源。早在 20 世纪下半叶,世界著名的从事预测
未来研究的专家奈斯比特就高瞻远瞩地指出:21 世纪最激动人心的突破之
所以将会发生,不是因为科技的进步,而是人性理论的发展。在未来社会
中,对人性的探索和发现将是人类永恒的话题。人性假设理论作为管理学
研究的逻辑前提,将继续成为管理学研究的重要内容,新的人性假设理论也
将继续层出不穷。未来的人性理论研究将更加注重人本主义的思想,进一
步向"自我实现人"假设靠拢,突出人性的能动性和人生价值的追求,强调

---

① 齐善鸿、李培林:《管理中人性思想的演变与精神管理的导出》,原载《科技管理研究》2007
年第四期,《管理科学》2007 年第 9 期转载。

人的能力的发展和人、组织、社会、自然之间的和谐发展。①

---

① 王志军、段陆生:《管理中的人性假设析论》,载《管理学文摘卡》2007 年 6 期,原载《重庆社会科学》2007 年 7 期。

管理的层次与管理的幅度

一、管理幅度

管理幅度又称管理宽度,是指一个组织或一个管理(领导)者直接管理和指挥的下级单位或人数。比如,一名主管所监督和管理的直接下属人数是五人,则管理幅度是五。

关于管理幅度最早的描述出现于《圣经》中,其《出埃及记》一章记载了这样一个故事:摩西的岳父杰西罗当时注意到,摩西花费过多的时间去监督太多的人,于是他建议摩西从全体以色列人中挑选出有能力的人来,使他们成为"千人之长,百人之长,十人之长",重大事情提请摩西决定,所有小事情,由他们自己处理。

在组织结构设计中,减少管理幅度和扩大管理幅度都会对组织管理产生重要的影响。减少管理幅度对组织的影响主要有:①管理层次增多,管理人员增加,机构臃肿,副职过多,官多兵少,人浮于事,容易助长官僚主义,所花费的精力和费用增加,从而降低组织的效率;②相互之间的协调工作难度加大;③上下级之间的信息传递缓慢,并容易发生遗漏和失真。总之,减少管理幅度,容易助长官僚主义,所花费的精力和费用增加,从而降低组织的效率。

扩大组织幅度对组织的影响主要有:①可以减少管理层次,精简组织机构和管理人员,用于协调的时间和费用都会减少;②信息传递渠道可以缩短,从而提高工作效率;③管理幅度过大时,主管人员对下属的具体指导和监督在时间上相对减少，甚至会出现管理失控、各自为政。例如，我国的行政组织体系，在上世纪 80 年代中期之前，省县之间基本未设市一级政府时，各省（自治区、直辖市）均管辖 70～100 个县，在管理幅度上就存在过大的问题。对此，自 1983 年以后，我国在辽宁、江苏、广东、北京、上海、天津等省市试行地市合并的改革并逐步在全国推行，实行市领导县的体制，解决了省县一级管理幅度过大的问题。①

从以上分析可以看出，管理幅度是组织设计中的一个重要问题，它的过大或过小都是不恰当的。因此，在管理实践中，设计适当的管理幅度是组织有效运转的关键，管理幅度过小，则管理层次增多，信息传递和决策速度缓慢，组织效率降低；管理幅度过大，则管理者虽然鞠躬尽瘁，事必躬亲，忙得不亦乐乎，但毕竟一个人的精力和能力有限，难免顾此失彼，对被管理者放任自流或无法有效监管，同样会降低组织的效率。

关于管理幅度以多少为宜，历来是管理学者研究管理幅度的一个重要课题。古典管理学派的重要代表人物、过程管理学派的创始人法约尔认为，工厂中最大的管理幅度不超过 8～9 个，政治或宗教领袖最大的管理幅度不超过 10～12 人。英国管理学家林德尔·厄威克认为，理想的下属人数是 4 人，基层可以是 8 人或 12 人，这个观点被许多管理学家推崇。② 英国著名将领尹恩·汉密尔顿（1853～1947）根据其军事经验认为，适当的管理幅度应该是 3～6 人，接近高层最好是 3 人，接近基层最好是 6 人。美国管理学者戴维斯认为，上层管理职务的管理幅度应为 3～9 人，最下层管理职务的管理幅度的可多达 30 个。1951 年，美国管理学会对 100 家大公司和 41 家中小公司进行调查后发现，大公司中，向总裁汇报工作的高级管理人员的人数从 1 人到 24 人不等，平均数是 9 人；41 个中小公司中，25 个总裁有 7 个以上的下属。中国管理学者、"A 管理模式"创始人刘光起认为，管理幅度不超过八人为好。③

---

① 夏书章主编：《行政管理学》，中山大学出版社 1998 年版，第 65 页。
② 转引自周才堂：《管理幅度设计》，《管理科学》2000 年第 8 期。
③ 刘光起编著：《A 管理模式》，企业管理出版社 1997 年版，第 53 页。

在幅度研究方面,法国管理学者格兰丘纳斯(V. A. Graicunas)做出了卓越的贡献,他通过研究于1933年指出:下属人员的数目以算术级数增加,则上级与下属人员之间发生的关系数(也就是主管领导人需要处理的关系数)将以几何级数增加。这一发现后来被命名为格兰丘纳斯管理公式。格兰丘纳斯管理公式表明,管理的幅度与上级和下级发生关系的次数及发生关系所花费的精力、时间有关;由于人的精力的有限性,组织的幅度是有限的,它应根据上级与下级发生关系的次数来确定;上级与下级发生关系次数越多,管理负担越重,幅度应越小。

根据格兰丘纳斯管理公式,影响管理幅度的因素主要有:①管理者的工作能力:它包括管理者一方与被管理者一方的工作能力,如果管理者领导能力强,被管理者业务熟练,则需要指导的时间可以减少,管理幅度可以大一些。②管理工作的相似性和复杂性:职能复杂,工作难度大,管理幅度相对要小。对于高层领导来说,他们往往面对的是事关组织全局的复杂问题,或者是前所未有的问题,因此,他们直接领导的人数宜少而精。对于基层管理者来说,他们主要是处理一些重复性或相似性的日常工作,因此,直接领导的人数可以多一些。据调查表明,最高层的管理人员的管理幅度,以4~8人为宜。大组织可以偏少,小组织可以偏多。基层领导的管理幅度以8~15人为宜。③组织机构在空间的分散程度:即一位主管人员领导下的单位或个人在地理位置上的集中或分散程度,下属较为集中的,管理幅度可较大。④协调的工作量:即本单位与上级单位、同级单位之间,以及与下属各部门之间的协调配合所需花费的精力和时间。⑤下属职能的相似性:即一名主管人员领导下的各部门或人员所执行的职能的异同程度。显然,下属职能相似程度高,则管理幅度可较大。⑥管理业务标准化程度:如果作业方法及作业程序标准化程度越高,管理幅度可越大;反之,则越小。⑦授权程度:如果领导者对下属的授权程度越大,管理幅度就越大;反之则越小。①

---

①　参阅芮明杰主编:《管理学:现代的观点》,世纪出版集团、上海人民出版社2005年版,第133页。

二、管理的层次

　　一个组织拥有众多的员工,少则几十、几百、上千人,多则数千、数万、数十万人,面对如此之多的人,组织的主管不可能对每一个员工直接进行指挥和管理,这就需要设置不同的管理层次,实行分级负责管理。管理层次就是指从决策层到执行层的基层的数目。组织中管理层次的多少,根据组织的任务量与组织规模的大小而定,但一般都或分为高、中、基三层,或分为高、中、低三层,或分为战略规划、战术计划、运行管理三层。

　　尽量减少管理层次是组织结构设计中的一个最重要的原则,因为减少管理层有以下好处:①可以减少管理人员,节省管理费用。②可以加快信息沟通,减少信息传递中的遗漏和失真,有助于提高管理效率。如按照法约尔等人的经典管理理论,在层级组织中,有一个重要的管理原则,就是"上级不能越级指挥,下级不能越级请示汇报"。按照这个原则,IBM 最高决策者的指令,要通过 18 个管理层最后传递到最基层的执行者,不但时间极其缓慢,而且传递过程中的失真、扭曲可想而知。③上下级直接接触,可增进共识,消除隔阂,加强指导,提高领导工作的有效性。④有利于扩大下属的管理权限,调动下属人员工作的积极性、主动性、创造性,提高其管理能力和管理水平。⑤可以克服机构庞杂、人浮于事、公文旅行、文件过多、官僚主义的机关过多综合症。

　　然而,管理层次不能随意减少。如果管理层次过少,同样会影响管理的有效性。影响管理层次的因素主要有:①组织规模:一个组织应先有管理的幅度,后有管理的层次。当组织规模很小的时候,组织是没有必要有层次的。但是,由于一个管理者受精力、知识、能力、经验的限制,所能管理的下属人数是有限的,因而组织的幅度的增加也是有限的,当组织规模扩大后,组织的管理幅度随之增大。根据管理幅度理论"格兰丘纳斯管理公式",当管理跨度达到 6 时,管理者需要处理 222 种下属关系,这对普通人来说已经到了极限,若再增加下属人数,管理者需要处理 490 种关系,这肯定不能处理好全部可能的关系。国外对 128 个组织的研究指出,100 个员工的公司大致有四个管理层,1000 个员工的公司大致有六个管理层,10000 个员工的公司大致有七至八个管理层。据说 IBM 公司管理层最多时高达 18 层。所以,随着组织规模的扩大,最高管理者必须要建立中间管理层级来管理新增加的人数。在一般情况下,组织规模越大,管理层次越多。②技术影响:技术越复杂,管理层次越多,有关专家对拥有 100 个以上员工的公司进行研究得出:单件小批生产组织,平均有三个管理层次;而大量大批生产的组织,平均有四个管理层次;一些复杂的联合组织平均有六个管理层次。③管理幅度的影响:管理幅度与管理层次成反比例关系,在组织规模一定的条件下,管理幅度越小,组织层次越多。①

三、管理幅度与管理层次之间的关系及其对组织结构设计的影响

在管理幅度给定的条件下,管理层次与组织的规模成正比,组织规模越大,成员数目越多,其所需的管理层次越多。在组织规模给定的条件下,管理的层次与管理的幅度成反比,管理幅度宽,管理层次就少,反之,管理层次就多。如当作业人员为 4096 时,假定幅度为 4 时,层次为 7;假定幅度为 8 时,层次为 5。②

管理层次和管理幅度是设计组织结构时必须要考虑的两个重要的维度。前者是纵向的,一定程度上决定了组织的灵活性;后者是横向的,一定程度上决定了组织控制的有效性。组织结构的设计,实际上就是合理设计管理的幅度和管理的层次。有人认为组织犹如一块布,有"经"有"纬",所以很牢固,如果我们真的把一个组织比作一块布的话,管理的幅度就是

---

① 参阅芮明杰主编:《管理学:现代的观点》,世纪出版集团、上海人民出版社 2005 年版。第137 页。

② 斯蒂芬·P. 罗宾斯《管理学》第四版,黄卫伟、孙建敏、王凤彬、闻洁、杨军译,中国人民大学出版社 1997 年版,第 237 页。

"经",管理的层次就是"纬",要想建立一个稳固的组织,就必须织好"经线"和"纬线"。根据管理幅度与管理层次的关系,我们可以设计出两种类型的组织结构:一是扁平结构,这种组织结构管理幅度宽,组织层次少,其优点是管理人员少、信息沟通快、办事效率高、管理成本低;缺点是横向协调差、不能向下级提供详细具体的指导、晋升机会少、缺乏激励。二是陡峭结构(高耸结构),这种组织结构管理幅度窄,组织层次多,其优点是有利于横向协调、可以向下级提供详细具体的指导、晋升机会多、激励性大;缺点是信息沟通慢、办事效率低、管理人员多、管理成本高。

四、扁平化已成为当今组织变革的方向

众所周知,"扁平化"已成为现代组织结构改革的方向。而扁平化得以在世界范围内大行其道的原因,首先是分权管理成为一种普遍趋势。金字塔状的组织结构是与集权管理体制相适应的,而在分权的管理体制之下,各层级之间的联系相对减少,各基层组织之间相对独立,扁平化的组织形式能够有效运作。如自上世纪 20 年代初担任美国通用汽车公司副总经理的斯隆研究和设计出事业部制组织结构(又称为"斯隆模型")以来,世界上绝大多数跨国企业都采用了事业部制,这种组织结构的特点就是"集中政策,分散经营",即在集中领导下进行分权管理。企业按产品、地区分别成立若干个事业部,从产品设计直到产品销售,全部由事业部负责,高层管理者只保留人事决策、财务控制、规定价格幅度以及监督等大权,并利用利润等指标对事业部进行控制。其次是现代信息技术的发展,特别是计算机管理信息系统的出现,使传统的管理幅度理论不再有效。在传统管理幅度理论中,制约管理幅度增加的关键,是无法处理管理幅度增加后指数化增长的信息量和复杂的人际关系,而这些问题在计算机强大的信息处理能力面前迎刃而解。如在因特网和电脑异地联网成为可能之前,市场信息的传递只能通过电话、传真、信函等方式进行,公司难以对众多经销商提供来自市场的大量原始信息进行处理,企业的信息反应能力极度缓慢,在当时情况下,金字塔

型的多层级的组织结构有利于信息的处理。随着信息技术的发展,现代网络技术和功能强大的营销管理软件能够对众多经销商反馈的大量信息进行快速处理,并能通过因特网将企业的信息在同一时点向所有经销商进行"集群式"传送。因此,扁平化过程中所遇到的信息的传递与处理问题,能够通过现代信息技术迎刃而解,这极大地推动了扁平化趋势的发展。再次是在"唯一不变的就是变化"的现代社会,扁平型组织结构以其灵活性的,对快速变化的外部环境具有极强的适应性。扁平化的组织经常出现在环境变化迅速的领域,如高新技术中的网络行业,原因是这类组织必须保持高度的灵活性以适应迅速变化的环境。

　　当然,尽管现代社会可以通过网络等沟通技术使管理幅度有所增加,但这并不意味着任何组织都可以扁平化。扁平化的组织意味着管理幅度的增加,管理者处理的事务增多,进而表明管理效率的提高,所以,扁平化是组织变革的方向,但绝不是组织变革的流行之物,组织结构是否"扁平化",要基于现实的需要。组织扁平化最大的问题是,如果处理不好,很可能导致组织丧失控制能力。从根本上而言,现今的组织还没有突破韦伯所构建的理想的行政组织——科层制,即便是扁平化组织也没有完全突破科层制,更多的是对科层制缺陷的克服和修补。

管理与领导

一、管理

(一)管理及其基本职能

什么是管理? 科学管理之父泰勒在其名著《科学管理原理》一书中给管理下的定义是:管理就是"确切地知道你要别人去干什么,并使他用最好的方法去干"。在泰勒眼里,管理就是指挥他人用最好的工作方法去工作,所以,泰勒的"科学管理原理"主要是研究:第一,员工如何能寻找和掌握最好的工作方法以提高效率;第二,管理者如何激励员工努力地工作以获得最大的工作业绩。

诺贝尔经济学奖获得者赫伯特·西蒙在代表作《管理决策新科学》一书中,对管理概念有这样一句名言:"管理即制定决策。"在西蒙看来,管理者所做的一切,归根结底是在面对现实与未来、面对环境的发展变化,不断地做出各种决策,使组织可以不断运行下去,直到取得令人满意的结果,实现令人满意的目标要求。

尽管泰勒和西蒙关于管理学的定义名声在外,几乎所有的管理学教科书都要提及他们的观点和看法。但真正对管理的定义有重大影响的是亨利·法约尔,他在其名著《工业管理和一般管理》中给出管理的概念之后,时至今日,最普及的教科书都是以管理职能来组织内容的。法约尔认为,管理是所有的人类组织(不论是家庭、企业或政府)都有的一种活动,这种活动由五项要素(职能)组成:计划、组织、指挥、协调和控制。

美国商学院20世纪70年代使用频率很高的教科书是这样来定义管理的:"管理就是由一个或更多的人来协调他人的活动,以便收到个人单独活动所收不到的效果而进行的各种活动。"①这一定义,虽然表面上与法约尔的表述不同,但两者的基点是一样的,即管理是一种活动,一种协调活动。如果我们把计划、组织、指挥、协调和控制活动的目的放在一起考察的话,我们应该同意法约尔所说的五项要素都是协调他人的活动。②

根据以上观点,国内学者给管理下的一个比较统一的定义是:管理就是管理者在特定的环境下,对组织所拥有的资源进行有效的计划、组织、领导和控制,以便达成既定的组织目标的过程。③ 管理的职能主要有:①计划:制定组织目标并编制达成这些目标的行动计划;②组织:包括组织结构设计、岗位设置、人员配备、组织变革,主要解决根据计划做什么(What)、谁来做(Who)、何时做(When)、怎么做(How);③领导:包括激励和引导组织成员为实现组织目标做贡献,包括指挥、沟通、协调、激励;④控制:对组织活动按照一定的标准进行监控,当实际绩效与标准出现偏差时采取纠正活动;⑤决策:对组织活动的方向和领域进行选择。管理的这五项职能分别重点回答了:组织要做什么、何时做、怎么做、靠什么做、如何做得更好以及做得怎么样的基本问题。

作为管理者,不论他在组织的哪一个层次上,其工作性质和内容基本上是一致的,都包括决策、计划、组织、领导、控制等几个方面,但不同层次的管理者在各种职能上花费的时间却有所不同,即工作职能的重点是不同的。管理者花在领导、组织、计划、控制四种职能的时间比例,基层管理者分别为:51∶24∶15∶10;中层管理者分别为:36∶33∶18∶13;高层管理者分别为:22

---

① 小詹姆斯·H.唐纳利:《管理学基础——职能、行为、模型》,中国人民大学出版社1981年版,第18页。

② 芮明杰主编:《管理学——现代的观点》,上海人民出版社2005年版,第14页。

③ 戴淑芬主编:《管理学》,北京大学出版社2005年版,第3页。

:36:28:14。① 从管理者花费在各种管理职能的时间比例来看,高层管理者,考虑整个组织的设计、从事计划工作的时间较多;而基层管理者最重要的任务是与下属进行沟通,指挥、激励下属人员完成工作任务。

松下幸之助曾说:当你仅有一百人时,你必须站在第一线,即使你叫喊甚至打他们,他们也听你的;但如果发展到一千人时,你就不可能留在第一线了,而是身居其中;当增至一万人时,你必须退居到后面,并对职工们表示敬意和谢意。一般来讲,高层管理者花在决策、计划、组织、控制职能上的时间多一些,更多的需要概念技能;中层管理者花在各种职能上的时间比较平均;基层管理者花在领导职能上的时间更多一些,且做的是比较具体的管理工作。

(二)管理者及其类型

管理是对组织的管理,组织是管理的载体。任何组织的活动不外乎两项,一项是业务工作,它是指具体组织的具体业务工作。不同的组织其职能不同,业务工作的内容也是不同的,如学校的主要任务是教书育人,医院的职能是救死扶伤。另一项工作是管理工作,它是指协调业务工作的工作。业务工作和管理工作既相互区别又相互联系,一方面,管理工作是独立进行、有别于业务工作又为业务工作服务的活动。另一方面,管理工作不是独立存在的,而是业务工作同时并存于一个组织之中,否则管理工作就会失去协调的对象;同时,从事管理工作的人有时既是业务工作者又是管理工作者,如校长上课时是从事业务工作,行使校长职权时是从事管理工作;医院的院长给病人看病是从事业务工作,行使院长职权时是从事管理工作。

根据组织工作的类型,组织中的人员也可以分为两大类,即业务工作者和管理者。业务工作者是指直接从事某些具体业务工作的人,他们不具有指挥、监督其他人工作的职责。管理者是指对业务工作进行协调并具有指挥、监督其他人工作职责的人。

---

① [美]斯蒂芬·P. 罗宾斯:《管理学》第四版,黄卫伟等译,中国人民大学出版社、PrenticeHall出版公司 1997 年版,第 13 页。

管理者的类型,按管理者所在的层次分类,可分为高层、中层、基层。"是否接受其他管理者的指挥"和"是否指挥其他管理者",可以帮助和判断一个人在管理阶层中的位置。在一个组织中,一个管理者如果"不接受其他管理者的指挥",他就是高层管理者;如果"既接受其他管理者的指挥又指挥其他管理者",那么他就是中层管理者;如果"不指挥其他管理者",则他是基层管理者。按管理者的管理职能分类可分为综合管理者和专业管理者。①综合管理者:负责管理整个组织(总经理)或组织中某个分部(跨国公司的地区分部)的全部活动的管理者。20世纪20年代,通用和杜邦推行事业部制,将日常管理事务的全面协调权责下放给事业部(或分部)经理,在中间管理层上形成了综合管理人员。②专业管理者:仅仅负责组织职能中某一项职能活动的管理者,如开发、生产、营销、人事、财务等部门的管理者。

(三)管理者的角色

20世纪60年代末期,加拿大管理学者亨利·明茨伯格对五位总经理的工作进行了仔细的研究。明茨伯格的结论是,管理者扮演着三个方面的10种角色:

第一是人际关系角色。人际关系角色主要是指管理者与各种人发生各种联系时所担当的角色,它包括:①挂名首脑:象征性首脑,拥有正式权威,是组织的象征,必须履行一些礼仪性的职责,如迎接来访者,签署法律文件等。②领导者:正式首脑,负责激励和动员下属、人员配备和培训以及交往的职责,实际上从事所有的有下属参与的活动都属于领导者角色。③联络者:通过联络者角色同外界联系,维护自行发展起来的外部接触和联系网络,向人们提供恩惠和信息,如发感谢信等。实际上有外部人员参加的活动都属于联络者角色。

第二种角色是信息角色。信息角色是指管理者在获取、处理和传递各种信息资源时所担当的角色,它包括:①监听者:寻求和获取各种与组织发展有关的信息,阅读期刊和报告,保持私人接触。②传播者:把收集到的信息,经过必要的处理和筛选传递给组织内部的有关人员和部门,如举行信息交流会,用打电话的方式传达信息。③发言人:把组织的计划、政策、行动、结果等信息透露或公布给外界,如举行董事会议向外界发布信息。如果把传播者和发言人这两个角色作一个比较的话,传播者所面向的是组织的内部,发言人所面向的是组织的外部。

第三种角色是决策角色。包括:①企业家:寻求组织在环境变化中的机会,制定"改革方案"以发起变革,监督某些方案的策划,如制定战略、检查会议决议执行情况、开发新项目。②故障排除者(混乱驾驭者):当组织面临重大的、意外的动乱时,负责采取补救行动。③资源分配者:负责分配组织的各种资源,事实上是批准所有重要的组织决策,如调度、询问、授权,从事涉及预算的各种活动和安排下级的工作。④谈判者:代表组织进行谈判活动,如参与工会进行合同谈判。[①]

(四)管理者应具备的技能

美国组织理论专家罗伯特·卡茨提出:一个管理者要履行管理的职能和角色,应该具备三种技能:

第一种是技术技能(专业业务能力):从事自己管理范围内的工作所需的技术和方法。技术技能一般都是与组织的业务工作有关的技能,如工厂中有关生产产品的技能,财务管理中的会计核算的技能,销售产品的营销技能,开发新产品所需的专业技术等。对于一个管理者来说,虽然没有必要成为精通某一领域专业技能的专家,但还是需要了解或初步掌握与其管理的专业领域相关的基本技能,否则管理者将很难与他所管理的领域内的专业技术人员进行有效的沟通,从而也就难于对自己所管辖的各项工作进行具体的、有效的指导和监督。

第二种是人事技能(人际关系能力):与组织单位中上下左右沟通、打交道的能力,即与人共事的能力,是一种激励下属和得到同事、领导支持的

---

① 明茨伯格:《经理工作的性质》,孙耀君主编:《西方管理学名著提要》,江西人民出版社1995年版。

能力。人事技能是管理者应当掌握的最重要的技能之一。因为,管理活动最根本的特点是对人的管理,而对人的管理的每一项活动都要处理人与人之间的关系。实际调查发现,在管理者成功的影响因素中,绝大多数人将人事技能排在第一位,可见人事技能的重要性。与技术技能不同的是,决定一个人的人事技能水平高低的因素,不仅仅是掌握书本上有关人事技能的知识,更重要的是一个人的性格。

第三种是概念技能(分析决策能力):洞察、分析、判断、抽象和概括事物的能力,与抽象思维能力有关,所以又称为思维技能。它是纵观全局,对影响组织生存与发展的重大因素进行分析的基础上,对组织发展的方向做出正确判断和决策的能力。概念技能水平的高低与一个人的知识、经验、胆识等因素有关。因为,概念技能不仅仅表现为一种分析认识问题的能力,更为重要的是在此基础上做出决策的能力。与技术技能相比,概念技能可以通过学习,掌握有关知识得到提高,因为,一个人受教育的时间越长,掌握的知识越丰富、越广泛,他的概念能力就会越高。与技术技能不同的是,提高概念技能或者说影响概念技能的知识是相当广泛的,不仅仅限于专业性的知识。另外,技术知识由不懂到懂,由不会到会,有明显的界线;而由较低的概念技能到较高的概念技能是一个渐进的、缓慢的、潜移默化的过程。所以,提高概念技能比提高技术技能在一定意义上讲要难得多。

上述三种技能,是所有的管理者都需要的,但处在不同层次的管理者和从事不同职能的管理者,由于管理职能重点不同,对这三种技能的要求程度会有所区别。《史记·淮阴侯传》中有一段刘邦和韩信之间的精彩"论将":刘邦问韩信:"像我这样的人,能带多少兵?"韩信说:"你最多只能带十万。"刘邦又问:"那么你呢?"韩信回答:"我带兵多多益善。"刘邦听后笑着说:"你带兵多多益善,怎么又会被我抓住呢?"韩信说:"陛下虽然不能带更多的兵,但你却善于统帅和指挥将领,所以,我就被你抓住了。"这段对话说明,刘邦和韩信由于地位不同,从而工作职责不同,进而要求的能力素质不同。刘邦需要的是帅才,韩信需要的是将才。一般来讲,高层管理者花在计划、组织、控制职能上的时间多一些,更多的需要概念技能;中层管理者花在各种职能上的时间比较平均,更多的需要人际技能;基层管理者花在领导职能上的时间更多一些,且做的是比较具体的管理工作,更多的需要技术技能。根据研究,一个组织中高、中、低三个层次的管理者对概念、人事、技术三种技能的结构比例依次为:高层为 47：35：18、中层为 31：42：27、低层为 18：35：47。①

二、领导

(一)领导的含义及其基本要素

"领导"一词,既可以作动词,也可以作名词。管理学中的领导是作动词用,它是指在特定环境下,领导者对组织内每个成员和全体成员的行为,进行引导和施加影响,以达到组织目标的过程。它包括三个基本要素:领导者(Leader)、被领导者(Leaders)、特定环境(Situation)。因此领导的绩效取决于领导者、被领导者(跟随者)、环境三个要素的有机结合,用公式表示就是 L＝F(L·F·S)。领导要有绩效,领导风格要与以上的要素相匹配,即"到什么山要唱什么歌"。

德国 ASC 公司就"如何在中国当领导"这一问题,询问了中国公司的若干名经理。结果发现,中国领导的领导风格,因地域不同存在很大的差异:南方地区,如深圳、广州、珠海、厦门,领导风格倾向于"合作式"的领导方式,与西方资本主义国家的领导风格类似;东北和西部地区,更多的领导喜欢"权威式"的领导风格,如果领导与下属的意见存在很大的差异,权威受到挑战,就会被同僚们视为软弱无力;东部沿海地区,由于外资企业多,领导风格是一种中国儒家"家长制"与西方基督教"教会式"有机结合的家长式的领导方式,企业关心员工及家庭,为员工的生计负责,员工则以努力和忠

---

① 朱立言:《素质理论及公共行政领导者的素质—行政管理的热点问题》,载《管理科学》2000年第四期,原载《成人高校学刊》1999 年第五期。

诚来回报企业。[1]

　　不同类型的组织,管理风格也是不同的。例如,就领导的权威性、有效性而言,社会各类组织可分为两个极端:一端是军队,一端是大学。军队的管理是一个垂直系统,有令必行,有禁必止,军令如山,理解要执行,不理解也要执行。而大学的管理是一个纵横交错的网络系统,在教师的头脑中,权力观念、等级意识非常淡薄,他们往往既不令,也不从。在军队,首长一句话就能办成的事,在大学中费很多口舌未必能办成。许多问题都需要经过反反复复的磋商才能形成决议,议而不决、决而不行、行而不果的现象是屡见不鲜的。[2] 上世纪90年代,自己在一次高校工作会议上,就曾经听某高校刚从军队转业下来的一位副校长介绍:他分管扶贫工作时,学校挂钩扶贫的一个乡镇,拉来一车西瓜希望学校帮忙销售,他满口答应,因为,在部队向下属单位售卖一车西瓜是上级一句话的事情。但是,当此副校长向学校汇报时,说不能"强买强卖",要开会讨论。等到会议决议出来,西瓜已在学校放了两天,让人哭笑不得。

(二)领导影响力(权力)的来源(构成)

　　影响力是指领导者影响并改变个人或团体行为的力量。领导的影响力构成要素很多,但大多数管理学者都把领导者的影响力分为职位性(权力性)和非职位性(非权力性影响力)两种,这两种影响力又派生出其他的一些影响力。

　　职位性影响力,又称权力性影响力、法定权影响力、强制性影响力等,它是通过一定的组织程序或法律程序赋予个人职务、地位和权力等形成的,带有法定性、固有性、强制性和不可抗拒性。一个人被任命为某种职位后,就享有某种法定的权力,这种权力受到相应组织或法律的保护,即所谓的"有职就有权"。法定权是其他各种权力的源头和运用的保障,其影响力大小一般与职位高低成正比,即职位越高法定权力就越大。法定权被认定以后,作

---

① 姜放:《中国领导"性格地图"》,原载《上海译报》,2010年1月14日《文摘周刊》转载。

② 任彦申:《从清华园到未名湖》,江苏人民出版社2007年版,第4页。

为领导者,会产生一种自我肯定;作为被领导者,由于在合法的组织中,服从合法的权力,一直是公认的价值观,因此,他们迫于压力和习惯不得不服从这种权力。法定权力派生出以下两种权力:一是奖赏权,也就是我们通常所说的"胡萝卜政策",肯定和鼓励有利于组织目标达成的某种行为,从而使这种行为反复出现,这是激励过程中的正强化。二是惩罚权,又叫强制权,也就是我们通常所说的"大棒政策",即杜绝不利于组织目标达成的各种行为的发生,或防止这种行为的扩散,这是激励过程中的负强化。奖赏权和惩罚权是用来调动各种积极性的两种"软"和"硬"的手段,组织成员之所以要服从领导权力,一般是基于这样一种认识,服从命令会得到奖赏,不服从命令会受到惩罚。奖与惩要同时并存,并且要赏罚分明,即要实行"胡萝卜加大棒"的政策。

非职务性影响力,又叫非权力性影响力,包括领导者的表率权和专长权。

表率权是指因领导者的特殊品格、个性或个人魅力而形成的权力。被誉为现代管理学大师的美国管理学家彼得·德鲁克在 1985 年为其专著《有效的管理者》一书再版作序时指出:"一般的管理学者谈的都是如何管理别人,本书的目标则是如何有效的管理自己。一个有能力管好别人的人,不一定是一个好的管理者,而只有那些有能力管好自己的人才能成为好的管理者。事实上,人们不可能指望那些不能有效管理自己的管理者去管好他们的组织和机构。从很大意义上说,管理树立榜样,那些不知道怎样使自己的工作更有效的管理者树立了错误的榜样。"可以说,要成为领导,必须有三个步骤:第一是管理好自己,第二是管理好流程,第三是带领团队管理好成员。而且只有做好第一点,你才有可能管理好流程和一个团队,成为领导。①

古人云"德才兼备为圣人,德胜过才为君子,才胜过德为小人,无才无德为愚人。""正己而正人,身正而令行",这个西方管理学很晚才意识到的管

---

① 鞠伟:《领导力培养是个系统工程》,载《管理科学》2008 年第三期,原载《培训》2007 年第11 期。

理真谛,中国的儒家学者早在二千多年前就把它作为管理方法和原则进行了大量的论述。《论语·学问》云"其身正,不令而行;其身不正,虽令不从。"《论语·为政》也云"为政以德,譬如北辰,居其所,而众星拱之。"《礼记·大学》又云"古之欲明明德于天下者,先治其国;欲治其国者,先齐其家;欲齐其家者,先修其身;欲修其身者,先正其心;欲正其心者,先诚其意;欲诚其意者,先致其知。致知在格物。"这就是儒家融修身与治国于一体的"八目",即格物、致知、诚意、正心、修身、齐家、治国、平天下。具体意思就是,要在天下发扬光明德性的人,先要治理好他的国家;要治理好国家,先要治理好自己的家;要治理好自己的家,先要修养自己的品性;要修养品性,先要端正自己的心;要端正心思,先要使自己的意念真诚;要使意念真诚,先要认识明确;要认识明确,在于探究物理。日本企业向来对孔子顶礼膜拜,东芝公司的总经理士光敏夫、丰田公司创始人丰田左吉、丰田喜一郎等人都特别喜欢读《论语》。丰田喜一郎还把"其身正,不令而行"作为其座右铭。领导的品格在领导的影响力中占有很重要的分量,领导者公正无私、胆略过人、勇于创新、知人善任、富于同情心、具有感召力等,都容易获得下属的尊重和依从。

　　一般选取人才的办法是,若选不到圣人就选取君子;与其选小人,不如选愚人。从古至今,国之乱臣,家之败子,因才智有余而德行不足,以至于颠覆朝政、衰败家业的事情屡见不鲜。[①] 现在我们一般都是从德、能、勤、绩、廉五个方面来考察干部,仍然把"德"放在第一位。

　　专长权,又叫专家权,它是指领导者因具有某种专门知识和特殊技能,从而赢得被领导者的承认和服从。"知识就是力量",从某种程度上说,"知识就是权力"。谁掌握了知识,具有了专长,谁就拥有了影响别人的专长权。但是,一个好教授未必是一个好的校长。即使是诺贝尔奖获得者,也未必能领导好大学。曾任北大校长的严复认为:"治学之材与治事之材,恒不能相兼。尝有观理极深,虑事极审,宏通渊粹,通贯万物之人,受之于事,未

---

① 任彦申:《从清华园到未名湖》,江苏人民出版社 2007 年版,第 39 页。

必即胜任而愉快。"他本人也许就是一个"未必即胜任而愉快"的校长。①

职位权和非职位权相比较,职位权有明显的使用边界,而非职位权无明确的使用范围;职位权与职位高低、大小有关,而非职位权与领导个人素质有关;非职位权具有相对稳定性,职位权则因领导者的职位不同而发生变化。

一个组织在不同的时期要采用不同的权力,组织创建初期,更多的是利用职位权;中期,用职位权,但不能滥用;后期,更多的要用非职务权,即专家权和表率权。

(三)领导班子结构

在现代组织中,一般都是集体领导。有单个素质好的领导,不一定有好的领导绩效。一个具有合理结构的领导班子,不仅能使每个成员人尽其才,做好各自的工作,而且能通过有效的组合,发挥巨大的集体力量。领导班子的结构应包括:①年龄结构:不同年龄的人具有不同的智力、不同的经验。领导班子应该是老、中、青三结合,向年轻化的趋势发展。领导班子的年轻化,是现代社会的客观要求,是新时代组织的需要。②专业知识结构:领导班子中各位成员的配备应由各种专门的人才组成,形成一个合理的专业知识结构,从总体上强化这个班子的专业知识力量。③能力结构:领导的效能不仅与领导者的专业知识有关,而且与他运用专业知识的能力有密切的关系。领导班子中应包括不同能力类型的人物。

汉高祖曾问群臣:"吾何以得天下?"群臣回答皆不得要领。刘邦遂说:"我之所以有今天,得力于三个人——运筹帷幄之中,决胜千里之外,吾不如张良;镇守国家,安抚百姓,不断供给军粮,吾不如萧何;率百万之众,战必胜,攻必取,吾不如韩信。三位皆人杰,吾能用之,此吾所以取天下者也。"被称为"汉初三杰"的张良、萧何、韩信,他们的能力、专长各异,刘邦能充分利用他们的特长,所以取得了天下。

---

① 任彦申:《从清华园到未名湖》,江苏人民出版社2007年版,第3页。

又如,如果把《西游记》中的唐僧、孙悟空、猪八戒、沙和尚四人,看成是去西天取经一个团队的话,其结构是相当不错的。首先来看唐僧:他技术上不如孙悟空,协调人际关系不如猪八戒,吃苦耐劳不如沙和尚这么实干。但领导者的角色把握得好:一是制定了正确的目标,且坚定不移地带领大家去实现这个目标。他性格坚韧,极有原则性。在取经过程中,能够抵御各种妖魔鬼怪的威逼利诱,尤其难能可贵的是能够在天仙美色的反复诱惑面前保持禅心,深受上级的信任和赏识。二是会用人。毛泽东曾经讲,领导工作两件大事:一是出主意,二是用干部。唐僧这两件事情都做得非常好。

其次是孙悟空:技术骨干、关键人才,而且冲锋陷阵,唐僧让他负责技术,这真是发挥了他的才干。但此人恃才自高,桀骜不驯,回想他大闹天空的历史,作为普通人是不会把他留在团队中的。但是取经项目要成功,实在少不了这个人。唐僧只好采用一些手腕收复他:一是先把他弄得很惨(压在五指山下),然后去解救他,让他心存感激;二许诺美好的愿景(取经完成后升为正牌仙人);三是带紧箍咒,严加约束。

再次是猪八戒:此人没多大本事,且好吃懒做,工作挑三拣四,推诿。他加入团队的目的很简单,就是混个一官半职,然后回高老庄与媳妇过日子。但这个人也不是一无是处。一是心理素质好:情绪稳定,遇到什么样的问题都能够承受压力,顺境也好,逆境也好,都能够应对,甚至非常适应,有一次妖魔鬼怪要吃唐僧肉,把猪八戒也捆起来准备下锅了,停了一会儿,他就呼呼睡着了,可见猪八戒心理素质之好。他相信领导会派人救他,相信组织不会不管他。这是一个现代员工、现代经理必备的心理素质。第二是人际关系好:对领导尊重,该请示的请示,该汇报的汇报;猪八戒跟同事的关系也好,见了孙悟空,"猴哥"挂在嘴上,觉得有点不尊重,后来改口"大师兄"。当然,有时候过头,跟敌人关系也好,跟妖魔鬼怪的关系也好。管理者人际关系至为重要,一些技术人员、经理对这个问题感悟不够。三是善于协调关系:作为一个团队,每个人性格、品行各异,在工作中免不了磕磕碰碰,如果一个人一气之下甩膀子走人,整个团队就会土崩瓦解。八戒为人宽厚、性格开朗、能接受任何批评,可以充当"和事佬",消除隔阂,起到润滑油的作用。

最后是沙和尚：言语不多，没有大才，但是他为人忠厚老实，工作勤勤恳恳，任劳任怨，承担了项目中大家都不愿意干、最平常无聊的工作。

以上四个人性格、能力、出身，甚至长相都有明显的差异，正是有了差异，把他们整合起来，形成一个团队，不仅给每一个人找到一个用武之地，而且通过有效的组合，发挥巨大的集体力量。

三、管理与领导的区别与联系

关于管理与领导的关系，国内外许多学者进行了大量的研究，其中，比较著名的观点有：

美国著名现代管理学家罗宾斯在其被称为管理学教材"圣经"的《管理学》一书中指出：第一，管理者是被任命的，他们拥有合法的权力进行奖励和处罚，其影响力来自于他们所在的职位所赋予的正式权力。相反，领导者可以是任命的，也可以是从一个群体中产生出来的（不是任命的），领导者可以不运用正式权力来影响他人的活动。第二，在理想的情况下，所有的管理者都应是领导者。但是，并不是所有的领导者都必然能够具备完成其他管理职能的潜能，因此，不应该所有的领导者都处于管理岗位上。一个人能够影响别人这一事实，并不表明他同样也能够计划、组织和控制。[①]

美国布里汉姆·杨大学教授休·尼伯雷（Hsgh Nibley）认为，两者的区别主要在：第一"领导标志着卓越，而管理则代表着平庸。"第二，"领导生性好动而不安分守己：他们率真而不作态，他们富有创造力和想象力，他们做事出乎预料并常给别人带来惊奇；而管理者则安分守己，因循守旧，办事按图索骥。"

曾率领英国第14军参加第二次世界大战战役的元帅威廉·士林姆爵士（Field MarshalSir William Slim）说："管理者是头脑型的，它离不开精确的计算、统计数字、日程表、常规程序"。

---

① 斯蒂芬·P.罗宾斯：《管理学》第四版，黄卫伟、孙建敏、王凤彬、闻洁、杨军译，中国人民大学出版社1997年版，第412页。

　　美国南加州大学领导学院创办人、工商管理杰出教授沃伦·本尼斯（Warren Bennis）认为管理者与领导者的差别在于："管理者长于管束，领导者善于革新；管理者是模仿者，领导者是原创者；管理者因循守旧，领导者追求发展；管理者依赖控制，领导者营造信任；领导与管理它们各自的主要功能不同，前者能带来有用变革，后者则为了维持秩序，使事情高效运转"。①

　　美国加利葛·卡斯特福尔公司副总裁比尔·卡斯特福尔（Bill·Westfall）认为管理者"受约束驱动"，因而是"正确地做事"，而领导者则"受目标驱动"，因而"做正确的事"。

　　美国学者约翰·科特认为，领导与管理的差别，首先表现在活动上的差别。从制定议程活动看，管理主要是计划和预算，而领导主要是明确方向；从执行计划活动看，管理主要是控制、解决问题，而领导主要是激励和鼓舞；从管理结果看，管理在一定程度上实现预期计划，维持企业秩序，而领导引起变革（通常是剧烈的变革）。其次还表现在以下方面：从管理和领导的对象看，管理的对象是人、财、物、信息，而领导的对象是团体与个人；从权力的来源看，管理是职位赋予的正式权力，而领导可以是正式或非正式的权力；从工作侧重点看，管理的注意力局限在"怎样去做"的事情上，而领导则以组织的远景为导向；从主要管制方法看，管理主要靠规章制度和流程，领导主要靠愿景、文化、理念；从进行的方式看，管理主要是指示、督促、考核，领导主要是期望、鼓励、承诺；从经常用语看，管理用语是效率、标准、系统，而领导的用语是荣誉、自觉、激励；从风格看，管理关注提高日常管理工作效率，领导在规划远景和评价工作中体现其影响力。第三是表现在领导者和管理者的区别上：从上下级关系看，领导者是"群体——追随者"关系，管理者是"组织——下属"关系；从权力的特点看，领导者的权力是自发形成，而管理者的权力是依法任命；从权力来源看，领导者是"威信——个人素质"，管理者是"职位——管理岗位"；从活动方式看，领导者主要是指导、协调、激励，管理者主要是计划、组织、控制；从工作手段看，领导者是"带领——在

---

　　① 吴志军：《决策视角：领导与管理的差异》，原载《江西行政学院学报》2001 年 1 期，《管理科学》2001 年 8 期转载。

群众前面",管理者是"鞭策——在群众后面"。①

国内学者戴淑芬在其主编的《管理学》一书中指出,管理与领导的区别主要是:第一是职能范围不同,领导职能只是管理职能的一部分,也就是说管理职能大于领导职能。第二是活动特点和着重点不同,领导活动侧重于指挥和激励,强调影响力、艺术性和非程序化管理。

王雷认为管理与领导的不同点在于:一是目标不同:管理是追求效益和效率,领导是带领人们实现共同的目标。二是着眼点不同:前者是维持秩序,按照规章制度不折不扣的执行、服从命令、不出差错,这就是优秀的管理者,如"加大管理力度",原因何在,就是害怕失去秩序。后者则是强调未来的发展,与时俱进。三是权力基础不同:前者主要是靠法定权力,后者主要是靠个人表率权和专长权。四是对员工的态度不同:前者的权力基础相当薄弱,喜欢控制员工,喜欢听话、服从、没有想法的员工。后者偏爱有才能、有想法的员工。五是结果不同:前者给组织带来的是"利润",后者给组织带来的是理念、哲学,即"精神财富"。如即使张瑞敏离开海尔,海尔照样会生机勃勃,因为,张瑞敏的人生哲学已经转化为海尔的经营哲学。②

韩光宇认为,根据《现代汉语词典》,领导被解释为率领并引导朝一定方向前进。管理被解释为负责某项工作顺利进行、保管和料理、照管并约束。从词典对这两个词的概念含义的解释来看,两者的区别是十分明显的。前者比较宏观也比较虚,后者比较具体也比较实。前者强调的是,领导首先要以自身的模范行动影响被领导者,使他们自觉自愿地跟随前行。后者强调的是,管理者要运用相关的法律和制度管好自己所负责的人和事。前者属于思想、理论和伦理的范畴,不具有法规的强制性;后者属于法律法规的范畴,具有强制的意义。③

学者章义伍认为,管理是控制,要他做;领导是影响,他要做。人们完成

① 约翰·科特:《变革的力量——领导与管理的差异》,方云军、张小强译,华夏出版社出版。转引自刘汴生主编《管理学》,科学出版社 2006 年版,第 353 页。
② 王雷:《论领导与管理的本质区别》,《管理科学文摘卡》2004 年第 2 期。
③ 韩光宇:《正确理解和把握"领导"与"管理"的关系》,原载《中国党政干部论坛》2006 年第 5 期,《管理学文摘卡》2006 年 4 期转载。

工作有三种方法:第一种是通过组织来完成;第二种是通过别人来完成;第三种是通过自己来完成。第三种不是领导,最多是明星式员工。刘备和诸葛亮,前者更像领导,虽然有人说他只会哭,但能哭出感情来。诸葛亮是人才,但他不是领导,因为他事无巨细都干,结果,虽然"鞠躬尽瘁",但最后"死而后已",他死后蜀国也被灭了。"成也萧何,败也萧何",蜀国的灭亡正是后继无人才造成的,而没有人才又是诸葛亮没有培养的结果。①

　　综合以上观点,管理学中,领导与管理两个概念,既相互区别又相互联系。首先,领导和管理在工作职责、工作的动机、行为的方式、人员素质要求等方面存在着本质的差异。从工作职责来看,领导的职责主要是开拓创新,制定组织战略目标,作非程序性决策,"做正确的事情",追求的是"效力";而管理者的主要职责是通过程序性决策,维持组织秩序,贯彻落实组织目标,"正确地做事情",追求的是"效率"。从权力的来源看,领导者主要靠非职务权力,特别是非正式组织中的领导;而管理者主要靠职务权力。从人员的素质要求看,领导者更强调概念技能,而管理者更强调技术技能。从与下属的关系来看,领导是一种影响力,是一种追随关系,它不仅存在于正式组织中,而且还存在于非正式组织中;而管理是一种执行力,是一种监督控制关系,它仅存在于正式组织中。从概念大小来看,管理是个大概念,可以说信息管理、质量管理、环境管理,还有各种各样的管理,但是不能说领导信息、领导质量,也不能说领导具体的一个物,只能谈到人的时候,领导中层、领导年轻人、领导男的、领导女的。领导是一个小概念,主要是对人的领导,管理,既可以管人,也可以管事,所以管理是个大概念。

　　其次,领导是从管理中分化出来的,领导是管理的一个方面,领导和管理无论是在社会活动的实践方面,还是在社会科学的理论方面,都具有较强的兼容性和交叉性,任何组织、团体乃至国家,都既有管理又有领导。在组织中,在高层可能是七分领导三分管理,在基层则是七分管理三分领导,但不管在哪一个层次,都既是领导又是管理,领导与管理像血与肉一样,是不

---

　　① 章义伍:《扩大你的影响力》(光碟)。

可分割的。甚至,如果把组织中的成员划分为作业人员和管理人员,管理人员应当是领导者,而作业人员就是管理者;如果把组织的管理层分为高、中、低层,高层应是领导,而中、低层应是管理者。另外,组织中的任何一个管理者或是领导者,他既是管理者又是领导,当一个人用概念技能开拓创新、作非程序型决策时,他就是领导;当他用技术技能维持组织正常运转、作程序型决策的时,他就是管理者。因此,组织内部的管理岗位往往也是领导岗位。

　　研究管理与领导的区别与联系的意义在于,管理者应具备领导的素质,对不具备领导素质的管理者应从管理人员队伍中删除或减少。

领导理论

领导理论的研究主要经历了三个阶段:特质理论(性格理论)、行为理论、情境理论(权变理论)。

一、领导特质理论

20世纪四五十年代,对领导理论的研究,主要是研究领导者的各种个人性格和特点,这就是领导特质理论。根据《现代汉语词典》的解释,"特质"就是一个人所具有的"性质"或"品质"。所以,特质理论也可以叫做品质理论、性格理论。中国俗话说:"千军易得,一将难求。"之所以一将难求,难就难在千军之将不是随便哪个都能担当的。这种人必须要有特殊的才能和杰出的综合素质。个人品质或特征是决定领导效果的关键因素。特质理论就是认为,领导者和一般人的特质是不同的,一个人要成为一个领导特别是成为一个有效的领导,必须具备一些与众不同的特质。

根据领导者品质和特征的来源不同,领导特质理论可分为传统的特质理论和现代的特质理论。传统的领导特质理论认为,领导的特质是与生俱来的,是先天赋予的,后天是不可能学习或培养的;即便某些特质可以通过学习而来,但人们学习能力的差异也是与生俱来的(伟人说)。现代特性理论认为,领导者的品质和特征是在后天的实践环境中逐步培养、锻炼出来的。

关于领导应具备什么样的特质,世界各国领导理论的研究者们,在不同的时期从不同的角度出发,对领导者怎样才能成为有效的领导者,提出了成

百种领导者所应具有的品质特征。其中主要理论有:

(一)巴纳德和厄威克的观点

巴纳德认为,领导者应具有活力、持久力、决断力、说服力、责任感、知识和技能。厄威克认为领导者应具有自信心、个性、活力、潜力、表达力、判断力。

(二)行为科学家亨利的观点

行为科学家亨利认为,一个成功的管理者应具备十二种品质:(1)成就感需要强烈;(2)干劲大,工作努力,希望承担富有挑战性的新工作;(3)用积极的态度对待上级,尊重上级,与上级的关系较好;(4)组织能力强,并有较强的预测能力;(5)决断力强;(6)自信心强,对自己的目标坚定不移;(7)思想敏锐,富于进取心;(8)竭力避免失败,不断接受新的任务,树立新的奋斗目标,驱使自己前进;(9)讲求实际,重视现在,而不关心不确定的未来;(10)眼睛向上,对上级亲近而对下级较疏远;(11)对父母没有情感上的牵扯;(12)忠于组织,恪尽职守。[①]

(三)埃德温·吉塞利(E. Ghiselli)的观点

美国管理学家埃温克·吉塞利在调查了90个企业的300名经理人员后,于20世纪70年代在其《管理才能探索》一书中提出了影响领导效率的八种品质特征和五种激励特征,以其严明的科学性而备受推崇。

八种品质特征是:①才智智力:语言和文辞方面的才能;②独创性:开拓新方向、创新的愿望;③果断性:决断能力;④自信心:自我评价较高;⑤督察能力:指导别人的能力;⑥成熟程度;⑦适应性:为下级所爱戴和亲近;⑧男性或女性。

五种激励特征是:①对职业成就的需要;②自我实现的需要;③权力的

---

① 戴淑芬主编:《管理学》,北京大学出版社2005年版,第209页。

需要;④金钱报酬的需要;⑤对安全的需要。[1]

(四)斯托格迪尔(R. M. Stogdill)的研究结果

斯托格迪尔考察了124项研究,查阅了5000多种有关领导素质的书籍和文章后,认为领导素质中应包含以下几个方面:①五种身体特征:精力、外貌、身高、年龄、体重等;②两种社会性特征:社会经济地位、学历等;③四种智力特征:果断性、说话流利、知识广博、判断分析能力;④十六种个性特征:适应性、进取心、热心、自信、独立性、外向、机警、支配、有主见、急性、慢性、见解独到、情绪稳定、作风民主、不随波逐流、智慧等;⑤六种与工作有关的特征:责任感、事业心、毅力、首创性、坚持、对人的关心等;⑥九种社交特征:能力、合作、声誉、人际关系、老练程度、正直、诚实、权力的需要、与人共事的技巧等。

(五)鲍莫尔(W. J. Baumol)的研究成果

美国普林斯顿大学鲍莫尔提出了作为一个企业家应具备的十个条件:①合作精神;②决策能力;③组织能力;④精于授权;⑤善于应变;⑥敢于求新;⑦勇于负责;⑧敢担风险;⑨尊重他人;⑩品德高尚。

(六)诺斯科特·帕金森(Northcote Parkinson)的研究成果

20世纪70年代帕金森以其"令人发笑又发人深省"的六条"帕金森定律"而一举成名。其实,他在领导特质理论方面也有研究。他认为成功的领导者应具备以下一些特质:①总是遵守时间;②让下属充分施展才能,并通过良好的、恰如其分的管理,而不是靠硬干来达到目标;③注意提高自身素质,也注意提高上司与下级的素质,决不姑息缺点;④抓住关键,先做最重要的事,次要的事宁可不做;⑤深知仓促决定容易出错;⑥尽可能授权他人,使自己获得时间规划未来。

----

[1]　刘汴生主编:《管理学》,科学出版社2006年版,第358页。

（七）皮奥特维斯基（Piotwisky）和罗克（Roke）的研究成果

两位管理学家在 1963 年出版的一本名为《经理标尺：一种选择高层管理人员的工具》的著作中，列举了成功经理人员十个方面的特性：①能与各种人士就广泛的题目进行交谈的能力；②在工作中既能"动若脱兔"地行动，又能"静若处子"地思考问题；③关心世界局势，对周围生活中发生的事也感兴趣；④在处于孤立环境和困难局势时充满自信；⑤待人处事机巧灵敏，而在必要时也能强迫人们拼命工作；⑥在不同的情况下根据需要，有时幽默灵活，有时庄重威严；⑦既能处理具体问题，也能处理抽象问题；⑧既有创造力，又愿意遵循惯例；⑨能顺应形势，知道什么时候该冒险，什么时候谋求安全；⑩做决定时有信心，征求意见时谦虚。

（八）彼得·德鲁克（Peter F. Drucker）的研究成果

当代管理学大师彼得·德鲁克通过自己的研究和观察，在 1966 年出版的《有效的管理者》（《The Effective Executive》）一书中指出了五种有效领导者的特性：①知道把时间用在什么地方，领导者支配时间常处于被动地位，所以，有效的领导者都善于系统地安排与利用时间；②致力于最终的贡献，他们不是为工作而工作，而是为成果而工作；③重视发挥自己的、同事的、上级的和下级的长处；④集中精力于关键领域，确立优先次序，做好最重要的和最基本的工作；⑤能做出切实有效的决定。

（九）彼特（Peter）研究成果

美国管理学家彼特提出了难以胜任领导的 12 种特征：①对别人麻木不仁，吹毛求疵，举止凶狠狂妄；②冷漠、孤僻、骄傲自大；③背信弃义；④野心过大，玩弄权术；⑤管头管脚，独断专行；⑥缺乏建立一支同心协力的队伍的能力；⑦心胸狭窄，挑选无能之辈担任下属；⑧目光短浅，缺乏战略头脑；⑨羃头倨脑，无法适应不同的上司；⑩偏听偏信，过分依赖一个顾问；⑪懦弱无能,不敢行动;⑫犹豫不决,无法判断。①

虽然,特质理论在有效的领导者应具有什么样的特质方面的研究取得了丰硕的成果,但他们所说的领导特质包罗万象,说法不一,而且互有矛盾,很难说服人。最典型的一个例子是,第二次世界大战时期美国的两位著名将领麦克阿瑟和马歇尔,从性格上来说,前者内向,后者外向,但两者在二战中都表现出杰出的领导和指挥天才,而大多数特质理论的研究者认为,作为有效的领导者性格应开朗外向。西方特别是美国的一部分管理学家和心理学家的实证研究也发现,在人们分别开列出的领导者应具备的特质清单中,没有一项是任何有效的领导者所不可缺少的。如美国尼苏达大学教授伯德研究若干份领导特质清单,发现其中一致的并不多,被两份清单同时列入的个人特质仅占16%,被四份清单同时列入的只有4%~6%。②

由于领导特质理论认为领导的特质是天生的,要根据这种先天的特质去选拔领导者,因而这方面的研究总体上是失败的。但就像今天我们要求党的干部必须德才兼备一样,作为领导者特别是有效的领导者,确实应具备一些特定的品质。

二、领导行为理论

领导者的领导才能和领导艺术都是以领导方式为基础的,因此,从20世纪50年代以后,管理学者对领导理论的研究开始从领导者应具备什么样的特质转向研究领导者应如何行为,领导理论的研究进入第二个时期,即领导行为方式理论研究时期。领导行为方式理论的主要学派有:

(一)专制型、民主型、放任型三种领导方式

专制型、民主型、放任型三种领导方式由美国管理学家怀特(Ralph K.

---

① 参阅芮明杰主编:《管理学:现代的观点》,世纪出版集团、上海人民出版社2005年版,第290—291页。

② 朱立言:《素质理论及公共行政领导者的素质—行政管理的热点问题》,载《管理科学》2000年第四期,原载《成人高校学刊》1999年第五期。

Whate)和李皮特(Ronald Lippett)提出。

1. 专制型：又称集权型、独裁型、专权式、独裁式、权威式等。其特点是自己决策自己负责，并通过发号施令和奖惩，要求下属不折不扣地执行；优点是决策和执行迅速，可以使问题在较短的时间内解决，工作效率高；缺点是下属依赖性大，领导者负担较重，容易抑制下属的创造性和积极性；适用范围为工作任务简单且经常重复，或领导者与部属只需保持较短的关系，或要求问题尽快得到解决的场合。

2. 民主型：又称参与型、群体参与式、民主参与式等，其特点是在做出决策之前，听取下属的意见，或让下属参与决策的制定；优点是集思广益，能制定出质量较好的决策，决策容易得到下属的认可，提高被领导者的积极性和创造性；缺点是决策时间长，容易优柔寡断，工作效率低，甚至失去机会；适用范围为重大决策和长期的工作计划。

3. 放任型：其特点是领导者撒手不管，很少行使权力，下属高度独立；优点是能培养下属的独立性；缺点是下属容易各自为政，决策难于统一；适用范围小，利少弊多，很难得到提倡，除非被领导者是专家且具有高度的工作热情，才可在少数情况下"无为而治"。

美国学者曾经作过一个实验：将一群儿童分成三个组从事堆雪人的活动，各组组长事先被训练成按专制式、民主式、放任式进行领导。结果表明：放任式领导下的第一小组最差，所制作的雪人在数量和质量上都不如其他小组。专制式领导下的第二小组，所制作的雪人数量最多，说明工作效率高，但质量不如民主式领导下的小组。民主式领导下的第三小组，所制作的雪人质量最高，但数量不如第二小组。为什么？因为民主式管理，儿童们积极发表意见，显示出很高的工作热情，小组长又在旁边引导、协助和鼓励，结果堆出的雪人的质量最高，但工作效率不如第二组，因为他们在商量如何堆出最像样、最好看的雪人时，花了很多时间。

(二)伦西斯·利克特的四种领导方式("密执安研究")

从1947年开始，在美国学者利克特(1903~1981)的领导下，密执安大学社会研究所的有关人员在政府、医院、企业等各种组织中进行了一系列的领导行为方式研究。他们的研究成果主要反映在1961年出版的《管理的新模式》和1967年出版的《人群组织》两部著作中,其研究成果通常被称为"密执安研究"。利克特等人根据领导对下属的信任程度,归纳出领导行为方式的四种类型:

1. 专制——权威式:对下属没有信心、缺乏信任,权力集中于上级,下属不参与决策,也没有任何发言权;经常以恐吓、威胁、惩罚来激发下属的工作意识。

2. 开明——权威式:对下属有一定的信心和信任,但领导者仍然是专制的,采取家长制的恩赐式领导;虽然授予中下层部分权力,能听取下属的部分建议,但下属人员对目标几乎没有责任感;运用有形、无形的惩罚调动下属人员。

3. 协商式:对下属报有相当的信心和信任,沟通是上下双向的,但重要的问题决定权,仍掌握在上层,下属只能对某些特定的问题参与决策,大部分组织成员对组织的目标具有责任感;主要运用奖励、偶尔也用惩罚手段激励下属人员。

4. 群体参与式:在一切问题上,领导对下属人员都完全信任,上下级之间可以自由交换意见,下级可以充分参与决策,自主地设定目标,自我管理。利克特提出,前三种领导方式应向群体参与式转变,使上下级之间形成相互信任、相互支持的关系。因此,此理论又被称为"支持关系理论"。①

(三)俄亥俄州立大学二维构面理论(四分图理论)

1945年,美国俄亥俄州立大学工商企业研究所罗夫尔·斯托格弟和卡罗·沙特尔,将领导者的行为根据"定规"和"关怀"分成两个构面。"定

---

① 唐任伍:《管理审视》(北京师范大学出版社1999年版,第251页)认为:利克特的理论是"工作中心"和"员工中心"理论。并提出"以工作为中心"的领导方式,其主要的管理方法就是采取"命令式"、"温和命令式"及"集体参与式";而"以员工为中心"的领导方式则主要是采取"协商式"。王晓君主编《管理学》(中国人民大学出版社2004年版,第206页)把利克特的理论称为"管理系统理论",并认为是借鉴了"领导方式连续统一体理论"。

规",又译为"抓组织工作",即通过设计组织结构,确定工作目标,制定工作程序、方法和规章制度,给下属成员分配任务,以严明的组织和控制来提高工作效率。"关怀",又译为"关心人"、"体贴"、"体谅",即通过与下属建立友谊、信任、体谅的关系,倾听下属成员的意见和要求,注意满足下属成员的需要,以良好的人际关系调动员工的积极性。以上述两个维度各自程度的高低为依据,我们可以将领导行为划分为四种类型。即低定规低关心、高定规低关心、高定规高关心、低定规高关心。①

(四)管理方格图

在俄亥俄州立大学二维构面理论(四分图理论)的基础上,美国德克萨斯大学的管理学家布莱克和穆顿于1964年设计出一个巧妙的管理方格图,醒目地表示出管理人员对生产的关心程度和对人的关心程度。管理方格图有81种组合,形成81个方格,其中有5种典型的组合,即五种典型的领导方式。

1. 贫乏型领导风格:其特点是领导者对职工和生产都极不关心。这种类型的领导者,庸庸碌碌,不求有功,但求无错,只做一些维持自己职务的最低限度的工作,因此被称为"贫乏型领导",领导效果最差。

2. 乡村俱乐部型领导风格:其特点是对人极为关心,但不重视工作效果。这类领导把员工的衣食住行、生老病死、欲望需求的满足程度作为自己工作的主要任务,特别重视搞好人际关系,强调同事和下级对自己的感情,因此被称为"乡村俱乐部型领导"。这种领导风格,内部一团和气,太平无事,虽然忙忙碌碌,效益却很差。

3. 任务型领导风格:其特点是领导者对工作、对生产极为关心,但忽略对人的关心。这种领导者在组织中拥有很大的权力,有"超级帝王"和"独

---

① 郭咸纲:《西方管理思想史》(经济管理出版社2004年版,第192页)认为:罗夫尔·斯托格弟和卡罗·沙特尔把领导的行为归并为两个方面,一是主动的结构,指以工作为中心;二是体谅的结构,指以人际关系为中心。并以高低度主动为横轴,以高低度体谅为纵轴形成四维构面。王晓君《管理学》(中国人民大学出版社2004年版,第206页)把"关怀"翻译成"体贴"。

裁者"之称。他们依靠自己在组织中强大的权力有效地控制下属努力去完成各项工作任务,因此被称为"独裁型领导"。

4.团队型领导风格:其特点是对生产和人都极为关心。这种类型的领导者,把组织目标和个人目标有机结合起来,下属人员共同参与管理,使工作成为组织成员自觉自愿的活动,从而形成一种团结协作的团队管理方式,因此被称为"团队型领导"。这种类型的领导风格,工作效果好,人际关系协调,士气旺盛,是最理想的领导风格。

5.中庸型领导风格:其特点是对人和生产都适度关心,保持完成任务和满足职工需要之间的平衡,追求正常的效率和满意的士气,倾向于维持现状。

行为理论在特质理论的基础上进一步研究了领导者的行为,扩大了领导学的研究范围,突出了领导过程的两个核心(任务和关系),而且因为有大量的实证研究,可信度较高。当然,行为理论也有缺陷,它没有把领导者的行为(任务和关怀)与结果(诸如士气、工作满意度)及生产力相联系,也没确定一套普遍适用的领导行为模式[①]

三、权变理论

上世纪60年代之后,随着管理学中权变理论的产生及领导理论研究的进一步深入,人们发现,领导的效能不仅受领导者行为方式的影响,而且还受外部客观环境的影响。因此,研究领导效能,必须要考虑领导所处的环境,这就是权变理论。权变理论认为,领导是一个过程,这个过程要考虑到领导者、被领导者和环境的交互作用;领导者个人的行为方式,应当根据具体情景和场合,采取不同的领导方式。权变理论主要有罗伯特·豪斯的路径—目标理论、菲德勒模型、坦南鲍母和施米特的领导行为连续统一体理论、科曼的领导生命周期理论、弗罗姆和耶顿的领导参与模型等。

---

① 于干千主编:《管理学基础》,北京大学出版社、中国林业出版社2007年版,第275页。

（一）路径—目标理论

美国管理学家罗伯特·豪斯（Robert House）和加拿大多伦多大学教授埃文斯等人提出。这种理论是根据行为理论中的四分图理论建立起来的，它把领导行为分为四种类型：

1. 支持型：考虑下属的需要，努力营造愉快的组织气氛，当下属受挫时，能够对下属的业绩产生很大的影响。

2. 参与型：在做出决策时，征求、接受和采纳下属的意见，让下属参加决策，以鼓励下属的积极性。

3. 指令型：领导发布指示，明确告诉下属做什么、怎样做决策完全由领导做出；下属不参与决策。

4. 成就型：设置富有挑战性的工作目标，希望下属最大限度地发挥潜能，对下属能够达到这些目标表示出信心。

通过实验和分析，豪斯认为有效的领导方式是高工作、高关系、低工作、低关系的不同组合，四分图理论中"高组织"和"高关心"的组合不一定是最有效的领导方式。领导方式是否有效果，要看领导方式是否与领导环境相匹配。他们认为，在选择领导方式时，应当考虑以下两个因素：①职工个人的特点：如教育水平、灵敏感、责任心、对成就的需要等。因为，缺乏主见的人喜欢指令型的领导风格，自我评价较高的人喜欢参与型的领导方式。②环境因素：包括工作性质、权力结构、工作小组等情况。如工作任务十分明确，并且清楚地知道完成的步骤与方式时，领导还不断地发布指令，员工就会很反感，这时，"高关心"的领导方式较好；反之，在工作任务不是十分明确的情况下，则"高组织"的领导方式较好。①

（二）费德勒模型

费德勒模型，权变领导模式，因由美国管理学家弗雷得·费德勒（Fred

---

① 赵丽芬主编：《管理学概论》，立信会计出版社 2001 年版，第 315 页。

E. Fiedler)提出而得名。费德勒把领导的环境具体化为三种情景因素：

1.领导与下属的关系：即领导者与成员的关系，如果双方相互友好、信任、尊重、支持，则相互关系是好的；反之，则是差的。

2.任务结构：即组织工作程序化和明确化的程度，如工作的目标、方法、步骤等是否清楚，有无含糊不清之处。如果工作是例行的、程序化的、有章可循的、容易理解的，则任务结构是明确的；反之，则是不明确的。一般来说，任务越明确，领导者的领导就越规则化、制度化，越容易控制。

3.职位权力：即领导的职位权对下属的影响程度和得到上级的支持程度，如对雇佣、解雇、纪律、晋升和报酬等的影响程度。

费德勒将以上三个环境变数组合成八种情况，三种环境因素都具备是领导最有利的环境，三者都缺乏是最不利的环境，具备一至二项为中等有利环境。费德勒曾经用很长时间，对120多个团体进行了调查研究，结果发现，在最有利和最不利两种情况下，采用任务导向型（以工作为中心）的领导方式，效果比较好；而在中等有利情况下，采用关系导向型（以人为中心）的领导方式，效果比较好。这就证明，领导方式无好坏之分，关键是要与领导环境相适应。费德勒还指出，领导的风格与领导的个性相联系，一般是稳定不变的，要提高领导的有效性，方法只有两条：一是替换领导以适应环境，二是改变环境以适应领导。①

（三）领导行为连续统一体理论

1958年，由美国洛杉矶加利福尼亚大学坦南鲍母（Robert Tannenbaum）和施米特（Warren H. Schmidt、1974年进一步补充修改）提出。该理论认为，领导方式不是像行为理论学者怀特和李皮特所说的那样，在专制型与民主型之间任选其一，要么专制型，要么民主型，而是因领导情势的不同，在民主型与专制型之间存在许多种领导方式，即在民主型与专制型之间存在许多过渡型的领导方式，这些不同的领导方式构成一个连续的统一体。他们提

---

① 芮明杰主编：《管理学：现代的观点》，世纪出版集团、上海人民出版社2005年版，第288页；于干千主编：《管理学基础》，北京大学出版社、中国林业出版社2007年版，第277页。

出共有七个领导行为模式:①一切决策均由领导者做出并向下属宣布;②领导者向下属"推销"其决策;③领导者提出决策方案并向下属征求意见;④领导者提出决策草案并让下属讨论修改;⑤领导者提出问题向下属征求意见再做决策;⑥领导者提出限制条件由集体决策;⑦领导者允许下属在规定的条件下行动。

坦南鲍母和施米特进一步提出,上述七种领导方式,不能说哪一种总是正确的,或哪一种总是错误的。人们究竟采取哪种领导方式,不能一概而论,应主要考虑以下三个方面的相关条件而定:①领导者方面的条件:包括领导者自己的价值观念,对下属的信任程度,领导者的个性(是倾向于专制,还是倾向于民主)等;②下属方面条件:包括下属人员独立性的需要程度,是否愿意承担责任,对组织目标是否理解,在参与决策方面的知识、经验、能力等;③组织环境方面条件:包括组织的价值标准和传统,组织的规模,集体协作经验,决策问题的性质及其紧迫程度等。

总之,哪种领导方式效果比较好,应综合分析领导三要素而定。但是,有人也批评这个理论只是描述性的,对实际工作没有很大的帮助。

(四)领导生命周期理论

由美国管理学者科曼(A. K. Korman)于1966年提出,后经赫西(P. Hersey)和布兰查德(K. Blanchard)加以发展形成。"领导生命周期理论"以行为理论中的"四分图理论"和"管理方格理论"为基础,结合阿吉瑞斯的"不成熟—成熟"理论形成。该理论认为,领导的有效性取决于他的工作行为、关系行为和下属的成熟程度,因此,它在前两者领导工作行为、关系行为二维结构的基础上,加上下属成熟程度,形成了一个由工作行为、关系行为、成熟程度组成的三维结构。其中,工作行为是指领导者和下属为完成任务而形成的交往形式,代表领导者对下属的关注程度;关系行为是指领导者给下属以帮助和支持的程度;成熟程度是指人们对自己的行为承担责任的能力和意愿的大小,包括工作成熟程度和心理成熟程度。其中,工作行为和关系行为相结合形成四种情况:①高工作低关系——命令式;高工作高关系——

说服式;③低工作高关系——参与式;④低工作低关系——授权式。

最后,赫西和布兰查德将下属成熟程度也分为不成熟、稍成熟、较成熟、成熟四个等级,并分别与上述四种情景相对应,得出四种领导方式:

1. 下属不成熟时:下属没有能力承担责任,也不愿意承担责任,就像一个人在儿童时期,什么都要靠父母的安排一样。此时,领导者应采取高工作低关系的行为,给下属的工作进行详细、具体的指导,告诉他"五个 W",强调指挥和控制,即命令式领导方式。

2. 下属稍成熟时:下属有承担责任的愿望,但没有承担责任的能力,就像一个人在小学和初中时期,父母除安排照顾外,必须给孩子以信任和尊重,增加关系行为。此时,领导者应采取高工作高关系的行为,在给下属的工作进行详细、具体的指导外,应注意激发和鼓励其积极性,即说服式领导方式。

3. 下属较成熟时:下属已经比较成熟,基本能胜任工作,就像一个人在高中和大学时期,他们逐步要求独立,开始对自己的行为负责,父母过多的安排照顾在孩子心中变成了干预。此时,下属能胜任工作,但还没有工作动机,而且不愿意领导者过多的指示和约束,领导者应采取低工作高关系的行为,在激发鼓励其积极性的同时,授予下属一定的权力,由下属独立地开展工作,完成任务,即参与式领导方式。

4. 下属成熟时:下属有能力承担责任,而且其也愿意承担责任,就像一个人走向社会、成家立业以后,父母不能再干涉他们的工作和生活一样。由于下属有工作能力,而且愿意承担工作并担负责任,因此,这时应采取低工作低关系的行为,领导者只给下属明确目标、提出要求,由下属自我管理,即授权式领导方式。

总之,"领导生命周期理论"揭示出,随着下属成熟程度的提高,领导者应相应地改变自己的领导方式。从另一方面来说,对于不同成熟程度的下属,领导者应采取不同的领导方式。

(五)领导参与模型

由维克多·弗罗姆(Victor H. Vroom)和他的学生耶顿于1973年出版的

《领导与决策》一书中提出。该理论首先根据下属参与决策的程度,把领导方式(决策方式)分为三类五种:

1.独裁专制型(Autocratic)AⅠ:领导者独自做出决策,下属不参与决策。

2.独裁专制型 AⅡ:领导从下属那里取得必要的信息,然后独自做出决策,下级参与决策的程度较 AⅠ高,但下属不一定被告知决策情况,因此,这种类型的下属参与程度依然较低。

3.协商型(Consultative)CⅠ:领导者以个别接触的方式与下属一起研究问题,听取他们的意见和建议,但是这些下属并不是决策成员,领导者最后的决策可能听取下属的意见,也可能不听取他们的意见。

4.协商型 CⅡ:领导者广泛收集意见和建议,但决策仍由领导者独自做出,决策中不一定体现下属的意见和想法。CⅠ较之 AⅡ而言,下属参与程度进了一步,有了一定的建议权;而 CⅡ又比 CⅠ的下属参与程度高,参与决策的下属范围,也会由个别扩展到集体。

5.群体决策型(Group):领导者和下属共同讨论问题,一起提出和评价可供选择的方案,最后由集体做出决策。在 1988 年出版的《新领导》一书中,弗罗姆对五种领导风格的阐释有所变化,但基本内容一致,只是表述更准确。具体的变化为:AⅠ改为裁决式,AⅡ改为个别磋商式,CⅠ改为群体磋商式,CⅡ改为推动和促进式,GⅡ改为授权式。

领导参与模型理论根据七种不同的权变因素,在上述五种领导方式中选择合适的领导方式。这七种权变因素是:①决策质量的重要性;②领导者为做出高质量的决策所掌握的信息和技能的程度;③问题的结构化程度(决策所需信息及获得的明确程度);④下级对决策的接受或赞许程度是不是有效执行决策的关键;⑤领导自行决策被下级接受的可能性;⑥下级对明确清晰的组织目标所表现出的积极程度;⑦下属之间对于最优方案的判断可能产生意见冲突的程度。弗罗姆认为,决策的有效性取决于决策的质量和下级对决策的接受程度,因此,上述七项权变因素中,前三项主要是针对如何确保决策质量提出的,后四项主要是针对如何让下属接受提出的。

专制和民主与下属参与决策程度,在很大程度上是同一概念,下属参与决策的程度高,领导类型一般是民主的;下属参与决策的程度低,则领导类型一般是专制的。因此,虽然领导参与模型中的领导方式是按下级参与决策程度划分的,而菲德勒模型中的领导方式是按领导行为的专制或民主程度划分,但两者划分出来的领导方式的内涵基本上是相同的。不同的只是,领导参与模型划分为五种,菲德勒模型划分为七种,分得更细。但是,在管理者是否能够并且愿意调整领导风格以适应不同的环境的问题上,弗罗姆和菲德勒的观点是截然不同的,一个强调要根据环境调整领导行为,一个强调要根据领导风格选择领导人选。

四、二十一世纪领导理论研究的新趋势

(一)超级领导理论

传统的领导理论都是建立在"领导者—被领导者"这个二元结构上的,他们将领导者如何影响员工、如何使这一影响更为有效地置于核心地位,而把被领导者自身潜能的释放、潜在领导者的培养等许多问题都排除在外,所以,20世纪的领导都属于强权领导。超级领导理论将释放下属的能力置于首位,着眼于如何使被领导者成为自我领导者。当然,超级领导理论的诞生,首先依赖于领导观念的变革,即强有力的领导不是统治别人或让别人去做你自己想做的事情。强有力的领导应该是一种激发部属无穷的才智并使他们成为自我领导者的过程,这一观念的转变是实施超级领导的关键。

(二)领导的政治理论

由美国学者埃美特于2002年提出。领导的政治理论模型由三个部分构成:领导政治行为前提条件、领导政治行为和政治行为结果。其前提条件是指领导者致力于政治行为的动机和成功地实施政治行为所需的能力。领导的政治行为可能对组织运作有利,也可能导致组织机能障碍,它主要依赖

于领导如何运用政治行为,考虑的是谁的利益。政治行为的结果包括对目标的影响和对领导者的影响。

领导政治理论不仅关注领导者与其下属的关系,而且还涉及到领导者与其上司、同事以及组织外相关者的关系,它将领导行为看成是一个连续的过程。

(三)共享领导理论

所谓的共享领导,就是团队成员和指定的团队领导者共同执行的领导。当团队的所有成员充分参与到团队的领导,为最大限度地发挥团队的潜力而毫不犹豫地对其他团队的成员进行指导和影响时,则团队实现了共享领导,它是领导者与非领导者之间的相互领导。

共享领导放弃了期待一个人拥有各项必备特质及正式领导者与非领导者带领大家走向成功的信念,转而求助于群体成员共同承担领导责任;把领导者从控制的作用更多转变为推动作用,把团队成员代入决策过程。共享领导理论认为,每个人都是领导者,而领导者的任务就是建立一支强有力的团队,团队成员拥有共同的远景目标,大家平等参与,互相影响,共担责任并彼此合作。

(四)服务型领导理论

服务型领导要做到五个方面,第一是目标远大,给周围的人树立远大的目标,这个目标足以激励每个人都为之全力以赴;第二是颠覆传统的管理思维模式,即倒金字塔模式,把自己放在底层,激发出周围人的能量、激情和才能;第三是高标准、严要求,精挑细选团队的领袖,要求团队的领袖在工作中有非常出色的表现,营造一种高标准、严要求的文化氛围;第四是开路,指导精挑细选出的团队领袖,做一名服务型领导者,并为他们扫清障碍,帮助他们做到表现出色;第五是以优势为本,给最合适的人分配最合适的事,攻克弱点不如发挥强项。

在现代社会,员工受教育的程度普遍提高,个人的能力和素质明显加强,他们对领导者的依赖程度明显下降,被领导者在许多方面替代了领导者,许多被领导者不仅能参与重大决策,而且能够替代领导者去做许多具体业务上的决策。普通的员工,越来越愿意并且能够做到自我激励和相互激励。工作任务和组织文化、规章制度对领导者的替代、工作任务的常规化和程序化以及组织文化和规章制度的凝聚和约束作用,都会减少对领导的依赖。

从经验领导到科学领导是一大进步,但进入新世纪,领导工作在很多方面难以科学化,这就需要领导的艺术化。科学化注重领导工作的程序化、规范化和制度化,尤其是减少随意性、人治色彩,多一点刚性、透明性。艺术化重视领导的个性化和柔性化,重视权变艺术,重视灵活性和创造性,出现了领导科学化和艺术化的趋势,各级领导干部要顺应这种趋势,既要认真学习领导科学,把握领导工作的特点和规律,又要不断总结经验,提升自己的领导艺术,创造性地进行有效领导。

总之,我们要突破传统理论的个体化取向,重视团队合作、共享领导、群体成员共同承担领导责任,使领导更加科学化和艺术化,这将是我们在 21 世纪领导理论研究的重点。[①]

① 牛海燕、吴绍琪:《21 世纪领导理论研究的新趋势》,原载《中外企业家》2007 年 10 期,《管理科学》2008 年第 1 期转载。

激励理论

学术界对激励的含义有各种理解,但综合各种关于激励的定义,我们可以认为,激励就是激发人的动机,使人有一股内在的动力,朝所期望的目标前进的心理活动过程。通俗地讲,激励就是调动人的积极性。人是组织的核心资源,管理是通过他人并使他人同自己一起实现组织的目标的过程,因此,管理的核心是对人的管理。在对人的管理上,激发人的动机,引导和促使被管理者为实现组织的共同目标做出贡献,是任何组织或管理者要面临的首要问题。俗话说:水不激不跃,人不激不奋。古代兵书也言:礼赏不倦,则士争死。深谙激励之道的曹操更是直言:军无财,士不来;军不赏,士不往。西方也有诸如阿里巴巴在驴子面前挂一根胡萝卜,而让其不停地跑下去的寓言。激励是管理的重要职能,激励机制的好坏,会直接影响管理的效果和组织的绩效。美国哈佛大学詹姆斯教授通过行为科学实验证明,未受激励的职工,其积极性只发挥20%~30%;而受到激励的职工,由于思想和情绪处于高度激发状态,积极性的发挥程度可以达到80%~90%,并在工作中始终保持高昂的士气和热情。[①] 有人将组织的激励系统比喻为组织的"两油"系统,即动力油系统和润滑油系统;动力油使组织向前进,润滑油使组织减少阻力。[②]

人们对激励问题的研究是从两个不同的思路展开的。一是在经济人假设的基础上,通过严密的逻辑推理和数学模型获得的经济学激励理论。二

---

① 王利平主编:《管理学原理》,中国人民大学出版社2000年版,第173页;刘汴生主编:《管理学》,科学出版社2006年版,第377页。

② 刘光起编著:《A管理模式》,企业管理出版社1997年版,第512页。

是在复杂的社会人假设的基础上,通过经验总结和科学归纳形成的管理学
激励理论。两种激励理论都着眼于组织运作中,如何通过对员工激励来提
高经济效率,但在具体的研究过程中,在研究角度、研究方法、前提假设、解
决问题的思路等都存在着差异。①在研究角度方面,管理激励理论是站在
心理学的视角,在多元化人性假设的基础上,通过施加外界影响,满足人的
内在需求来实现对员工的激励;经济激励理论则是以经济人假设为基础,沿
着制度设计的道路,设计出一个激励机制,激发人的积极性,遏制人的自利
性,以达到个人目标和组织目标相一致。②在研究方法方面,管理激励理论
以归纳法为主要研究手段,具体使用观察法、调查法等方法,建立自己的理
论体系;经济激励理论以演绎法为主要研究手段,运用数理、计量的方法,结
合博弈理论、信息经济学等工具,通过严密的逻辑推理和建立数学模型构建
自己的理论体系。③在解决问题思路方面,管理学激励理论的目的是研究
人类利用有限资源实现组织目标的管理活动方面的社会行为及其规律,它
把激励贯穿于管理活动的各个环节,是多目标、多内容、多形式、多因素、多
方法、多阶段的激励过程;经济激励理论把解决路径寄托在补偿机制的设计
上,主要考虑设计补偿结构问题,侧重用模型解决理论逻辑中的激励问题。
④在表述方面,管理激励理论中,激励与约束是两个不同的概念,分别起不
同的作用,用不同的方法解决不同的问题。管理激励与约束中的管理者与
被管理者,既有共同的利益,也有不同的利益,因而他们之间既存在合作关
系,也存在委托人和代理人的关系。经济激励理论往往把激励与约束归纳
为一个"激励"的概念,用正激励和负激励来替代管理中的激励与约束的概
念,把管理者和被管理者简化为委托人和代理人的关系,主要考虑补偿指
标,并根据指标的大小、正负来起到一定的激励与约束的作用。①

---

① 朱一佳:《管理激励理论面面观》,原载《社科纵横》2005 年 3 期,《管理学文摘卡》2005 年 5
期转载。

一、经济学激励理论

从 20 世纪 30 年代以来,经济学家开始关注被传统激励理论所忽视的企业内部管理效率问题,认识到了激励的重要性。与管理学通过对人的多种需要研究激励不同,经济学对激励的研究是以"经济人"假设为出发点,以利润最大化或效用最大化为目的。现代企业把利润最大化作为经营的唯一目标,但是,在企业所有权与经营权分离的委托—代理关系下,企业经营者(代理人)的追求目标和企业(委托人)所追求的利润最大化目标并不一致。为了解决委托—代理关系中对代理人的激励问题,经济学提供了三种激励措施:

其一是委托人对代理人的直接监督。这种做法一方面因客观存在委托人与代理人之间的信息不对称,直接监督尽管能减少代理人行为上的偏差,但不能消除代理人思想上的消极因素,从而不可能完全消除代理成本。另一方面可能因监督的成本太高而损害了委托人监督的绩效。通常这种激励措施只能应用于代理人行为结果易于判断的情况。

其二是让代理人承担全部风险,并享有全部剩余索取权,委托人的利益为零。在委托人追求利润最大化的假定下,这种情况是不可能存在的,除非资本的利率为负。

其三是在委托人与代理人之间按一定的契约进行剩余索取权的分配,将剩余分配与经营绩效挂钩。这是目前绝大多数两极分离的公司实行激励经理努力的方法,不同的只是剩余索取权的分配比例。

现代企业激励模式有两种典型的形态,一是日本模式,一是欧美模式。日本模式是以"人本主义"为核心的"从业员主权型"。对企业内雇员的激励主要通过三种手段,即终生雇佣制、年功工资制和企业内部考评晋升制。无论是对雇员还是对经理,都充分利用了人的"社会性"和"合作性动机"这一激励机制。欧美企业激励模式则主要是通过市场的竞争造成对在职经理或雇员工作压力,认为不努力的雇员或经理会被充分竞争的劳动力市场或经理市场所淘汰。日本企业更多的是从"人合作"的一面实行激励,与管理学中的激励理论较接近;欧美企业更强调"产权"的约束,从人不会自动合作的一面进行制约,与经济学中的委托人对代理人制约的激励机制相接近。实践表明,每一种模式都有各自的优势,但也都存在一些不足。企业管理激励模式的发展趋势将是两种激励模式的融合,将"正向激励"与"负向激励"结合起来,既强调市场竞争的外部激励作用又强调企业文化与内部协作等激励的作用。①

二、管理学激励理论

　　激励作为管理的重要职能,管理学界历来非常重视对激励理论的研究,管理学的创始人泰罗在其科学管理理论中关于"实行有差别的计件工资制",讲的就是激励问题。之后,管理学家、心理学家、社会学家纷纷从不同的角度研究怎样激励人的问题,并提出了相应的激励理论。这些激励理论侧重于对人的共性分析,服务于管理者调动生产积极性的需要,以克服泰勒首创的科学管理理论在人的激励方面存在的严重不足。自20世纪初以来,激励理论经历了由单一的金钱刺激到满足多种需要、由激励条件泛化到激励因素明晰、由激励基础研究到激励过程探索的历史演变过程。按照研究激励侧面的不同与行为的关系不同,根据理论上的上述差异,可以把管理激励理论归纳和划分为以下不同的类型:

(一)内容型激励理论

　　内容型激励理论,又称需要理论,它着重研究人的需要与行为动机的对应关系,目的是通过满足个体的需要来激发相应的行为动机,使其为组织目标服务。其代表理论主要有:马斯洛的需要层次论、奥尔阿德弗的 ERG 理论、麦克利兰的成就需要理论、赫兹伯格的双因素理论。

---

　　① 李春琦、石磊:《外国企业激励理论评述》,原载《经济学动态》2001 年 6 期,《新华文摘》2001 年 10 期转载。

1. 马斯洛的需要层次论(1954 年)

1943 年,美国学者亚伯拉罕·马斯洛(Abraham Maslow)在《人类动机论》一文中首次提出了需要层次理论,并在 1954 年所著的《动机与个性》中做了进一步的阐述。在各种激励理论中,马斯洛的需要层次论是流传最广、影响最大、争议最久的激励理论。后来出现的著名的 ERG 理论、激励需要理论、双因素理论等激励理论都是围绕马斯洛的需要层次论在研究,可以说是对马斯洛的需要层次论的补充和发展。马斯洛的需要层次论归纳起来主要有如下观点:

(1)一个人只要存在需求,也就存在激励的因素;如果一个人没有需要,也就没有什么因素能够去激励他。这是基于心理学的有关理论提出来的。心理学认为,人的需要引起动机,动机支配人的行为,目标行为使人的需要得到满足,或者目标行为受到挫折从而需要没有得到满足。

(2)人类的需要形形色色,但可以按它们发生的先后分为五个层次。这五个层次分别是:①生理需要(physiological need):人类最原始的基本需要,如饥饿、寒冷、睡眠等。在现代社会中,薪水、工作环境、身体保健(医疗条件)、工作时间(休息)、福利设施设备(食堂、幼儿园、车队)等都属于满足此类需要。②安全需要(safety and security needs):这是对安全、稳定及免于痛苦、恐惧、病痛等的需要。在现代社会中,失业保险、医疗保险、养老保险、工伤保险等社会保障措施都属于满足此类需要。③社会需要(social needs):亦称社交需要、归属需要、感情需要,它包括感情和归属两个方面的需要。从感情上说,希望朋友之间、同事之间关系融洽或保持友谊和忠诚的良好关系;从归属方面说,每个人都有一种属于某一团体或某一群体的愿望,希望成为其中的一员。在现代社会中,有机会参加特殊任务小组、成为委员会委员、俱乐部组织成员等都是属于社会的需要。④尊重需要(esteem needs):包括自尊和名誉两个方面的需要。与自尊有关的需要有:自信、独立、成就、信心、知识等的需要;与名誉有关的需要有:地位、认可、赞赏、被人尊重等的需要。在现代管理中,人事考核制度、晋升制度、表彰制度、奖金制度、选拔进修制度、委员会参与制度都是属于满足此类的需要。⑤自我实现需要(self‐actualization):即发挥个人潜力,希望在工作上有所成就,在事业上有所建树,实现自己的理想和抱负。在现代社会中,提供能发展个人特长的组织环境、安排具有挑战性的工作等都属于满足此类需要。

(3)这五个层次按其重要性逐级上升,形成一个由低级需要向高级需要发展的阶梯;只有当低级需要得到满足后,才会产生更高层次的需要。

(4)一个已获得满足的需要,不能够成为行为的动因,也就是当一个层次的需要得到满足时,这个需要就不再成为激励的动因。

(5)需要的满足是相对的,不可能是低层次的需要100%的满足后,才产生高层次的需要,因此,某一种需要都是部分地得到满足。一般地讲,生理需要满足85%、安全需要满足70%、归属需要满足50%、自尊需要满足40%、自我实现的需要满足10%,就可以认为是需要得到了满足,就会产生下一层次的需要。①

(6)一个人会同时存在多种需要,但其中有一些属迫切需要,我们称之为"优势需要",管理者应当首先满足"优势需要"。

(7)五种需要可以分为高低两级,其中的生理需要、安全需要和社交需要都属于低一级需要,这些需要通过外部条件就可以满足;而尊重的需要和自我实现的需要则属于高级需要,它们只有通过内部因素才能满足。需要的层次越高,实现的难度越大,激励的作用也越强大和持久。

2. 奥尔德弗的 ERG 理论

1973 年,美国管理学家克雷顿·奥尔德弗(Clayton. Alderfer)将马斯洛的需要层次理论概括成 ERG 理论,即生存、关系和成长理论。

(1)奥尔德弗在大量调查的基础上指出,把马斯洛关于人的需要种类缩减为三种,即生存需要(existence)、关系需要(relatedness)、成长需要(grouth)。由于这三种需要的首个英文字母连接起来就是 ERG,因此,这种

---

① 郭咸纲:《西方管理思想史》,经济管理出版社 2004 年版,第 170 页;郭跃进:《管理学》,经济管理出版社 2003 年版,第 318 页。

激励理论又被称为 ERG 理论。在 ERG 理论中,生存需要,相当于马斯洛的第一层次和第二层次的需要;关系的需要,相当于马斯洛的第三层次的需要;成长的需要,相当于马斯洛的第四层次和第五层次的需要。

(2)ERG 理论认为,人们对需要的追求既可能是"满足——上升"的过程,也可能是"挫折——倒退"的过程。需要层次论是建立在"满足——上升"的基础上的,而人类的需要不是单一从低级向高级发展。当较高层次的需要遭受挫折得不到满足以后,人们就会追求较低层次需要的满足,出现"挫折——倒退"的现象。

(3)上述三种需要之间没有明显的界限,他们是一个连续体,而不是一个等级层次。在"上升"或"倒退"的过程中,需要的次序不一定严格地逐级产生,有时会越级产生。即人们并不是只有当低层次需要得到充分满足后才去追求更高层次的需要,对不同层次的需要可能同时存在。如在生存和关系需要没有得到满足的情况下,一个人也可以为成长而工作。

3.麦克利兰的成就需要理论

美国著名心理学教授戴维·麦克利兰(David C. McClelland)经过试验研究,对马斯洛需要层次理论的普遍性及其核心概念"自我实现"有无充足的根据提出了质疑,并于 1966 年在他的《促使取得成就的社会》一书中提出了成就需要理论。其观点主要有:

(1)在生存需要得到基本满足的前提下,人最主要的需要有三种,即成就需要、权力需要、社交需要。这三种需要对于一个成功的管理者来说,缺一不可。其中,成就需要的高低对一个管理者成功与否起着特别重要的作用。麦克利兰指出,具有成就需要的人,都属于中产阶级、经理、自由职业者、专家、学者等。

(2)具有高度权力需要的人,特别重视影响力的发挥和控制。这样的人一般寻求领导地位,他们十分健谈、好争辩、直率、头脑冷静、善于提出要求、喜欢演讲、爱教训人。

(3)具有高度社交需要的人,通常从受到别人喜爱中得到乐趣,他们既能关心并维护融洽的社会关系,欣赏亲密友好和理解的乐趣,也能随时抚慰和帮助处境困难的人,并且乐意同别人友好交往。

(4)具有高度成就需要的人,把个人的成就看得比金钱更重要,对成功有一种强烈的需求,同时也强烈担心失败;愿意接受挑战,为自己设置一些有一定难度的目标(但不是不能达到的),对待风险采取一定的现实主义态度;能为完成任务承担个人责任,对自己的工作情况喜欢获得明确而迅速的反馈;喜欢长时间工作,喜欢独当一面,遭到失败也不会沮丧。

(5)成就需要与工作绩效关系研究表明,具有高度成就需要的人不一定是一个优秀的管理者,因为高度成就需要的人感兴趣的是他们如何做好,而不是如何影响其他人做好。而权力需要和社交需要与管理绩效有密切的关系,最优秀的管理者,一般有高权力需要和低社交需要。

4.赫兹伯格的双因素理论

围绕马斯洛的需要层次论,美国心理学家弗雷德里克·赫兹伯格(Frederick herzberg)等人于20世纪50年代末期在美国匹兹堡地区对4名工程师和会计师进行了大规模的访问调查。① 访问调查的目的是验证以下假设:人类在工作中有两类性质不同的需要,一类是作为动物要求避开和免除痛苦,另一类是作为人要求在精神上不断发展、成长。访问因此围绕两个问题进行:在工作中,哪些事项是让他们感到满意的;哪些事项是让他们感到不满意的。结果他发现,使职工感到不满的,都是属于工作环境或工作关系方面的;使职工感到满意的都是属于工作本身或工作内容方面的。他把前者叫做保健因素,后者叫做激励因素。赫兹伯格等人于1959年在《工作的激励因素》和1966年《工作与人性》两部著作中提出了"双因素理论"。其主要观点如下:

(1)赫兹伯格首先修正了传统的满意和不满意的观点。他认为满意的对立面是没有满意,而不是不满意;不满意的对立面是没有不满意,而不是

---

① 刘汋生主编:《管理学》,科学出版社2006年版,第393页;芮明杰主编:《管理学:现代的观点》,世纪出版集团、上海人民出版社2005年版,第308页。

满意。凡是能够防止员工不满意的因素就是保健因素,凡是给员工带来满意的因素就是激励因素。

(2)属于工作环境或工作关系的保健因素,包括组织政策、管理措施、监督、人际关系、工作条件、工资、福利等,它相当于马斯洛的需要层次论中的第一层次和第二层次以及第三层次的一部分。这类因素"得不到就产生不满意,得到后则没有不满意"。也就是说,当人们认为保健因素很好时,它只是消除了不满意,并不会给人们带来满意,从而导致积极的态度。这就像卫生保健对身体健康所起的作用一样,它不能直接提高健康水平,也不能治病,但有预防疾病的效果。

(3)属于工作本身或工作内容的激励因素,包括成就、赏识、挑战性的工作、增加的工作责任,以及成长和发展的机会等,它相当于马斯洛的需要层次论中的第四层次和第五层次以及第三层次的一部分。这类因素"得到后感到满意,得不到则没有不满意"。这类因素具备后,可使员工感到满意,但员工感到不满意时却很少是缺少这些因素。因此,激励因素才能真正激发人们的工作积极性和创造性。

双因素理论对激励工作的启示:一是激励因素和保健因素没有绝对的界限,对某些人而言,保健因素的东西正是激励因素。二是有效的管理者,应善于化保健因素为激励因素。如关于工资和奖金的管理,如不与绩效挂钩,那么花钱再多,也起不到激励的作用。如一旦少发或停发,则会造成不满,变成保健因素。①

(二)过程型激励理论

过程型激励理论重点研究人的行为动机产生到目标行为选择的心理过程,其目的是通过对员工的目标行为选择过程施加影响,使员工在能够满足自身需要的行为中选择组织预期的行为。这一类理论包括:弗鲁姆(V. H. Vroom)的期望理论、亚当斯(j. S. Adams)的公平理论、洛克(E. a. Locke)的

---

① 刘汴生主编:《管理学》,科学出版社 2006 年版,第 389 页。

目标设置理论。

1. 弗鲁姆的期望理论

美国心理学家维克多·H. 弗鲁姆(Victor H. Vroom)对赫兹伯格的双因素理论提出了批评,并于1964年在他的《工作与激励》一书中提出了期望值理论。其理论用他自己的术语表述就是:激励力 = 效价·期望率。此式中,激励力是一个人受激励的强度;效价是指一个人对某一目标的偏好与重视程度,即主观认为目标价值大小;期望率是指采取某个行动可能导致实现所追求目标的概率。从这个公式中可以看出,激发一个人工作的动力的大小,同时取决于效价与期望率,即个人的行为方式由个人的需要和实现这种需要的可能性决定。当一个人对某个目标漠不关心时,其效价为零;而当他不希望达到该目标时,其效价为负值。同样,当期望率为零或负数的时候,也不会有任何动力去达到某一目标。激励力与效价、期望率之间成正相关系。一件事情的目标价值越高,实现的概率越大,所产生的激励力量就越大,通俗地讲,就可以调动更大的积极性。反之,如果一件事情对受激励者来说缺乏价值,再加之实现概率小,就不会产生出激励力量。由此推知,在管理过程中的激励工作,要设定出员工认为有较高价值的目标,同时又要创造出较大的实现概率的客观条件,这样才能调动广大职工的积极性。

期望理论对激励工作的启示:一是根据员工的不同需要,进行有针对性的奖励;二是为了使员工完成某项工作,管理者一方面要根据员工的特点安排工作;另一方面要通过指导和培训,提高员工来的工作能力。[①]

2. 亚当斯的公平理论(权衡激励模式)

美国学者亚当斯(j. S. Adams)于1963年提出了激励过程中的公平理论。该理论侧重于研究利益分配(尤其是工资报酬分配)的公平性、合理性对员工工作积极性的影响。其主要观点是:人是社会的人,一个人的工作积

---

① 刘汀生主编:《管理学》,科学出版社2006年版,第391页。

极性不仅受所得到报酬绝对值的影响,而且受到相对报酬的影响。人们将通过两个方面比较来判断所获报酬的公平性,即横向比较和纵向比较。在横向比较方面,一个人将自己的报酬与投入比,同自己认为可以与自己相比的另一个人的报酬与投入比加以比较,比较的结果会出现二种情况:第一种是感到公平,在这种情况下,人们可能继续在同样的产出水平上工作。第二种是感到不公平,这个时候人们会采取以下四种行为:①采取一定的行动,改变自己的收支情况。如以减少业绩、罢工、旷工等相威胁要求增加工作;或以怠工、泡病号、推卸工作等来减少自己劳动的投入。②采取一定的行动,改变别人的收支情况。如降低他人的收入:"自己拿不到,干脆谁也甭拿";或增加他人的支出:"谁拿得多,谁去干",由此消除认知失调。③通过某种方式进行自我安慰。如换一个比较对象,以获得主观上的公平感:与张三比是吃亏了,但与王五比还可以,"比上不足,比下有余";或通过曲解自己或别人的收支情况,造成一种主观上公平的假象,以消除自己的不公平感等。④在无法改变不公平现象时,可能采取发牢骚、制造人际矛盾、放弃工作、跳槽等行为。[①]

公平理论对激励工作的启示:古人云:"不患寡而患不均"、"物不平则鸣",说的就是公平合理问题。公平与合理是社会的基本法则,也是组织管理过程中所要遵循的基本法则。任何激励理论都是以公平合理为基本原则的,失去公平与合理,任何激励制度、激励措施都将归于无效。

(三)行为改造型激励理论

行为改造型激励理论主要研究人的行为结果对目标行为选择的关系,通过对行为结果的归因来强化、修正或改造员工的原有行为,使符合组织目标的行为持续反复地出现。最有代表性的是斯基纳(R. F. Skinner)的强化理论和凯利(Kelley. HH)的归因理论。

---

① 刘汸生主编:《管理学》,科学出版社 2006 年版,第 393 页;芮明杰主编:《管理学:现代的观点》,世纪出版集团、上海人民出版社 2005 年版,第 308 页。

1. 斯基纳的强化理论

又称行为改造型理论、行为修正型激励理论、操作型条件反射理论,它是美国心理学家斯金纳(B. F. Skinner)在巴甫洛夫条件反射理论的基础上进行深入研究后于 1938 年提出来的。强化理论认为,人的行为是对外部环境刺激所作的反应,只要创造和改变外部的刺激条件,人的行为就会随之改变。强化理论的目的就是用改造环境的办法来保持和发挥那些积极的、愉快结果的行为,减少或消除消极的、不愉快结果的行为。

强化是心理学术语,是指通过不断改变环境的刺激因素来达到增强、减弱或消除某种行为的过程。强化理论认为,人的行为很大程度上取决于行为所产生的结果。换句话说,那些能产生积极或令人满意的结果的行为,以后会经常得到重复;相反,那些会导致消极或令人不满意的行为,以后再得到重复的可能性就少。管理人员可以采用四种强化类型来改变下级的行为:

(1)正强化(又称积极强化):对某种希望出现的行为提供令人满意的结果,如认可、赞赏、增加工资或奖金、提升等,以增加这种行为反复出现的频率,如对按时上下班、按质按量完成任务的员工给予奖励等。正强化对行为的影响最有力和有效,但若过于频繁地使用,一个后果是会导致人们对它形成越来越高的期望,这样在强化力度不变的情况下会出现行为刺激作用减弱的现象,如一定数额的奖金的"边际效用"发生递减;另一种后果则是,导致人们认为这种正强化是理所当然的,提供时起不到很好的正面强化作用,不提供时反被人们视为是对该行为的"冷处理",从而出现不应有的行为弱化倾向,如有人认为我国不少单位中目前发放的工资和津贴已沦为"保健因素",不能起到很好的激励作用。

(2)负强化(又称消极强化):对某种不希望出现的行为提供令人不满意的结果,如降薪、批评处分、降职、罚款等,以降低这种行为出现的频率,如对上班迟到早退者扣发奖金等,目的是阻止这种行为继续发生下去。负强化,应用起来很麻烦,有时甚至没有可能,因为他要求建立一种对组织成员来说是令人不愉快的环境,并持续到所希望的行为产生时为止。负强化与正强化相比有一定的区别,工人努力工作,从组织中获取报酬,这是正强化;但工人努力工作,是为逃避某种令人不满意的结果,则是负强化。当然,在这两种情况下,积极行为都能够得到加强。

（3）消除（冷处理）:消除正强化,对某种行为不予理睬（"冷处理"）。如开会时,如果管理者不希望下属提出无关的或干扰性的问题,则可以冷处理方式来消除这种行为,也即当这些员工举手要发言时,无视他们的表现,这样,举手行为必然因得不到强化而自行消失。

惩罚和消除,只能用来减少组织成员无效工作行为的发生,因为惩罚和消除只告诉组织成员不该做什么,但没有指出应该做什么。

强化理论对激励工作的启示:首先,奖惩要公正。这就要求,奖惩要求以准确的考核为前提,并建立健全奖惩制度,使奖惩工作规范化、制度化。其次奖惩要分明。上述三种强化中,正强化和负强化对行为影响最大,其共同的特征是奖励或惩罚。因此,奖惩要分明,这是管理中的一条重要原则。再次,既不值得提倡又不直接危害组织目标实现的行为应"冷处理"。"冷处理"是一种消极的强化方式,既不能鼓励也不能惩罚,应通过"冷处理（不理不睬）"使其终止。①

（四）综合型激励理论

前述的激励理论都是从个人的行为模式的某一方面来研究激励问题的,虽然有一定的科学性,但又不太完备。综合型激励理论就是将上述几种激励理论进行综合,全面考虑内外激励因素,系统地描述激励的全过程,以期对人的行为做出更为全面的解释,克服各个激励理论的片面性。内在激励因素包括:对任务本身提供的报酬效价、对任务能否完成的期望值以及对完成任务的效价;外在激励因素包括:完成任务所带来的外在报酬的效价,如加薪、提级的可能性。综合型激励理论表明,激励理论的大小取决于诸多

---

① 刘汴生主编:《管理学》,科学出版社 2006 年版,第 392 页。

激励因素的共同作用。代表性的理论有：罗伯特·豪斯（Robert House）的激励力量理论、布朗（R. A. Baron）的 VIE 理论、波特（L. borter）和劳勒（E. Lawler）的期望激励理论。综合型理论中，最有影响的是波特和劳勒期望的激励理论。

期望激励理论是美国学者波特和劳勒于 1968 年在《管理态度和成绩》一书中提出来的。他们以弗鲁姆的期望理论为基础，综合"需要理论"、"双因素理论"和"期望理论"、"公平理论"，把激励的心理过程依次排列，标明努力（动机所驱使的行为力量）与绩效、报酬之间的联系，同时考虑到行为结果对后继行为的反馈作用。期望激励理论的主要内容有：①努力来自于目标价值和自己实现目标价值的概率；②目标实现的程度表现为绩效，目标价值大小取决于绩效与奖励的关系，奖励越大价值越大；③奖励是否会产生满意，取决于被奖励者认为获得的报酬是否公平，如果被认为是公平的，则感到满意；④激励是一个"激励——努力——绩效——奖励——满意——努力——激励"这样一个循环往复的过程；⑤能否实现这种奖励的良性循环，取决于奖励内容、奖惩制度、组织分工、目标导向、管理水平、考核的工整性、领导作风以及个人心理期望值等多种综合性因素。

期望激励理论是 20 世纪六七十年代非常有影响的激励理论，在今天看来仍有相当的现实意义。

决策类型及方法

一、决策概述

何谓决策？其定义众说纷纭,但有一点是共同的,即决策是从多种方案中做出的选择或决定,也可以说是多方案择优。通常讲的领导"拍板",指的就是决策,但绝不能把决策仅仅理解为一瞬间的"拍板",它包括决策前的提出问题、搜集资料、预测未来、确定目标、拟订方案、分析估计和优选以及实施中的控制和反馈、必要的追踪等全过程。由此观之,决策定义的内涵包括:①决策是为了解决某一问题;②决策是有目标的,即解决问题的程度;③决策是为了正确行动,不准备实践,用不着决策;④决策是从多种方案中作出的选择,没有比较,没有选择,就没有决策;⑤决策是面向未来的,要作出正确的决策,就要进行科学的预测、分析、判断。

一切组织的活动都可以划分为决策和执行两个部分。决策理论学派认为"管理就是决策",将决策等同于管理。其理由是:第一,决策贯穿在管理者的所有管理活动中,在计划、组织、领导、控制等管理职能中,都存在着一系列的决策。如计划职能需要对组织的战略、目标、任务做出决策,领导的职能需要对领导和激励方式做出决策等。第二,管理理论认为,任何组织都有两项活动:即业务活动和协调业务活动的管理活动,因此,组织中的人员可以分为业务工作人员和管理人员两种。根据此观点,决策、计划是管理人员的事情,业务人员只负责执行和操作。西蒙认为,即使是企业中的一个操作工,他在管理中也有双重身份:一方面,他接受来自其他各方面的指令、监督与控制;另一方面,他在面对自己的工作领域,在操作机器和工具进行生产或服务时是一个主动的实施者,是面临各种突发问题的果断处理者,从这个意义上看,他也是一个狭义的管理者。因此,组织中的所有人都是"管理人员",都在从事决策活动。第三,相对于执行而言,决策是管理的前提和先导。"一着失误,全盘皆输"的决策事件,古今中外屡见不鲜,因此,管理成功与否,关键在于决策。决策在管理中处于关键和核心的地位。据调查,世界上破产的 1000 家大企业中,有 850 家是因企业家决策失误所造成的。诺基亚用 6 年的时间,就从差一点被卖掉的地区性公司而一跃变成跨国公司,其成功的秘诀就在于此。1992 年以前,诺基亚的产品线很长,除移动通讯外,还生产电视机、电脑、电线,甚至胶鞋。约玛·奥利拉担任诺基亚董事长兼首席执行官后,决定专注于当时最前沿、最活跃、最代表发展方向的移动通讯领域这个当时并不赚钱的主业,舍弃了那些还能赢利的项目,先后卖掉电视机、电脑、电线等所有不相干的产品(诺基亚的电视机当时已做到欧州第二的规模)。从此,公司就象坐上火箭般往上蹿升,每年的发展速度高于 50%。如果不是企业战略决策正确,及时实施战略转移,这样的速度和后来的辉煌是不可想象的。反之,如果战略定位不准,决策不正确,那么企业就会受挫折,甚至一蹶不振,导致破产。中国的巨人集团,1992 年的时候已成为当时中国电脑行业的领头羊,其后巨人集团急于铺摊子,盲目追求多元化经营,几乎抛弃了主业,而把资金和精力大量投入到自己不熟悉的领域——房地产、保健品等,由于行业跨度太大,又不熟悉,结果陷入"大陷阱",导致分崩瓦解。

二、决策的特征

①目标性:决策要有明确的目的(目标);②可行性;③选择性:决策要有若干个备选方案,如霍布斯选择,60 年代阿波罗计划就有三个计划;④满意性:决策的结果是选择一个合理的方案,一般有最优(不可能)、最低(不可取)、满意(合理)三种方案;⑤过程性。决策是一个过程,而不是"瞬间"

的决定；⑥动态性：要不断的修正。

三、决策过程

决策是一个过程,这个过程,管理学者把它分为或四个阶段,或六个阶段,或七个阶段,或八个阶段。决策理论学派的创始人西蒙就将决策过程分为情报活动、设计活动、抉择活动、审查活动四个阶段。我们认为决策过程应包括以下七个阶段：

(一)发现问题

此阶段分二步：第一步发现问题。决策源于问题的发现和解决问题的压力。有了问题,没有及时发现,将会错失决策的最佳时机;没有问题却要无事生非,不仅浪费时间和精力,而且会引发不必要的冲突。因此,决策是为了解决问题,没有问题就没有决策,可以说决策是从发现问题开始的。所谓的问题就是现状与期望之间的差距,表现为需求、机会、挑战、竞争、愿望等等,是一个矛盾群,是客观存在的矛盾在主观世界中的反映。问题一般可以从三个层面去寻找,即发展的层面、平稳运行的层面、维持组织生存的层面。在其他条件相同的情况下,从什么层面上去发现问题,一般与决策者的个性有关。"想干一番事业型"的领导往往从发展的层面去发现问题,虽然生存和平稳运行没有问题,但想求发展,向更高的目标看齐;"求稳怕乱型"的领导往往从平稳运行的层面去发现问题,他们认为现状不错,保持目前的地位和优势就行;"无所事事型"的领导,往往从维持组织生存的层面去发现问题,在他们看来"官不多事,民就无事",事情会自然运行,他们无为而治,不会主动去发现问题。当然,决策者的个性不是一成不变的,会随着环境和对环境认识的变化,而发生变化。①

第二步是评价问题的重要性。一个组织可能要解决的问题很多,但受

---

① 程凤春：《把握决策的三个纬度：问题、权限和时机》,《管理科学》2005 年 2 期,第 17 页,原载《经济管理》2004 年 19 期。

各方面条件的限制,不可能一下解决所有问题,只能按轻重缓急来解决,因此,问题的重要性涉及暂时解不解决、何时解决、解决到什么程度等。对问题重要性的判断,一是问题涉及的范围,如果涉及组织价值观、结构、人力资源等广泛的领域,通常就是重要的;二是问题受组织内部和社会关注的程度,如果高就是重要的;三是问题出现的频率,如果很少出现就比经常出现重要一些;四是解决问题需要动用的资源,如果动用的多就是重要的。

(二)确定决策目标

确定目标,即解决问题的程度。管理者根据所发现的问题及问题的重要性,一旦确定了要解决的问题,接下来就是确定决策目标。决策目标的确定,第一,目标应具有具体、明确及可衡量性。目标包括数量和质量两个方面,一般用产出率来衡量数量目标,用次品率或废品率来衡量质量目标。第二,如果决策是多目标决策,必须区分各目标的重要程度和主次关系。如开发一个新产品,此产品的生产标准可以区分为功能、质量、服务、款式、价格、包装,这些项目的标准的重要程度是不同的。第三,如果决策目标是有条件目标时,应明确决策目标的附加约束条件。如决策的目标是"某产品的单位成本下降10%",应明确"保证原有的产品质量和服务质量不变"这一附加条件。第四,做到现实和可能的统一,即不仅要根据管理的需要,而且还要考虑实现目标的可能性。第五,决策目标必须定得合理,合理的目标应该是既能达到,但又必须经过努力才能够达到。目标定得太高,根本不切合实际,会使人望而却步,失去为之奋斗的信心与勇气,决策就会随之化为泡影;目标定得太低,不经过任何努力即可实现,人们就因没有压力而无所作为。管理的实践经验已经表明,保持一定的工作压力是必要的,而形成工作压力的主要途径就是决策目标和考核指标。

(三)拟定方案

当决策的目标确定下来以后,就要拟定达到目标的各种方案。如果我们将决策理解为"谋断",那么这一阶段的工作就是"谋",一般由智囊机构承担。拟定方案,第一,必须制定两个以上的方案,如果只有一个方案就不需要选择,也就不成为决策;第二,在各种方案之间具有原则区别,不能 A 方案包括在 B 方案中,或 B 方案成为 A 方案实现的途径;第三,要说明各方案的特点、弱点及实践条件;第四,每一种方案最好以确切的定量数据反映其成果;第五,各种方案的表达方式必须做到条理化和直观化。

(四)评估方案

评估方案就是利用一些科学的评估方法和决策方法,如"可行性分析"、"决策树"、"矩阵决策"、"模糊决策"等技术,对预选方案进行综合评价。这项工作主要由智囊机构的高级研究人员、政策研究人员及从社会上聘请的专家小组来承担。其主要内容是,通过定性、定量分析,比较各方案的风险、成本、收益,评估各方案的近期、中期、远期效能价值。在评估的基础上,权衡各个方案的利弊得失,并将各方案按优先顺序排列,提出取舍意见,交决策机构定夺。

(五)选择方案

在对各个备选方案进行详尽的分析评估后,根据决策的准则和决策的方法选取一个最优或最满意的方案作为决策的实施方案。决策的标准有"最优"和"满意"两种。决策学派的创始人西蒙认为,由于人们的认识受许多因素的限制,如主客观条件、科技水平、情报信息以及环境、时间等限制,在实际工作中"最优"往往难以达到,多数决策是按"满意"行事的。当然,这样做并不排除在可能条件下达到最优的可能性。

选择方案的规则主要有:①完全一致。所有决策成员都必须完全同意某一个备选方案,任何一票不同意就可以否决。②协商一致。经过协商而寻求一种使所有决策人员都基本满意的备选方案,在这一规则下意味着备选方案是妥协、折衷的结果。③相对多数规则。只要某一备选方案被相对较多的人赞同,就可以确定为决策方案。④绝对多数原则。备选方案需要得 1/2 以上或 2/3 的票数。⑤等级决策。不同地位的人拥有不同的决策权

（可以规定不同的人拥有不同的票数），某些人拥有特殊的决策权，包括最后的裁决权和否决权。这一规则在很多企业中都体现得很鲜明。如深圳华为公司的决策制度是从贤不从众，各部门首长在其职权范围内自主决策，对决策后果承担个人责任。①

　　选择方案的方法主要有：①经验判断法：即决策者根据自己的实践经验和判断能力来选择方案的方法，这是最古老的一种传统的方法。②归纳法：就是在方案众多的情况下，先把方案归成几大类，先看哪类最好，就选中哪类，然后再从中选出最好的方案，如选择厂址的决策，往往采取这种方法。这个方法的优点是可以较快缩小选择范围。缺点是可能漏掉最优方案，因为最优方案也可能处在不是最好的那个类中。不过在不允许进行全面对比的情况下，这个办法仍常被采用，因为按此法选出的方案一般还是比较满意的。③数学方法：就是运用数学方法求出每个方案的最佳解后对方案进行选择的方法。这种方法比较科学、准确，但需要完备的数据资料。④试验法：就是选择少数几个典型环境为试点单位进行试验，在取得经验和数据后再选择方案的方法。这种方法适用于缺乏经验、没有资料，既难以以经验判断又无法采用数学分析法的重大决策活动。

（六）执行方案

　　在决策中，拍板虽然很重要，但拍板前和拍板后的工作也很重要，如果没有很好的方案提供选择，再好的决策者选择的也不是令人满意的方案；当然，即使方案很好，板也拍得很好，但不能执行或不能很好的执行也不行。决策不只是一个简单的选择方案问题，决策的目的是为了实施决策。有了高质量的决策方案，未必能够保证取得成功，因为决策的成功还取决于有效地执行决策。人们常说"雷声大，雨点小"，"光打雷，不下雨"，这些都是对"只决不行"情形的形象描述。要执行好决策，应该从以下几个方面做好组织实施工作：①扩大决策参与面和通过各种渠道将决策方案向组织成员通

---

① 辛向阳：《企业决策的七个问题》，《管理科学》2000 年第 7 期。

报,争取组织成员对决策的认同和支持。②制定切实可行的方案实施计划,将决策目标层层分解落实到每一个执行单位和个人。③建立信息反馈系统或工作报告制度,及时了解方案执行情况,随时纠正偏差。一般来讲,对决策是不能随意修正的,特别是目标,否则会影响领导的威信,打击执行者的积极性(已做了大量的工作),即使修正也只能修正对策,即措施。

(七)评价方案

评价方案阶段就是执行阶段结束后对决策方案进行评估。一项决策实施之后,对其进行评估是非常重要的,一方面通过评估,可以评价决策目标实现的程度;另一方面,通过评估,可以客观地评价相关部门和人员的工作绩效。

四、决策的类型

根据组织活动类型和决策性质,对决策可以进行不同的分类。

(一)从决策的主体划分,可以将决策划分为个体决策和集体决策

1. 个体决策:即单个人做出的决策。个体决策受决策者经验、知识、能力、水平、性格等因素的影响,具有强烈的个人色彩。有人机敏,感知迅速;有人深邃,能抓住事物的本质;有人果敢,"快刀斩乱麻"。在处理同一个问题时,不同的决策者做出的方案选择可能会大不相同。

2. 集体决策:又称群体决策,它是相对于个人决策而言的,是指多个人组成一个决策组织进行的决策。

俗话说"三个臭皮匠,抵过一个诸葛亮"。总的来说,集体决策要优于个人决策。首先,集体决策能提供相对完整的信息,提高决策的科学性;其次,能产生更多的方案;再次,容易得到普遍的认同;最后,提高合法性。从管理的效果和效率的角度看,集体决策趋向于对效果的追求,个体决策趋向于对效率的追求,因此,只要决策效果的提高足以抵消效率的损失,就应更

多地采用集体决策。

决策者与其决策有着下面的关系：在决策素质一定的条件下，个人决策比集体决策失误可能性大；参与决策的人越多，每位决策者分担的责任越小；决策者的人数越少，决策的成本越低，但"推销"决策的成本越高。[①]

(二)从决策的重要性划分,可以划分为战略决策和战术决策

1. 战略决策：有关组织生存与发展的大政方针方面的决策，具有全局性、长期性和战略性的特点。例如，确定或改变组织的经营方向和目标、开发新产品、企业上市、收购与兼并等，就属于战略决策。战略决策面临的问题比较复杂，决策过程所需考虑的环境具有高不确定性的特点，决策方案的设计、研究、分析、乃至最后抉择，都需要决策者高度的洞察力和判断力。战略决策一般借助"外脑"，采用德尔菲法（专家法）、头脑风暴法、名义群体法、戈登法等集体决策方法。

2. 战术决策：与战略决策不同，战术决策是指企业在实现战略经营目标、经营方向、经营规划等战略决策过程中，对具体经营问题、管理问题、业务、技术问题的决策，它具有局部性、中期性和战术性的特点。

战略决策和战术决策是相互补充、相互依存，战术决策是实现战略决策的步骤和环节，战略决策是战术决策的前提。

(三)根据决策是否反复出现,可分为程序化决策和非程序化决策

1. 程序化决策：又称重复性决策、定型化决策、规范性决策，是指为解决例行的、反复出现的问题所做出的决策。由于这种决策在组织活动中反复出现，是例行的，人们可以从实践经验中找到它的规律性，进而可以制定一些程序、规则、制度加以解决，而不必每次都重新做出新的决策。程序化决策可以缩短决策时间，降低决策成本，决策易于执行和控制，是效率较高的一种决策。因此，对于组织来说，都应当努力提高组织决策的程序化程度，

---

① 刘汴生主编：《管理学》，科学出版社 2006 年版，第 123 页。

应尽可能应用程序化决策来解决重复性、例行的问题。这样，一方面可以提高决策的效率，另一方面，高层管理者可以把大量程序化的决策活动授权到下一层管理层，腾出时间考虑与组织生存和发展有关的重大战略问题。

2. 非程序性决策：是指为解决偶然出现的、一次性或很少出现的问题所做出的决策。这类决策由于以前没有出现过，信息又不完整，是创新性的决策。因此，决策时应当按照一般的决策过程，在进行调查研究的基础上，依次经过决策过程的各个阶段来完成。对于组织来说，偶然性的问题再次出现或出现的频率增加时，应及时制定出程序性文件，把它纳入程序化决策。

（四）根据决策时信息的完备程度，可以分为确定型决策、风险型决策、非确定型决策

1. 确定型决策：是指决策的影响因素和结果都是明确、肯定的情况下的决策。构成确定型决策应当满足三个条件：①所要决策的问题的各种变量及相互关系均能用计量的形式表达；②决策结果具有单一性，即无论这一决策下的备选方案有多少，每一个方案都只有一种确定的结果；③决策方案可用数学模式求最优解。确定型决策，信息完备，在决策时只需根据已知条件，直接比较各种备选方案结果，就能做出确定的决策。如某个决策者有笔余款，他有几个备择方案：购买国债，年利率7%；存一年期银行定期存款，利率5%；存银行活期存款，利率3%。显然，如果这个决策者的目标只是获得利息，他的决策是属于确定型决策，在结果十分明确的情况下，选择购买国债是最好的选择。确定型决策，由于可以推导出最佳值，所以往往有固定的模式和标准方法。

2. 风险型决策：又叫随机型决策或统计型决策，构成风险型决策一般要具备以下五个条件：①有一个明确的决策目标；②有两个以上可行方案；③有两种以上不以决策者的主观意志为转移的自然状态；④不同的可行方案在各种自然状态下的损益值可以计算出来；⑤各种自然状态发生的概率可以预测。虽然各备选方案的损益值可以计算出来，从而可以择优决策，但是，由于各种自然状态的发生是"概率预测"，所有的备选方案都有风险。

3. 不确定型决策:当决策只具备风险决策的前四个条件时,即各种自然状态发生的概率都无法预测时,从而不能进行损益值的计算,这种决策就是不确定型决策。不确定型决策相当困难,甚至可以说,决策毫无把握,只能靠运气作决定。决策者的性格、经验、学识、智慧、胆略、判断力在很大程度上影响着决策的效果。处理这类决策问题,最好的办法是,补充信息,变为风险型决策。

(五)根据决策来自时间压力还是质量压力划分,可把决策划分为时间敏感型决策和知识敏感型决策

1. 时间敏感型决策:是指那些必须迅速而尽量准确做出的决策。战争中军事指挥官的决策多属于此类决策。这种决策对速度的要求更甚于决策质量,如日常生活中,当一个人站在马路当中看到一辆疾驶的汽车向他冲来时,关键就是要迅速地跑开,至于跑向马路的左边,还是右边,相对于及时行动来说则显得次要。

2. 知识敏感型决策:这类决策对时间的要求不是非常严格,决策的效果主要取决于决策质量,而非决策的速度。因此,知识敏感型决策要求人们充分利用知识,做出尽可能正确的选择。组织关于活动方向与内容的决策基本上是属于知识敏感型的决策。这类决策着重于抓住可利用的机会而不是避开威胁,着重于较远的未来而不是近期。

(六)根据决策者是基于经验还是基于科学分析做出决策,可把决策划分为经验决策和科学决策

1. 经验决策:是指决策者主要根据其个人或群体的知识、智慧、阅历、洞察力和直觉判断等人的素质因素而做出决策。古往今来,纵然有许多的成功事例是借助于一般经验决策取得的,但这种决策方法的主要缺陷是"其人存,则其政举;其人亡,则其政息"。决策优劣过于依赖决策者的个人因素,组织兴衰成败都与少数决策者紧密相连。

2. 科学决策:是指通过理性思考和定性分析,按照科学的决策过程和决策方法做出的决策。科学决策以其科学性、准确性日益受到人们的重视,成为当今社会最普遍的决策形式,世界上许多重大项目都是根据科学决策做出的,如美国耗资300多亿美元的"阿波罗"登月计划,就是运用科学决策的范例。

(七)根据决策目标的数量,可以把决策划分为单目标决策和多目标决策

1. 单目标决策:是指需要实现一个目标的决策。

2. 多目标决策:是指决策的目标有两个或两个以上的决策。与单目标决策相比,多目标决策的难度要大一些,特别是当要实现的多目标相互矛盾的时候,难度就更大。比如,企业员工工资与企业利润要同步增长。

决策类型的划分方法和种类比较多,以上只是七种比较常见的决策类型,如按决策者所在的层次,可以划分为高层、中层、基层决策;按决策的量化程度,可以把决策划分为定量决策和定性决策;按决策所要解决的问题划分,可以把决策划分为初始决策和追踪决策;根据时间的压力,可以把决策分为稍纵即逝的决策、从容化的决策、无关紧要的决策、等待时机的决策等。

五、影响决策的因素

(一)环境

组织环境决定着组织决策的内容、频率、决策的类型、决策的方法。如,一个生产性的企业,可能考虑的更多的是如何改进生产技术,以降低成本,提高生产产量的问题;而一个研发单位,可能考虑的更多的是产品的性能、款式等。又如,组织处在低不确定的环境中,其决策相对简单,一般是确定型和程序型的决策;而处在高不确定环境中的组织,需要经常对其经营活动做重大的调整,其决策相对复杂,一般是风险型和非程序型的决策。

（二）过去的决策

今天是昨天的继续，明天是今天的延伸。历史总是以这种或那种方式影响着未来。从决策来看，大多数新的决策都是过去决策的继续，是"非零起点"的决策，决策者无论是过去的决策者还是新的决策者，在做新的决策时，都要考虑过去决策对现在决策的影响。过去决策对目前决策的影响程度主要取决于过去决策与现任决策者的关系状况。因为，决策者通常要对自己的决策负责，因此，一般来讲，如果过去的决策是现在的决策者制定的，那么决策者一般不会对组织活动进行重大调整，而倾向于把资源投入到过去的决策中，以证明自己决策的正确。相反，如果现在的主要决策者与过去的主要决策者没有很深的渊源关系，则会易于接受重大改变。

（三）决策者对风险的态度

现实生活中，许多决策都是在风险条件下做出的。在风险条件下进行决策时，决策者对待风险的态度是影响决策的一个关键因素。决策者对待风险的态度是因人而异、因事而异、因级别地位而异。有些人不喜欢承担风险，有些人喜欢冒险；有些人对某些情况不敢冒风险，而对别的情况却冒险心理极强。敢于冒风险，敢于承担责任，有胆识，有勇气，是对一个成功管理者的基本要求。当然，敢于冒风险不是赌博，有胆识有勇气不是蛮干，决策者必须清醒地认识到决策的风险及带来的后果，通过各种措施提高抵御风险的能力。

（四）组织文化

组织文化是组织成员共同的价值观、行为规范，它告诉人们在大多数情况下和大部分时间内应如何行动。组织文化制约着组织及其成员的行为及行为方式，进而制约着决策活动，它既是实施决策的动力，又是决策实施的阻力。如，在努力工作尽情享乐型文化和按部就班型文化的组织中，由于产品比较稳定、竞争性不强，组织文化偏向于保守、怀旧、维持现状。在这种组织中,人们通常会根据过去的标准来判断现在的决策,总担心在变化中会失去什么,从而对将要发生的变化产生怀疑、害怕和抵制的心理,进而在行为上反对变革。又如,在硬汉型文化和赌注型文化的组织中,由于产品更新快、竞争激烈,组织文化偏向于创新、竞争、冒险。在这种组织中,人们通常会以发展的眼光来分析决策的合理性,总希望在变化中得到什么,从而渴望变化、欢迎变化、支持变化。①

一项新的决策需要原有组织文化的配合与协调,决策时应考虑所做决策尽量与组织文化相适应,不要破坏原有的组织文化。但是,当组织环境发生重大变化,组织必须进行重大变革时,不能一味迎合原有的组织文化,将决策方案修订得与现有的组织文化相一致,而是要对组织文化进行相应的调整,以便组织变革得以顺利进行。②

(五)时间

时效性是决策的重要特征之一。"机不可失,失不再来",再好的决策方案,一旦过了有效期,就失去了意义。因此,决策是有时间限制的,决策时间的长短对决策具有重要的影响。按时间对决策的压力,决策可以有四种情况:一是稍纵即逝的决策:这种决策,时间一过,再好的决策都会毫无意义。所以,这种决策,压力不在问题本身,而在于时间。二是从容化的决策:在一定的时间范围内做出决策,找一个较好的方案比决策的速度更重要,如制定五年计划。与稍纵即逝的决策比较,前者如果不及时做出决策会造成重大危害或损失,要追究负责人的责任,不能等,必须决策;后者如果没有及时决策也不会给组织带来危机,只是会使组织失去机会。三是无关紧要的决策:有时间及早决策,没有时间可以丢在一边。四是等待时机的决策:问题已经出现,但不明朗,决策的时刻没有到来,可以等待时机成熟或问题明

---

① 郭跃进:《管理学》,经济管理出版社 2003 年版,第 129 页。
② 戴淑芬主编:《管理学》,北京大学出版社 2005 年版,第 80 页。

朗再决策。[①]

六、决策的方法

（一）集体决策方法

常用的集体决策形式有四种：①委员会法（互动小组法）：特点是决策问题明确；参加人员为组织成员；决策方式是共同讨论、协商，如果达不成一致意见，就尊重多数人的意见。优点是相互作用；缺点是容易使政治行为起作用，权力大者、能说会道但无真知灼见者起作用。这种决策实用于日常决策。②德尔菲法：又叫专家法，特点是决策问题明确，以问卷的形式向决策人员提出；参加人员不仅有组织成员，还有组织外部的人员；决策方式是决策人员相互不见面，而是由主持人发出问题书面送达专家，由专家提出书面意见，归纳整理后再送达专家，这样反复多次，直至取得一致意见。优点是不相互干扰、影响；缺点是耗费时间。适用于重大事件的预测和决策。③名义群体：特点是要把解决的问题告知轮廓或关键词；参加人员为组织内外成员；决策方式是，与会者相互见面，但在出主意、想办法时，不允许彼此交谈，提意见也写在纸条上（故名"名义群体"）。优点是不相互干扰、影响，可以防止会议被能说会道但没有真知灼见的人操纵，也可以防止自信心较低而表达力又不强的人的好主意被埋没；缺点是耗费时间。适用于新颖而富于创新的方案。④头脑风暴法：又叫自由思考法，它通过召开小型会议，鼓励与会人员创造性的思考问题，自由发言，相互启发，引起连锁反应，形成新的设想。与会人员在发言讨论时，第一，不允许对不同意见进行反驳，也不允许下结论；第二，鼓励自由思考，思路越广越好；第三，追求数量，意见或建议提得越多越好；第四与会者除提出自己的意见外，还可以发挥别人的设想，或是把别人的意见综合起来产生新的设想。与互动小组不同的是不能反驳

---

① 程凤春：《把握决策的三个纬度：问题、权限和时机》，原载《经济管理》2004 年 19 期，《管理科学》2005 年 2 期转载。

不同意见。⑤戈登法:美国心理学家戈登发明的一种创新技术。它也是一种以小组会议讨论的方式激发创造性想法和观念的方法。与头脑风暴法不同的是,不具体地提出要思考的问题,而是抽象地提出问题(关键词),除主持人外,与会者并不知道要解决的具体问题。如寻求改善食品脱水的方法,可以用"保存"作关键词;解决自行车停放处的问题,可以用"存放"作关键词。这种方法比头脑风暴法更自由,并可能会引发许多对解决其他问题有价值的建议。

(二)确定活动方向的决策方法

企业活动方向和活动内容的选择方法主要有 SWOT 矩阵法、波士顿矩阵法、政策指导矩阵法。SWOT 矩阵法在"组织环境"部分中已作介绍,下面主要介绍波士顿矩阵法和政策指导矩阵法。

1. 波士顿矩阵法

又称经营单位组合法,因这种方法由美国波士顿美国咨询公司建立,所以被称为波士顿矩阵法。企业在开展两项以上经营业务的前提下,管理者经常要对哪些业务需要扩展、哪些业务需要维持、哪些业务需要收缩进行决策。波士顿矩阵法提出,市场增长情况反映市场前景,市场占有率反映经营单位在市场上的相对竞争地位,在做经营业务选择时,应综合考虑各项经营业务的市场前景和在市场上的相对竞争地位。根据市场增长率和企业相对竞争地位这两项标准,可把企业所有的经营业务区分为四种类型:

(1)"现金牛"业务(低市场增长率、高市场占有率):该类经营业务市场前景不好,但相对竞争地位强,能从经营中获得高额利润和高额现金回笼。这类业务虽然被称为企业的"摇钱树",但由于该项业务前景并不好,因而不宜投入很多资金盲目追求发展,而应该将获得高额利润支持其他业务,目的是使"现金牛"类业务成为企业发展其他业务的重要资金来源。

(2)"明星"业务(高市场增长率、高市场占有率):这类经营业务市场前景好,相对竞争地位也较高,能给企业带来较高的利润。但,为了保持优势,不让后来者居上,需要投入很多资金,因此,这类业务无论其所回笼的现金还是所投入的现金,数量都非常大,两者相抵后的现金流可能出现零或者负值状态。不过这类业务增长率缓慢以后,它就会变成"现今牛"。

(3)"问号"业务(高市场增长率、低市场占有率):又称"幼童"业务。这类业务有较好的市场前景,但相对竞争地位低。由于高增长要求大量的资金投入,而较低的市场占有率又只能带来很少量的现金回笼,因此,要尽量提高市场占有率,使其成为"明星"业务。该领域市场占有率低,资金生成少,投入多,能否成为"明星类"业务,风险较大,是否值得投资,应慎重选择。

(4)"瘦狗"业务(低市场增长率、低市场占有率):这类业务在竞争中处于劣势,没有太大发展前途,应采取缩小规模,或者清算放弃的策略。

比较理想的经营业务组合情况应该是:企业有较多的"明星"类和"金牛"类业务,同时有一定数量的"问号"类业务和极少量的"瘦狗"类业务,这样企业在当前和未来都可取得比较好的现金流量平衡。不然的话,如果产生现金的业务少,而需要投资的业务过多,企业发展就易陷入现金不足的陷阱中;或者相反,企业目前并不拥有需要重点投入资金予以发展的有前景的业务,则企业就面临发展潜力不足的战略性问题。

根据企业现有经营业务各自的特性和总体组合的情况,决策者可根据以下两条来确定经营和发展的战略:一是把"金牛"类业务作为企业近期利润和资金的主要来源来加以保护,但不作为重点投资的对象;二是本着有选择和集中地运用企业有限资源的原则,将资金重点投放到"明星"或将来有希望的"问号"类业务上,并根据情况有选择地抛弃"瘦狗"类业务和无望的"问号"类业务。如果企业对经营的业务不加区分,采取一刀切的办法,规定同样的目标,按相同的比例分配资金,结果往往是对"金牛"和"瘦狗"类业务投入了过多的资金,而对企业未来生存发展真正依靠的"明星"和"问号"类业务则投资不足。这样的决策是没有战略眼光的。

2.政策指导矩阵法

这种方法由荷兰皇家壳牌公司创立,它用矩阵形式,根据市场前景和相对竞争地位来确定企业不同经营单位的现状和特征。市场前景由盈利能力、市场增长率、市场质量和法规限制等因素决定,分为好、中、差三种。竞争能力受到企业在市场上的地位、生产能力、产品研发等因素的影响,分为强、中、弱三类。两种标准、三个等级的组合,可把企业的经营单位分成九种不同类型。这九种不同的类型又可简化为三种类型,一是市场前景和相对竞争能力在中等及其以上的,属成长型经营单位,可以选择投资;二是市场前景和相对竞争能力在中等及其以下的,属停滞型经营单位,可以选择缩小或停止经营;三是市场前景和相对竞争能力,两者都在中等或一者在高等时,属收益型经营单位,可以选择扩大经营。

波士顿矩阵法与政策指导矩阵法,分析的角度和基本思路是一样的,只不过前者把企业的各经营单位分为四种,后者则分为九种。如好的市场前景和强的竞争能力组合,相当于"明星"类业务;差的市场前景和弱的竞争能力组合,相当于"瘦狗"类业务;差的市场前景和强的竞争能力组合,相当于"现金"类业务;好的市场前景和弱的竞争能力组合,相当于"问号"类业务。

(三)有关行动方案选择的分析评价方法

分析评价和选择决策方案的方法主要有确定型决策方法、风险型决策方法、非确定型决策方法三种。

1. 确定型决策方法:常用的方法有线性规划法和量本利分析法。线性规划法是在一些线性等式或不等式的约束条件下,求解线性目标函数的最大值或最小值的方法。量本利分析法,又称保本分析法或亏盈平衡法,它是通过考察产量、成本和利润的关系以及亏盈变化的规律来为决策提供依据的方法。通过量本利分析法,我们可以得出以下信息,供决策分析之用:①保本产量;②各个产量上的总收入;③各个产量上的总成本;④各个产量上的总利润;⑤各个产量上的总变动成本;⑥安全边际,即方案带来的产量与保本产量之差。

2. 风险型决策的方案选择法:风险型决策的方法主要有决策表法和决

策树法。其方法就是用表格和决策树描述各种方案在不同自然状态下的收益的基础上,计算每种方案的期望收益从而作出决策的方案。

3.非确定型决策的方案选择法:非确定型决策的方案主要有:①小中取大法:采用这种方法的管理者对未来持悲观的态度,认为未来会出现最差的自然状态,不论采取哪种方案,都只能获取该方案的最小收益,因此,这种方法又被称为悲观准则法。采用小中取大法进行决策时,首先计算各方案在不同自然状态下的收益,并找出各方案所带来的最小收益,即在最差自然状态下的收益,然后进行比较,选择在最差自然状态下收益最大的方案。②大中取大法:采用这种方法的管理者对未来持乐观的态度,认为未来会出现最好的自然状态,不论采取哪种方案,都能获取该方案的最大收益,因此,这种方法又被称为乐观准则法。采用大中取大法进行决策时,首先计算各方案在不同自然状态下的收益,并找出各方案所带来的最大收益,即在最好自然状态下的收益,然后进行比较,选择在最好自然状态下收益最大的方案。③最小最大后悔值法:管理者在选择了某方案以后,如果将来发生的自然状态表明其他方案的收益更大,那么,他会为自己的选择而后悔。最小最大后悔值法就是使后悔值最小的方法。采用这种方法决策时,首先计算各方案在不同自然状态下的后悔值(某方案在某自然状态下的后悔值=该自然状态下的最大收益值—该方案在该自然状态下的收益),并找出各方案的最大后悔值,然后进行比较,选择收益,即在最好自然状态下的收益,然后进行比较,选择最大后悔值最小的方案。①

七、决策与计划

计划与决策是何关系,两者中,谁的内容更为宽泛,或者说哪个概念是被另一个概念包容的? 管理理论研究中对这个问题有着不同的认识。

1.计划包含了决策的内容:以法约尔的一般管理理论为代表的古典管

---

① 周三多、陈传明、鲁明泓编著:《管理学原理与方法》,复旦大学出版社2009年版,第231页。

理理论认为,管理有四项职能,即计划、组织、领导、控制,因此,计划是管理的首要工作,它包括环境分析、目标确定、方案选择等过程,决策只是计划的一部分。美国学者西斯克认为,"计划工作在管理职能中处于首位",是评价有关信息资料、预估未来的可能发展、拟定行动方案的建议说明"的过程,决策是这个过程中的一项活动,是在"两个或两个以上的可选择方案中作一个选择。"①

2.决策包含了计划的内容:以西蒙为代表的决策理论则认为,管理就是决策,即决策是管理的核心,它贯穿于整个管理过程。因此,决策不仅包括了计划,而且包括了整个管理过程。

3.决策与计划是两个相互区别、相互联系的概念:国内学者周三多认为,决策与计划是两个相互区别、相互联系的概念。说它们是相互区别的,因为这两项工作要解决的问题不同。决策是对组织活动方向、内容以及方式的选择;计划则是对组织内部不同部门和不同成员在一定时期内的行动任务的具体安排。如果说,决策工作确立了组织生存的使命和目标,描绘了组织的未来,那么计划工作是一座桥梁,它把我们所处的此岸和我们要去的彼岸连接起来,给组织提供了通向未来目标的明确道路,给组织、领导、控制等一系列管理工作提供了基础。因此,决策是计划的前提,计划是决策的逻辑延续。

① [美]亨利·西斯克:《工业管理与组织》,中国社会科学出版社1995年版,第92、94页。

组织结构类型及组织力量的整合

在法约尔的管理职能理论中,组织工作是管理工作的第二项职能,因为,一个计划要得到很好的制定和执行,必须要有一个好的组织结构。组织工作是一个过程,它包括:制定组织目标——设计组织结构——设计岗位或职务——人员配备——协调和整合。在这个过程中,组织结构的设计及各种组织力量的整合,关系到组织任务的分工及组织作用的发挥,是组织工作的核心。因此,组织工作就是制定组织目标,设计、维持、变革组织结构,并整合组织力量,使组织充分发挥作用,完成组织目标的过程。

一、组织结构设计

组织结构设计是组织中正式确定的使工作任务得以分解、组合、协调的框架体系①。它包含三个方面的内容:一是限定组织中的正式报告关系,即职权层级数目和管理幅度;二是确定将个体组合成部门、部门组合成整个组织的方式;三是设计确保跨部门沟通、协作与力量整合的制度。②

组织结构设计包括纵向和横向两个方面,纵向结构与组织的层次有关,横向结构与组织的幅度有关。横向划分部门的方法主要有:

1. 按职能划分:即按工作性质划分部门,相同或者相近的工作同置一个部门,如行政事业单位的职能部门,纺织企业的纺纱、织布、印染车间,钢铁企业的炼铁、炼钢、轧钢车间,都属职能部门化。按职能划分部门遵循专业

---

① 罗宾斯斯蒂芬·P. 罗宾斯:《管理学》第四版,中国人民大学出版社1997年版,第267页。
② 理查德·L. 达英特:《组织理论与设计》,清华大学出版社2003年版,第102页。

化的原则,是最普遍的一种部门化方法。优势:分工精细,专业化程度高,有利于提高管理人员的专业技术水平和管理水平。局限性:不利于高级管理人才的培养;各职能部门之间的协调难度大。

2.按产品划分:即把生产或销售同一种产品的工作置于同一部门,如通用汽车公司按产品划分部门,可划分为别克事业部、雪佛兰事业部、通用轿车事业部、货车事业部。企业发展初期,规模小、产品单纯,往往按职能划分部门,但随着企业的成长和产品多样化,企业在设置职能部门的同时,应根据产品来设置部门。优势:便于进行产品或服务的专业化,有利于高层管理人员的培养。局限性:每个部门重复地设置职能部门,增加管理的成本;易产生部门化倾向。

3.按照地理区域划分:如美国电话电报公司和麦当劳按地区划分部门,划分为几大地理区域。按区域划分部门,最先是组织活动在地理上的分散带来的交通和信息沟通的困难,随着通讯条件的改善,不同的社会文化环境成为按区域划分部门的主要原因。优点:有利于因地制宜地制定政策,提高管理的适应性。

4.矩阵组织:从各职能部门中抽调有关人员,分派他们在一个或多个项目小组中工作的一种组织设计。如领导小组、指挥部、工作组、筹备组、项目小组。优点:有利于各职能部门的协作和配合;有利于各部门人才、技术、资源等优势综合在一起,并统一调度。缺点:一般为临时性组织结构,稳定性差;成员接受双重领导。适用范围:项目管理;要求创新的组织(如开发新产品),或组织为适应环境变化进行改革时。

除以上四种划分方法外,还有其他一些划分方法:如按人数划分:如军队;按时间划分:如早、中、晚班;按顾客划分:即依据共同的顾客来划分,如高校中的研究生院、成人教育学院等;按流程划分:纺织企业的纺纱、织布、印染车间。

部门化的方法可以进一步归纳为两种类型:即按职能划分和按目的划分,其中,产品部门化、顾客部门化、地区部门化都属按目的划分。在部门化方面,最近出现了两种趋势:一是顾客部门化愈来愈得到普遍使用,被认为是能更好地监控顾客的需要并能对其需要变化作出更好的反应的一种部门化方式。另一种趋势是，跨职能团队愈来愈受到管理者的青睐，这就是将各专业领域的专家们组合在一起协同工作。

二、组织结构类型

1. 直线型组织结构：这是一种最古老、最简单的集权式组织结构形式，又称单线型结构或军队式结构。其领导关系按垂直系统建立，不设专门的职能机构，自上而下形同直线。①特点：各级主管人员对所属下级有直接的绝对领导指挥权，下级只能向一个上级报告，权力高度集中，上下层层节制，层层负责，形成一个金字塔型的指挥链。②优点：结构简单，权力集中，权责关系明确；决策比较容易和迅速，解决问题及时。③缺点：主管要处理本层级上的各种事务，难免顾此失彼，不能细致、周到的考虑所有问题，特别是企业的规模扩大以后，决策风险大，一旦决策人犯错误，会殃及整个组织；缺乏专业化管理分工，经营管理事务依赖于少数几个人，要求企业领导人必须是经营管理全才，但这是很难做到的。④适用范围：最简单的一种组织结构，适用于草创时期、规模较小、工作任务单一（没有必要按职能实行专业化管理）的小型组织，或现场作业。⑤管理原则：逐级原则，即上级对下级可以越级检查，但不能越级指挥；下级对上级可以越级申诉，但不可以越级报告。

2. 职能型组织结构：又称多线型组织结构，按职能实行专业化分工，在总负责人下设立专门化的职能机构，各职能机构在自己的职责范围内都有权向下发布命令和指示。①特点：各部门各自奉上级的命令实现其专业化管理，在各自的职能范围内，有权向下级单位下达命令和指示，因此下级直线主管除接受上级直线主管的领导外，还要接受上级各职能部门的领导。②优点：分工精细，专业化程度高；可以减轻直线领导人（主管）的负担。③缺点：实行多头领导，违背了"统一指挥"的原则，容易造成"令出多门，无所适从"，从而引起管理上的混乱；容易导致"隧道视野"现象，无大局观，横向联系差；在科技迅速发展、经济联系日益复杂的情况下，对环境发展变化的适应性差;强调专业化,使主管人员忽略了本专业以外的知识,不利于培养上层管理者。在实际工作中,事实上不存在纯粹的职能型组织结构。④适用范围:适用于工作任务比较复杂,分工精细的组织。⑤管理原则:"各行其道,各尽其职,各负其责。"

3.直线职能制:以直线制结构为基础,在直线主管的领导下设置相应的职能部门,实行直线主管统一指挥与职能部门参谋、指导相结合的组织结构形式。①特点:按组织职能来划分部门和设置机构,实行专业分工,并实行统一指挥;将管理机构和人员分为两类,一类是直线指挥部门和人员,另一类是参谋部门和人员;直线指挥机构和人员在职权范围内对直接下属有指挥权和命令权,并对此负担全部责任;职能机构是垂直领导机构的参谋和助手,没有直接指挥权,其职责是向上级提供信息和建议,并对业务部门实施指导和监督,是指导关系,而非领导关系。②优点:扬长避短,既保证了统一指挥,又遵守了专业化分工原理,同时又克服了直线结构中直线领导事必亲躬,工作繁杂的问题;各级直线主管人员都有相应的职能机构和人员作为参谋和助手,从而提高了管理的效率。③缺点:下级部门的主动性和积极性的发挥受到限制;各参谋部门和直线指挥部门之间不统一,易产生矛盾,使上层主管的协调工作量增大;整个组织的适应性较差,反应不灵敏。④适用范围:直线职能制是一种普遍适用的组织形式,我国大多数企业和非赢利组织经常采用这种组织形式。⑤管理原则:参谋建议,直线命令。

4.事业部制(分权制):是一种在直线职能制基础上演变而成的现代企业组织结构。它由美国通用汽车公司总裁斯隆于1924年提出,因此,也被称作是"斯隆模式"。①特点:把企业的生产经营活动,按地区、产品、顾客不同,建立不同的经营事业部,这些事业部一般按直线职能型结构建立;每个事业部作为单独的利润中心,在总公司的领导下,实行统一政策,分散经营,独立核算,自负盈亏;权力下放,管理重心下移,高层管理者利用利润指标对事业部进行控制,只保留人事决策、财务控制、价格幅度以及监督等大权。②优点:权力下放,管理重心下移,有利于最高管理层摆脱日常行政事务,集中精力考虑战略问题;事业部制的主管摆脱事事请示汇报的框架,能主动处理日常工作,增强了责任感,提高了积极性;各事业部集中力量从事某一方面的经营活动,有利于实现高度专业化。③缺点:容易造成组织机构重叠,管理人员膨胀;各事业部独立性强,部门本位主义作怪,考虑问题时容易忽视企业整体利益。④适用范围:经营规模大、生产经营多样化、市场环境差异大、要求较强适应性的大型的或跨国的企业。⑤管理原则:集中政策,分散经营。

事业部制出现后,在广泛运用的基础上诞生了种种变种,如"多维制组织结构"、"超事业部制"等。

5.矩阵式:矩阵型组织结构是指从各职能部门中抽调有关专家或人员,分派他们在一个或多个项目小组中工作的一种组织设计。实际工作中,领导小组、指挥部、工作组、筹备组、项目小组等都属于矩阵型组织结构。①优点:有利于各职能部门的协作和配合;根据工作任务需要,把各部门的人才、技术、资源等优势综合在一起,并统一调度,有利于提高工作效率。②缺点:矩阵型组织结构一般为临时性组织结构,稳定性差;成员接受双重领导,既隶属于原来的职能部门,又隶属于临时性的矩阵式。③适用范围:项目管理;要求创新的组织(如开发新产品),或组织为适应环境变化进行改革时。

6.虚拟组织:又称网络结构组织。它是指组织为了借用外部力量,整合外部资源,以业务外包的形式与具有不同优势的组织互相结成暂时联盟的组织形式。随着知识经济、网络经济的出现和发展,虚拟组织已成为组织变革的方向和有效形式,其目的就是突破企业的有限边界,发挥企业的核心能力,实现外部资源和优势的有效整合,以适应快速多变和个性化的市场需求。根据经济学中交易成本理论,组织内部管理和市场交易可以看作是基于交易成本的两种相互替代的交易方式,市场上的交易成本过大,可以把交易纳入组织内部,用组织内部管理协调的方式降低交易成本;如果组织内部交易成本大于市场交易成本,则可以考虑用市场交易的方式替代组织管理的方式。前者就是企业间的收购与兼并;后者就是通过网络组织,采取外包策略和战略联盟。如戴尔公司(DELL),创建于1984年,到1997年,仅用13年的时间就成长为一个拥有120亿美元资产的大公司。其奥秘就是采用虚拟企业的运作方式(戴尔制),不搞大而全,而是把有限的资源和资金投入到最能够产生市场价值的部分,让其他企业为其生产一般零件。又如:耐克公司(Nike)是著名的运动鞋制造厂商,但实际上耐克公司只有一个很小的制造单位,用来生产耐克鞋的气垫系统,其余几乎100%的业务都是由外部供应商提供的。再如当年佳能研发复印机。众所周知,施乐是最早生产复印机的,为了保持垄断地位,它还购买了几百项与复印机有关的专利。针对施乐复印机市场的这种状况,佳能设计出自己的复印机以后,没有独家生产,而是找美能达、东芝、吕光、夏普等有能力开发生产复印机的厂家,进行联合生产。因此,其产品一上市,性能和成本上都完全可以与施乐媲美,使其迅速成为生产复印机的著名企业。①

三、组织力量的整合

要使组织真正起到聚集和扩大的作用,不仅要设计出合理的组织结构,而且还要正确处理好组织内部的各种关系,整合组织的各种力量。

(一)避免直线权力与参谋权力之间的破坏性冲突

根据组织结构,组织中的部门不外乎两种,即直线部门和参谋(职能)部门;组织的权力也不外乎两种权力,即直线权力和参谋权力;组织中的人员还是不外乎两种人,即直线人员和参谋人员。它们是两种性质不同的部门、权力、人员。直线权力是上下级之间的命令权力关系,它对于达到组织目标具有直接的贡献、负有直接的责任。参谋权力是顾问性、服务性、咨询性、建议性的,旨在协助直线权力有效地完成组织目标,减轻直线人员的负担。

在组织内,由于直线人员和参谋人员各自的职责所在,发生冲突在所难免。正常情况下,适当的冲突是有益的,我们称之为建设性冲突。例如,一

---

①　徐艳梅主编:《管理学原理》,北京工业大学出版社2000年版,第18、27页。

个组织为推出一个改革方案,直线人员和参谋人员举出事实和数据,对方案进行详细的探讨,即使争得面红耳赤,但对方案的关键因素——澄清,最终双方达成共识。这样出台的方案,不管从推行的力度还是实施的效果,都会优于大家一团和气,鼓掌通过出来的方案。另外一类就是破坏性冲突,冲突双方各自抱着找碴的心态,骨头里挑刺,直至发展到人格攻击,这种冲突百害而无一利,小则消耗公司整体的战斗力,大则会破坏组织整个运作机制。在现实组织工作中,这种冲突主要表现在:从直线人员方面来看,当参谋人员对自己有关的工作提出意见和建议时,会认为这是指手画脚,干预自己的工作,并以所谓的"参谋不实际"、"参谋不了解本部门的特点"、"参谋只知纸上谈兵"等理由不予理睬;从参谋人员方面来看,参谋人员主观认定其建议与方案就是科学有效的,直线人员理当遵循,其方案一旦得不到执行时,就会去找上一级直线主管的支持,强迫下一级直线人员接受自己的建议和观点,从而引起直线部门的不满。另外,双方都会过高地估计自己的作用,有了成绩就贪为己有,工作失误就相互推诿。

　　要避免直线权力与参谋职能权力之间的破坏性冲突,首先,双方对各自权力的性质和作用要有科学的认识。从参谋方面来讲,参谋人员要遵守"参谋建议、直线指挥"的原则,他们可以向直线人员推荐自己的意见和建议,但不能把他们的意见和建议等强加给直线人员。从直线方面来说,设置参谋职务、利用参谋人员的专业知识是管理现代组织复杂活动所必需的。其次,要授予参谋必要的职能权力。为了确保参谋人员作用的合理发挥,应授予参谋人员必要的职能权力,使他们不仅具有研究、咨询和服务的作用,而且在某种职能范围内(比如人事、财务等)具有一定的决策、监督权。必须要指出的是,授予参谋人员必要的职能权力,可以保证参谋人员作用的合理发挥,但也会带来多头领导、破坏命令统一性的危险。因此,组织中要谨慎地授予职能权力。再次,虽然直线与参谋的矛盾,往往是参谋人员的"过分热心"所造成的,但直线人员要真正取得参谋人员的帮助,必须首先向参谋人员提供必要的工作条件,特别是有关信息情报。参谋人员只有及时地了解直线部门的活动情况,才能提出有用的建议。一方面埋怨参谋部门不了解情况,建议不切实际,同时,又不愿意为参谋人员研究情况、获得信息提供必要的方便,这是直线人员应该注意避免的态度。①

(二)集权与分权

最高主管可以将大部分的决策权分散下去,也可以将大部分的决策权集中上来,前者叫分权化,后者叫集权化。权力的绝对集中和分散都是不可能的,分权和集权在组织中只是一个程度问题,因为,如果最高主管把他所拥有的职权全部委派给下属,那么他作为管理者的身份就不复存在,也不再会有组织的存在;如果最高主管把权力都集中在自己的手里,这就意味着他没有下属,因而,也就不存在组织。在组织发展的过程中,一直存在着分权与集权的平衡问题,它直接影响着组织的运行效率。集权可提高决策的速度,确保政策的统一和执行的高效,有利于资源的有效利用,但过分集权会降低决策质量、组织适应能力、组织成员的工作积极性,致使管理者陷入日常事务中;分权有利于对组织环境的变化做出迅速的反应,有利于下层管理人员积极性的提高和能力的培养,但过分分权或分权不当即可能引起下级就会各自为政,只考虑局部不考虑整体,只注重短期成效而忽视组织的长期目标,阻碍技术和管理创新的采用,并导致部门割据甚至失去控制。事业部制、终身雇佣制、年工序列制被认为是松下公司的三大法宝,但2001年松下出现历史上第一次亏损情况,许多人认为"事业部制"是造成亏损的重要原因,主要根源是事业部制资金和技术分散,研发能力低,对市场反应速度慢。1997年索尼已如火如荼地在销售平面电视,而松下直到1998年5月才开始生产平面直角电视。② 又如"三株"集团就是因对基层单位失去控制而没落的。把权力完全放下去,下级就会各自为政,只考虑局部不考虑整体,组织的效率就会降低;这个问题是权力分配时的一个基本问题。

组织如何把握集权与分权的"度",以企业为例,一般来讲主要取决于企业的经营环境、行业特点和管理水平等因素。从经营环境和条件讲,如果

---

① 周三多、陈传明、鲁明泓编著:《管理学原理与方法》,复旦大学出版社2009年版,第356页。
② 《都是"事业部制"惹的祸》等4篇文章,《管理科学》2002年第6期。

外部环境好,企业规模庞大、下属企业分布分散,则集中决策代价高,决策速度缓慢并容易失误,应实行"集中政策、分散经营"的事业部制分权组织结构;但在外部环境趋向恶劣、内部资源匮乏、竞争激烈、要求反应速度提高时,则应实行集权策略,使经营管理全过程充分受控而又保持高效率,从而集中人力、物力和财力渡过难关。从行业特点讲,如果组织经营的是高新技术产业,且涉足范围广,若采取集权管理,就很难面面俱到,采取分权则有利于"做好专精,灵活打仗";反之,传统产业的市场相对稳定,生产连续性强,生产指挥控制就要求集中统一。从管理水平来讲,如果企业管理基础工作扎实,业务标准规范,控制系统健全而有力,员工素质普遍较高,则适当的分权可使高层管理人员集中精力考虑重大决策;如果企业管理不规范,分权有可能加剧各下属单位权力和利益冲突,高层管理人员必然陷于日常的协调处理工作。总之,很难找到适合不同企业的权力管理模式,集权与分权,孰轻孰重? 应根据环境和条件的变化动态调整,适时找出集权与分权的结合点,并处理好权力与企业文化(激励、监督等机制)的关系,真正做到"集权有道、分权有序,授权有章,用权有度",从而充分调动每个成员单位的积极性,最终实现企业的战略目标。

(三)科学分权

过分集权会降低决策的质量、降低组织的适应能力、降低组织成员的工作热情。因此,适当并科学合理的分权是提高组织效率的重要措施。分权的途径主要有制度分权和授权两种。

制度分权,是在组织设计时,根据需要,对职位规定必要的职责和权限。

所谓的授权则是上级主管把某些权力授予下级,下级在上级的监督下自主完成工作任务。如上所述,组织的权力既不可能完全集中在上层,也不可能全部放下去,它必须不同程度地分散下去,即不同程度的分权。分权主要有两个途径来实现,一是制度分权,即通过组织结构设计来分配权力;二是主管人员在工作中的授权。授权科学合理与否直接影响着管理者的管理效果和组织的运行效率。要科学合理的授权,应遵循以下原则:首先是"职权与职责"对等的原则。授权是通过分派工作任务的方式表现出来的,在分派工作任务的同时,要授予被授予人相应的权力。例如,负责起草报告的下属,应该被应允从保密的档案中取阅有关资料的权力。其次是逐级授权的原则。授权要一级一级的往下授,越级授权会导致被授予者的权力比中间领导层大,被授予者无意中获得了与中间领导层对抗的权力,使中间领导层感到自己已经不再受组织重视,扼杀他们的工作积极性,进而导致争权夺利的后果。再次是统一指挥的原则。授权者同一个工作只接受一个上级的分派,否则,"一仆难伺二主",容易造成工作的混乱。第四是责任绝对性的原则,即任何上级管理者,不能自己授权下属人员去执行某项工作,自己就不再负该项工作完成好坏的责任。第五是标准不授权的原则。例如,现在一些部门在评选先进甚至履职考核时,经常采用下级给领导打分或同事间相互打分的办法,实际上这是把评选标准或考核标准授权了。这个标准成了个人标准、群众标准,而不是组织标准。由于每个人都有自己的评价标准,有的人觉得要人品好,有的人觉得要能力强,有的甚至被人利用,最后评选或考核成为各种势力、各种人际关系斗争的一个结果。

制度分权与授权虽然都是分权的途径,但两者有明显的区别:①制度分权具有必然性,而授权具有随机性。②制度分权是将权力分配给某个职位,而授权是将权力授予某个人。③制度分权是相对稳定的,而授权可能是长期的也可能是临时的。④制度分权一条组织原则,是组织的纵向分工;授权是一种领导艺术,是一种调动下属积极性、充分发挥下属作用的方法。

(四)发挥非正式组织的积极作用

任何正式组织中都存在着非正式组织,它们相互依存、相互作用,形成组织的两个层面。组织活动以实现组织目标为根本目的,但非正式组织对正式组织目标的实现具有非常重要的作用。从积极作用一面来看,它可以为正式组织产生创造条件、赋予正式组织以活力、促进信息沟通、增强正式组织的凝聚力、维护个人完整人格等作用。从消极的一面来说,当非正式组织目标与组织目标不一致或冲突时,可能会出现集体抵制组织政策或目标,成为组织目标实现的障碍;另外,非正式组织的压力还会影响正式组织的变革,成为组织发展的惰性。因此,要实现正式组织的目标,就要努力克服和消除非正式组织的消极影响,积极利用它的贡献。利用非正式组织,首先,要认识到非正式组织存在的客观必然性和必要性,允许甚至鼓励非正式组织存在,为非正式组织的形成提供条件,并努力使之与正式组织相吻合。其次,非正式组织内"领导"的形成,是在发展过程中自然涌现出来的,具有广泛的民意基础,成员的拥戴程度比正式组织高,号召力强,因此,要做好非正式组织领导人的工作,充分发挥他们的作用,使他们成为正式组织的重要助手。再次,要经常对组织中的非正式组织的形成原因、类型进行观察分析。如果组织中小团体的形成是由于共同的兴趣、相似背景、工作需要等原因形成的,要给予充分的理解。若是由于组织制度与管理的不公平、有争议等原因形成的,管理者应该首先检讨自己工作的不足,通过完善制度、加强管理,使这个小团体因为没有滋生的土壤而自然消亡。又如,在非正式组织的类型上,主要是观察分析是紧密型的还是松散型的,如果是松散型的,则属正常状态,对组织无害;若是紧密型的,可能会对组织带来消极的影响,要及时进行引导,使之朝松散型方向发展。

(五)提高委员会的工作效率

委员会由于可以提高决策的质量(集体决策)、有利于决策的执行(各部门共同决策)、加强部门间的合作、减少纠纷(代表各方利益)等优点,在组织管理中得到了广泛的利用。但要注意的是,委员会也有达到一致意见需要很长的时间(时间上的延误)、决策的折中性(决策的质量有限甚至没有实质内容)、权力和责任的分离(没代表任何人的全部意见,没有人愿意对决策负责)等缺点,弄不好会事倍功半。那么如何才能提高委员会的工作效率呢?

首先,要审慎使用委员会工作的形式:事关组织的全局长远的问题、对时间要求不严格的问题、涉及不同部门利益和权限的问题可以用委员会法。

其次,要选择合适的委员会成员:根据委员会的性质选择恰当的委员。

再次,要确定适当的委员会规模:委员会的规模主要受两个因素的影响,一是沟通的效果;二是委员会的性质。

最后,要发挥委员会主席的作用:委员会的工作成效在很大程度上受到它的主席的领导才能的影响。委员会主席在会议之前要认真准备,讨论过程中要善于组织和引导。

(六) 组织目标和个人目标的整合

美国行为科学家克里斯·阿吉里斯在1957年出版的《个人与组织:互相协调》一书中指出,人的个性的发展有时会同组织的要求发生冲突,这种冲突如果得不到妥善的处理就会个人的个性成长和组织目标的实现带来不利的影响。如果一个人的个性与组织行为不相符,他们可以用以下一种或几种来对付组织:①离开组织;②沿着组织的阶梯往上爬;③产生明显的抵触行为;④对组织的内容和目标毫无兴趣,漠不关心;⑤形成对组织的冷漠和袖手旁观态度以及形成非正式群体,煽动抵触行为;⑥使非正式组织正式化;⑦形成群体规范,使上述③④⑤项所描述的对组织抵触、漠不关心、冷漠和袖手旁观行为成为经常化和规范化的行为;⑧形成一种心理定式,使物质因素变得越来越重要,而人和其他因素变得越来越不重要;⑨向年轻人灌输上述第⑦⑧项。[①]

确实,每个组织都有自己的组织目标,组织中的每个人也有自己的目标。组织目标的实现需要全体组织成员的共同努力,如果组织成员的个人目标能够与组织目标保持一致,组织目标就能够实现;反之,组织目标就很难实现。如在电影《沙漠兄弟连》里,中尉和他连队里每个士兵的个人目标非常明确,就是"打完仗后活着回家",而组织(意大利军队)的目标也是非常明确,就是打赢阿拉曼这场战斗。显然,这是不能统一在一起的个人目标和组织目标,因为,在当时的战争背景下,打赢战斗要以很多的士兵死去为代价的,也就意味着很多的士兵不能实现"活着回家"的个人目标。当然,

---

① 孙耀君主编:《西方管理学名著提要》,江西人民出版社1995年版,第207页。

这场战争也以"组织(意大利军队)"失败而结束,没有实现组织的目标。

要协调好组织目标和个人目标,首先应进行目标向量分析。向量是指有大小、有方向的射线。用向量表示目标的大小和方向称之为目标向量。目标向量的大小是指目标的大小,目标向量的方向是指目标的方向。在个人目标中,有些是对组织目标有贡献的,有些只对个人目标有贡献。这就是说个人目标由两个部分构成,即对组织目标有贡献的公目标和只对个人目标有贡献的私目标。假设我们用"I"代表个人目标向量,用"P"代表公目标向量,用"Q"代表私目标向量,这样,公目标与私目标相结合构成个人目标,即 I = P + Q。对这三者的关系进行分析,我们可以得出以下八种类型:①双赢型:即 I = P 时,组织成员的私目标完全融于公目标内,当公目标到达时,私目标也同时到达,个人的努力及成果不但完全对组织有利,同时也完全能够满足个人的私目标。②大公无私型:即 I = P − Q 时,公目标虽然有利于组织目标的完成,但这是以牺牲组织成员私目标为前提的,也就是说组织成员在致力于达到公目标的过程中,私目标受到损害。③非 100% 贡献型:即 I = P + Q 时,组织成员的私目标对组织有贡献,但并非 100% 地符合组织的要求。④图谋私利型:即 I = Q 时,组织成员的努力及成果完全在于追求个人私目标的达到,对组织毫无贡献。⑤谋私不成反受其害型:即 I = − Q 时,组织成员的努力对组织目标不仅毫无贡献,而且组织成员谋私不成反受其害。⑥损人利己型:即 I = − P + Q 时,组织成员为了追求私目标,损害了组织的利益。⑦两败俱伤型:即 I = − P − Q 时,组织成员的所作所为对个人目标和组织目标都有损害。⑧最差劲型:即 I = − P 时,组织成员没有私目标,但处处与组织作对,如果有组织成员有私目标的话,那就是完全旨在破坏组织目标的到达。

在以上的八种类型中,最理想的个人目标向量是① I = P,其次是② I = P − Q 和③ I = P + Q;较差的是⑥ I = − P − Q 和④ I = − P + Q;最差的是⑤ I = − P。在一个组织中,个人目标与组织目标不一致或存在分歧,这是很正常的事情,因此,管理者应该在目标向量分析的基础上,及时与下属进行沟通,帮助其制定个人目标,并促使员工理解个人目标与组织目标之间的关系以及取舍。通常,那些看到组织目标与个人目标有直接关系的员工更容易产生强烈的工作欲望和工作热情,并且具有更高的积极性,在这种情况下组织目标的实现就比较容易。最后,如果个人目标与组织目标具有不可调和的矛盾,组织应要求个人目标必须服从组织目标。①

①　邵冲编著:《管理学概论》,中山大学出版社 1998 年版,第 92 页。

组织环境

一、组织环境的特征及其与组织的关系

所谓的组织环境是指对组织绩效起潜在影响的外部力量。[①] 组织环境具有客观性、差异性、多变性、相关性、可影响性等特征。客观性是指环境作为组织外在的不以管理者意志为转移的因素,对组织的管理活动的影响具有强制性和不可控性;组织要适应环境,而不可能是环境满足组织,这是组织与环境关系的基本点。差异性是指不同的国家或地区之间,宏观环境存在着广泛的差异;不同的组织,微观环境也千差万别。多变性是指构成组织环境的诸因素都受众多因素的影响,每一个环境因素都随着社会经济的发展而不断变化。如,20 世纪初,只把市场看作是环境;30 年代,将政府、工会、竞争者纳入环境因素;60 年代,将自然生态、科学技术、社会文化等作为重要的环境因素;90 年代,将政治、法律纳入环境研究当中。相关性是指组织环境诸因素间,相互影响,相互制约,某一因素的变化,会带动其他因素的相互变化,形成新的管理环境。可影响性是强调组织对环境的适应性,并不意味着组织对环境无能为力或束手无策,只能消极地、被动地改变自己以适应环境,而是应从积极的角度出发,主动地去适应环境。[②]

达尔文在 1859 年出版的震动当时学术界的《物种起源》一书中提出了

---

① ［美］斯蒂芬·P. 罗宾斯:《管理学》(第四版),黄卫伟等翻译,中国人民大学出版社、PrenticeHall 出版公司 1997 年版,第 64 页。

② 吴键安主编:《市场营销学》,高等教育出版社 2007 年版,第 85 页。

以自然选择为基础的"进化学说",指出事物发展与环境变化的关系是"适者生存,不适者淘汰"。这个论断不仅适用于生物界,也适用于社会的发展。组织作为一个与外界保持密切联系的开放系统,需要与外界不断地进行各种资源和信息的交换,其运行和发展同样要受"适者生存,不适者淘汰"的社会进化规律支配。环境与组织的关系主要表现在:

首先,环境为组织活动提供条件。组织生产什么、生产多少、如何生产、为谁生产,都与所在地区的自然环境、人口环境、市场环境、技术环境等息息相关,离开这些环境,组织的经营活动便会成为无源之水,无本之木。

其次,环境会限制组织的生存和发展。环境在为组织活动提供条件的同时,也限制着组织的生存和发展,任何一个组织在选择活动方向和内容的时候,必须要考虑是否与组织的环境相匹配。

再次,环境的变化为组织提供机遇或挑战,组织环境是不断变化的,这种变化要么给组织带来机会(机遇),要么带来威胁(挑战)。例如,新能源新技术的利用可以帮助企业开发新的产品,这对组织来讲就是机遇;又如,技术条件或消费者偏好的变化,可能使企业的产品不再受欢迎,这就是威胁。组织分析研究环境的目的就是利用机会,避开威胁,扬长避短,趋利避害。

最后,组织行为也会对环境产生影响。组织要生存和发展,就必须适应和服从所处的环境。但是,组织对环境的适应不是被动、消极的,而是能动的、积极的,即组织可以通过各种方式对环境加以控制,尤其在具体环境方面,组织可以发挥更大的作用。比如在影响竞争对手方面,美国通用汽车公司曾通过降低产品价格,迫使福特和克莱斯勒公司也分别降低各自产品的价格。[①] 又如,1996年,中国长虹电器公司采取降低彩电价格策略,首次发动降价,中国近10年的彩电价格大战开始。经过"价格战",长虹不仅扩大了国内市场占有率,而且国产品牌一举动摇了洋品牌在中国市场的地位,占

---

① 王晓君主编:《管理学》,中国人民大学出版社2004年版,第56页。

领了彩电市场超过 2/3 的市场份额。①

管理环境的类型,从不同的角度划分,可以划分为多种类型。按照对管理过程的影响关系,组织的环境可以分为一般环境和具体环境。一般环境包括组织外的一切,它包括经济因素、政治条件、社会背景及技术因素,还包括那些能影响组织但联系尚不清楚的条件。具体环境是与实现组织目标直接相关的那部分环境,它包括供应商、客户、竞争者、政府机构及公共压力集团。具体条件对于每一个组织而言都是不同的,它对组织的绩效产生直接的影响,管理当局通常将大量的注意力集中于组织的特定环境。②

二、组织的一般环境

一般环境包括政治环境、经济环境、社会文化环境、技术环境、地理自然环境、人口环境等。

(一)政治法律环境

政治环境包括一个国家的社会制度、党派关系、执政党的性质、总的政治形势、政策倾向、政府的方针政策等。组织要对所在国的政府政治环境进行分析研究,及时了解国家和政府目前"允许做什么"、"禁止做什么"、"鼓励做什么",从而使组织的活动符合社会利益,受到政府的保护和支持。例如,可口可乐在以色列办厂时受到阿拉伯国家的反对,因为它有利于以色列发展经济;而可口可乐公司在以色列销售可口可乐饮料,却受到了阿拉伯国家的欢迎,因为这有利于消耗以色列的外汇,削弱经济实力。又如,自 2003年以来,我国固定资产投资过快增长和部分行业投资过热,导致出现经济过热迹象,中央开始进行宏观调控,特别是对钢铁、电解铝、水泥等的生产进行严格控制。而此时,江苏铁本钢铁公司无视国家的这一宏观调控政策,圈地6541 亩,授信贷款 40 亿元筹建一个年产钢铁 850 万吨的中国最大的民营钢铁公司。2004 年 4 月 28 日,温家宝总理主持召开国务院常务会议,要求严肃处理铁本公司的有关责任人,铁本公司有关人员被拘留,八名有关政府官员被查处,建设停止,导致银行的 25 亿元贷款变成砖瓦高炉,占用的耕地无法复耕,失去土地的农民流离失所,参加建设的 6000 多人失业,给当地经济建设和公司造成了不可挽回的损失。①

　　法律环境指国家或地方政府颁布的各项法规、法令和条例等,它体现国家的意志,由国家强制力保证实施。从当前企业营销法律环境来看,主要有两个明显的特点:一是管制企业的立法增多,法律体系越来越完善;二是政府执法更严。在依法治国的今天,政府主要是通过法律手段对企业进行管理和控制。有关企业管理和控制的法律主要有三个方面的内容:①保护企业间的公平竞争,如反垄断法;②保护消费者的正当权益;③保护社会的长远利益和整体利益,尤其是防止对环境的污染和生态的破坏。目前,我国已经颁布的有关企业管理活动的法律法规主要有《公司法》、《反不正当竞争法》、《税收征收管理法》、《广告法》、《商标法》、《价格法》、《环境保护法》、《专利法》、《食品卫生法》、《进出口关税条例》等。

　　在全球化的国际市场经济条件下,企业欲进入国际市场,还必须了解熟悉国际法及各国的法律法规。例如,日本有些企业研究发现,美国法律中有这样一条规定:一种产品在美国生产的零部件价值若占产品总价值的 50%以上,可认定为美制产品,享受美国产品的种种优惠待遇。日本的一些企业便将这一规定灵活运用于对美国市场的经营活动,将一件 20 个部件组成的产品,19 件都在其他地方生产,而将一件价值最大的部件在美国生产,然后将其他部件运抵美国组装,在美国市场销售,从而获得最大利润。②

---

① 《南方周末》2004 年 5 月 20 日、央视 2004 年 5 月 31 日《对话》。
② 刘传江主编:《市场营销学》,中国人民大学出版社 2008 年版,第 29 页。

(二)经济环境

经济环境包括宏观和微观两个方面。宏观方面主要包括人口数量及其增长趋势、通货膨胀、经济发展水平及其趋势、国民收入、国民生产总值及其变化等;微观方面包括组织所在地区或所需服务地区消费者的生产要素价格、收入水平、消费偏好、储蓄情况等。经济环境对组织发展的影响也是间接的,但比起政治环境又相对更直接一些,特别是营利性的组织。如一个国家的 GDP 总额反映一个国家市场的总容量、总规模;增幅反映一个国家经济发展的速度。人均国民收入(个人收入)则大体反映一个国家人民生活水平的高低,反映购买力水平的高低,一定程度上决定商品需求的构成。一般来说,人均国民收入增长,对消费品的需求和购买力就会增大,反之,就小。根据近 40 年的统计,一个国家人均国民收入达到 5000 美元,就可以普及机动车,其中,小轿车约占一半,其余为摩托车和其他类型的车。个人可支配收入反映实际的购买力,其中,可任意支配收入是消费需求变化中最活跃的因素,它一般用于购买耐用品、旅游、储蓄等产品。

又如,企业的经营管理活动要受到一个国家或地区经济发展状况的制约。经济发展阶段不同,居民的收入不同,顾客对产品的需求也不一样,从而在一定程度上影响企业的经营活动。美国学者罗斯托(W. W. Rostow)的经济成长阶段理论,把世界各国的经济发展归纳为五种类型,发展中国家一般属于传统经济社会、经济起飞阶段、经济起飞前的准备阶段;发达国家一般属于迈向经济成熟阶段、经济成熟阶段。在经济发展水平低的国家和地区,其机器设备大多是一些投资少、耗劳动力多、简单易操作、较为落后的设备;产品侧重功能和实用性,价格因素比品质更为重要。经济发展阶段高的国家和地区,着重投资于较大的、精密、自动化程度高、性能好的生产设备;在重视产品基本功能的同时,比较强调款式、性能及特色;非价格竞争较占优势。

又如,产业结构对企业的经营活动也会产生巨大的影响。产业结构经济发展水平不同而呈现出极大的差异,按其发展水平大致可分为:①原始农业型(自给自足):目前,全世界有31个最不发达的国家,如阿富汗、孟加拉国、尼泊尔等。这些国家主要从事农业生产,基本属于自给自足的自然经济,其主要任务是维持人的基本生存,少有商品推销机会。②原料出口型:又叫"单一经济"国家,这些国家某种自然资源十分丰富,其他资源贫乏,因而以该种自然资源的出口换汇便成了国民经济的支柱,对生活消费品的进口依赖性很强,市场潜力很大,而且有改变"单一经济"的欲望,是国际营销的主要对象。比如,刚果出口橡胶,沙特阿拉伯出口石油,智利出口锡、铜。③工业发展型:又叫工业过程国家。处于工业化初期,已建立一定工业技术基础。它们需要先进的设备和本国无力生产的关键中间产品;制造业占有重要地位,经济增长比较迅速;出口总额中,半成品的比重不断增长;对纺织、钢铁等原材料的进口依赖程度增大,而对纺织品、纸制品等制成品的进口需求日趋减少。这类国家是国际贸易中最具活力、最有发展潜力的市场,它们对发展国际贸易有着浓厚的兴趣。如埃及、新加坡、菲律宾、巴西、阿根廷等。④工业发达型:工农业高度发达,有实力雄厚的工业基础,往往成为商品和资金的重要输出国。工业发达型国家大多是高技术产品、资金、技术的出口国,但又是大量传统商品的最大市场。这些国家生产力发达,经济水平高,因而成为各类产品的倾销市场。如日本、美国以及西欧国家和地区都属于这类国家。①

再如人口环境。市场是由有购买欲望同时又有支付能力的人构成的,人口的多少直接影响市场的潜在容量,即市场规模;人口和家庭结构又影响着需求的结构。世界人口环境正在发生明显的变化,主要趋势是:①全球人口持续增长;②美国等发达国家人口出生率下降,而发展中国家出生率上升。2006年的世界人口现状报告显示,世界人口已经突破65亿(其中,80%属于发展中国家),且每年以8000~9000万的速度在增长。我国人口已突破14亿(2005年为13亿),并以每年1000多万的速度在增长。③由于科学发展、人口寿命延长、死亡率下降以及美国等发达国家出生率下降,

① 吴键安主编:《市场营销学》,高等教育出版社2007年版,第443页。

世界人口年龄结构趋于老龄化,银色市场日渐形成并逐渐扩大。现阶段,我国青少年比重约占总人口的一半,反映到市场上,今后 20 年内,婴幼儿、少年儿童及结婚用品需求将明显增长。目前,我国老龄化现象还不十分严重,但再过一段时间,与世界整体趋势相仿,我国将出现人口老龄化现象,而且人口老龄化的速度将大大超过西方国家,反映到市场上就是老年人的需求出现高峰,诸如保健用品、营养品、老年人生活必需品等市场将会需求旺盛。所以,有人认为,"银发"世界,商机无限;夕阳产业,"钱"景广阔。老年人产业将是 21 世纪最有前景的产业。④世界上普遍呈现家庭规模缩小的趋势,经济规模越发达,家庭规模越小。欧美等发达国家的家庭规模基本上是户均 3 人左右,亚非拉等发展中国家为 5 人左右。现阶段在我国,"四世同堂"的现象已不多见,"三位一体"的家庭非常普遍,并逐步由城市向农村发展。家庭数量的剧增,必然引起对炊具、家具、家用电器、住房等需求的增加。

(三) 社会文化环境

社会文化环境包括一个国家或地区的居民教育程度、文化水平、宗教信仰、风俗习惯、审美观念、价值观等。文化水平会影响居民的需求层次,宗教信仰和风俗习惯会禁止或抵制某些活动的进行,价值观会影响居民对组织目标、组织活动以及组织存在的态度,审美观念则会影响居民对组织活动内容、活动方式以及活动成果的态度。

(四) 自然环境

自然环境包括资源状况、气候条件、地理位置等自然因素。中国人做事,向来重视"天时、地利、人和",如果"天时"主要与国家政策相关的话,"地利"则主要取决于自然环境。自然资源可分为三类:一是无限资源,如空气、水等;二是有限但可以再生的资源,如森林、粮食等;三是有限而且不可再生的资源,如矿物、土地等。对于从事物质财富生产和经营的组织来说,自然资源是重要的制约条件。通常,资源的分布影响着产业的布局,从而决定了不同地区不同产业企业的命运。自然资源丰富,组织生存条件就好,反之就差一些。

气候条件及其变化对组织的生产和经营活动也产生着重要的影响。如气候趋暖或趋寒,会影响空调和服装行业的销售;而四季如春,气候温和,则会鼓励人们外出郊游,从而为与旅行有关的产品制造提供机会。

资源状况和气候条件与地理位置密切相关,而且不同的地理位置在经济社会条件上也有差异。例如,我国沿海地区的开放政策吸引了大批外资,促进了投资环境的改善,给原来处在这些地区的各类组织提供了充分发展的机会

当前自然环境面临的难题和趋势是:资源短缺、环境污染严重、能源成本上升等,节能的产品、环保的产品将受到人们的青睐;政府和社会重视环境保护和污染的治理,将为治理污染的技术和设备提供一个很大的市场。

(五)技术环境

任何组织都与一定的技术存在着稳定的联系,一定的技术是一定组织为社会服务或贡献的手段。技术环境对组织的影响主要表现在以下两个方面:第一是科学技术作为第一生产力,一个组织拥有的技术先进与否,对组织的生存与发展影响极大,技术领先的组织比那些没有采用先进技术的组织在同类组织中更具有竞争力。第二,技术进步对管理会产生重要的影响,不同的技术条件和技术过程,要求有不同的组织、领导、管理方式。如信息化的发展推动了电子政府的形成,新型的公共管理模式应运而生;信息化的发展也才使组织结构扁平化有了可能。

三、组织的具体环境

组织的具体环境由竞争对手、供货商、客户、公众四个方面构成。

(一)竞争者

组织的竞争者是指与其争夺资源、服务对象的人或组织。一个组织的

竞争者包括现有竞争对手、潜在竞争对手、替代品生产厂家。

1. 现有竞争对手

从事同种产品制造和销售的通常不止一家企业,面对同一个市场,大家必然会采取各种措施争夺用户,从而形成竞争市场。"知彼知己,百战不殆",现有竞争者对组织的生存和发展具有至关重要的作用。20世纪60年代,美国汽车在北美占有绝大部分的市场份额,日本汽车在美国的占有率低于4%,美国汽车公司根本没有将其作为自己的竞争威胁。1967年,日本汽车在美国的占有率接近10%,但仍然没有引起美国公司的重视。世界石油危机爆发后日本汽车以其省油的特点大受美国用户的欢迎,在美国市场占有率很快上升,美国人这才开始着急,但悔之已晚。1989年,日本汽车在美国市场的占有率已近30%,美国汽车只占有60%。①

对现有竞争对手的分析和研究,首先要从行业基本情况研究入手,这些基本情况主要包括从事这个行业的组织的数量、组织的规模、分布情况、资金技术力量等。基本情况研究的目的是"知彼知己",找到自己的竞争对手。基本情况研究,一般有两种方法,一是根据销售增长率、市场占有率、产品的获利能力三个方面对组织的竞争实力进行判断。从这三个角度对组织进行分析,我们可以把组织分为四类:①市场领导者:属捍卫型,市场占有率为41%~75%,如IBM、麦当劳、可口可乐;②市场挑战者:属攻击型,市场占有率25%~40%,如福特、肯德基、百事可乐;③市场跟随者:属追击型(不落伍),市场占有率为10%~25%,如克莱斯勒、苹果电脑、温迪快餐;④市场补充者:属游击型,没有竞争实力,但有生存基础,市场占有率在10%以下。另外,作为市场主体的组织,还可以按主流市场和次主流市场划分,两者的区别是次主流市场只是主流市场的1/10;主流市场卖大路货,以成本制胜。次主流市场以极特、极优制胜,如宝马、沃尔沃定位次主流市场,不是到处卖,只在专卖店卖。因为宝马的定位是,汽车不是交通工具,而是一

---

① 王晓君:《管理学》,中国人民大学出版社2004年版,第61页。

种享受;而沃尔沃的定位是车就是车,特别强调安全。

　　其次是对主要竞争对手进行分析研究。主要竞争对手的分析研究,主要是分析竞争对手对本组织构成威胁的原因,是技术力量雄厚、资金多、规模大,还是其他原因,实际上就是找出对手竞争实力的决定因素,以便帮助企业制定竞争策略。如,施乐一直是生产复印机的老大,而且为了保持这种垄断地位,购买了几百项与复印机有关的专利,赚了不少钱。后来佳能准备进入复印机行业,并把施乐当作自己的主要竞争对手。于是佳能开始对施乐进行调查研究,一是访问施乐复印机的客户,二是访问没有用复印机的客户,结果发现施乐生产的复印机存在三大问题:一是价格太贵,每台上百万元;二是用起来复杂,需要专门的技术人员来复印;三是保密方面存在安全问题,因为需要专门的技术人员复印,不能保密。针对这些问题,开始设计新的复印机。设计出来以后,佳能没有独家生产,而是找美能达、东芝、吕光、夏普等有能力开发生产复印机的厂家,进行联合生产,由佳能专门进行复印机研发设计,其他公司专门生产相关部件。结果,生产出来的复印机,性能质量都与施乐生产的复印机不相上下。

　　再次是分析研究竞争对手的发展方向。对竞争对手的研究,了解其竞争实力的决定性因素是不够的,还应了解其发展方向。研究竞争对手的发展方向,主要包括市场发展和产品发展动向,分析其可能开发哪些新产品、新市场,从而帮助本组织先走一步,争取时间优势,在竞争中取得主动地位。根据波特的观点,在判断竞争对手的动向时,应分析退出某一产品生产的难易程度。而下列因素可能会妨碍企业退出某种产品的生产:①资产专用性:专用性越强,退出的难度越大;②退出成本:成本越高,退出的难度越大;③心理因素:那些对领导的升迁曾产生过重大影响或组织成功的标志性产品,即使没有了市场,人们在决定其退出时必然会难以割舍,犹豫不决;④政府和社会限制。

　　总之,竞争对手的分析,第一步要知道竞争对手是谁、第二步描述对手的发展状况、第三步分析对手的发展方向、第四步要弄清对手的战略意图、第五步替对手写出五年的发展计划、第六步引导对手的行为。

2．潜在竞争对手

对潜在竞争对手的分析研究，主要是分析研究"新进入者"进入某个行业的难易程度，而这种难易程度主要受到下列因素的影响：①规模经济：单位产品生产成本随着产量的增加而下降，组织经营只有达到一定的规模才能保本或盈利，即"保本产量"或"亏盈平衡产量"，而并非所有的企业都能满足这种规模经营的要求。一般来讲，规模经济越大，进入的难度越大。②产品差别：差别越大，进入的难度越大。产品的差别主要来自两个方面，一方面是客观存在的，它由产品的材料性质、功能特点、外观设计决定；另一方面是主观造成的，如由于广告宣传等因素使得某种产品对消费者具有一种特殊的魅力，获得了广泛的认同，甚至产生了一定的感情，那么新进入者要想把用户吸引过去，就需要付出很大的代价。③在位优势：这是指老厂家相对于新进入者而言所具有的综合优势，这种优势表现在多个方面，如专利、人才、供货渠道、销售网络等。

3．替代品厂家

替代品厂家的分析研究，主要包括两个方面的内容，一是哪些产品可能替代本企业的产品，如各种交通工具就可以相互替代；二是哪些替代产品可能会对本企业的产品或经营造成威胁。替代品的威胁主要来自两个方面，一是替代品给消费者带来的某种使用功能的满足程度，二是消费者获取这种替代品所需付出的费用。根据经济学需求价格弹性理论，决定某种商品需求价格弹性大小的因素主要是需求的强度和替代品的多少，而在一般情况下，替代品越少越缺乏弹性，替代品越多越富有弹性。

（二）用户

用户在两个方面影响着经营者，一是用户对产品的需求情况，包括总需求量、需求结构、购买力。总需求量决定着行业的市场潜力，从而影响行业内企业的发展边界。需求结构和购买力决定着用户的类型、需求结构、购买力水平,从而影响着企业的生产经营策略。二是用户的价格谈判能力,影响用户价格谈判能力的因素有:①购买量的大小:购买量越大,用户的价格谈判能力就越强;②企业产品的性质:如果企业生产的是无差异产品或标准产品,则有利于用户讨价还价;③用户后向一体化的可能性:如果用户是生产性企业,购买企业产品的目的在于再加工或与其他零部件组合,如果用户具备自制能力,则会经常以此为手段迫使供应者压价;④企业产品在用户产品形成中的重要性:如果重要,用户可能对价格不甚敏感,他更关注产品的质量及其可靠性。

(三)供应商

供应商也在两个方面影响着企业的经营,一是能否根据企业的要求按时、按量、按质地提供所需生产要素,它影响着企业生产的维持和扩大;二是所提供产品的价格,它决定着企业生产的成本,影响着企业的利润水平。因此,在分析研究供应商时,也要从两个方面进行,即供应商的供货能力和价格谈判能力。以下因素影响着供应商的价格谈判能力:①供应量的大小;②是否存在其他货源;③是否有替代品;④企业后向一体化的可能性;⑤供应商所处行业的集中程度。

(四)公众

公众是一个内涵广泛的概念,通常是指所有实际的或潜在的关注、影响一个组织达到目标的政府管理部门、社会团体及个人。组织与公众的关系直接或间接地影响组织的行为,组织必须努力和公众建立良好的关系。政府管理部门主要是指国务院、各部委以及地方政府及其相应机构。政府机构一般通过法律来规定组织可以做什么,不可以做什么,以及能取得多大收益。社会团体是指社会特殊利益代表组织,代表着社会某一部分人的特殊利益的群众组织,如新闻单位、工会、消费者协会、环境保护组织等。它虽然没有像政府部门那么大的权力,但却可以通过直接向政府反映情况、利用各种宣传工具制造舆论从而引起人们的广泛关注等方式,对组织施加影响。

事实上,有些政府法规的颁布,部分地是对某些社会特殊利益代表组织所提出的要求的回应。当今社会,社会团体的力量越来越大,组织管理者应充分重视社会团体的作用。①

三、组织环境分析方法

(一)"SWOT"分矩阵析法

"SWOT"矩阵分析法,又称态势分析法,是战略规划学派的主要代表人物安德鲁斯(Andrews)等人于上世纪 20 世纪 80 年代初提出来的。这种分析法把复杂的组织内外部环境归纳为组织内部的优势(strength)和劣势(weakness)、组织外部的机会(opportunity)和威胁(threat)四部分,并把它们之间的相互关系用一个二维平面矩阵简单地反映出来,直观而且简单。认为企业的战略就是组织内部的条件因素和组织外部的环境因素进行匹配的过程。由于优势、劣势、机会、威胁四个英文单词的第一个字母分别是 S、W、O、T,所以我们通常简称为"SWOT"矩阵分析法。在"SWOT"矩阵分析法中,组织的优势和劣势,一般表现在资金、技术设备、人才、产品、市场、管理等方面。判断一个组织的优势和劣势,一般有两项标准:一是单项优势和劣势。如组织资金雄厚,则在资金上占有优势;市场占有率低,则在市场上占劣势。二是综合的优势和劣势。在评估综合的优势和劣势时,应选定一些重要的因素,加以评估打分,然后据其重要程度加权确定。值得注意的是,组织的优势和劣势是相对于竞争对手而言的,衡量一个企业及其产品是否具有竞争优势,只能站在现有竞争对手的角度上,而不是站在自身的角度上。

组织外部环境的机会与威胁,主要是指组织外部的一般环境和具体环境,如出现新的竞争对手、替代品增多、用户和供应商讨价还价能力增强、政

---

① 王晓君:《管理学》,中国人民大学出版社 2004 年版,第 61 页。

府税收增加等,这些都是影响组织当前竞争地位和未来发展的不利因素,它们构成了对组织的威胁。组织不能孤立地看待外部环境的机会和威胁,而必须结合自己的经营目标和内部条件来识别适合于本组织的机会。环境中存在的机会只有在与本组织自身所拥有或将拥有的资源以及与众不同的能力相匹配情况下,它才有可能变成为组织的机会,如果存在于环境之中的机会并不与本企业的资源和能力状况相适应,那么组织就必须首先着眼于改善和提高自身的内部条件。如果说外部环境状况决定了企业"可做什么",那么,内部条件则决定企业"能做什么"。

通过"SWOT"矩阵分析,组织会面临四种情况:①外有机会内有优势:应采取增长型战略,如开发市场,增加产量等,以充分利用环境提供的发展良机;②外有机会内有劣势:应采取扭转型战略,设法清除劣势,以便充分利用环境带来的机会;③外有威胁内有劣势:应采取防御型战略,进行业务调整,设法避开威胁,清除劣势;④外有威胁内有优势:应采取多种经营战略,一方面使自己的优势实力得到更充分的利用,另一方面也使经营风险得到一定程度的分散。

任何组织的经营过程,实际上是不断在其内部环境(优势和劣势)、外部环境(机会和威胁)、组织目标三者之间寻找平衡的过程,即在"能够做的"(组织的优势和劣势)和"可能做的"(组织的机会和威胁)、"应该做的"(组织的目标)之间的有机组合的过程。"SWOT"分析法就是根据组织的目标,对组织自身的内在条件和外部环境进行分析,找出企业的优势、劣势及外部环境机会、威胁之所在,以便发挥组织的优势,把握住外部环境的机会,避开内部的劣势和外部的威胁。如,开拓市场就要避实就虚,针对竞争者"没有做的"和"做不好的"发动进攻。美国"汉堡包大王"发现"麦当劳大叔"一条龙服务中,做得不好的是"只能提供单一口味",没有做的是"只有油炸食品"、"缺少火烤食品",于是趁机发动进攻,向顾客提供适合每个人的"特殊口味"和"火烤"食品。结果汉堡包当年销售额增加了10%,麦当劳下降了3%。

（二）识别环境不确定程度方法

环境的不确定程度关系到组织的经营战略和经营对策,管理学者和组织的领导者向来对此非常重视,进行了大量的研究,其中,美国学者邓肯(Duncan)提出的识别环境不确定程度方法最为人们推崇。他认为要从两个层面来确定组织环境的不确定性程度:一是环境的变化程度,即静态(稳定)和动态(不稳定)层面。环境经常发生变化,是动态的、不稳定的,如计算机行业;反之,则是静态的、稳定的,如公用事业行业。二是环境的复杂性程度,即简单和复杂层面。环境复杂程度主要是指环境中要素的数量及组织所拥有的与这些要素相关的知识广度。环境中要素的数量一般表现为组织与外界部门相关的程度,如很少与外界接触,那么其面临的环境就属于简单型;如果组织必须面对外界许多部门,其面临的环境就属于复杂型。一般而言,组织的规模越大、提供的产品和服务越多,所面临的环境就越复杂。

对以上两个层面进行矩阵组合,我们可以得出四种组织环境不确定性程度矩阵:①高不确定性(环境复杂且不稳定):其特征是环境要素多,且要素之间不相似并处于不断变化之中;对要素了解所要求的知识高;提供的产品和服务多,不能了解最低的需求量。②低—中程度不确定性(环境复杂但稳定):其特征是环境要素少,要素之间有某些相似性并基本维持不变,对要素了解所要求的知识水平不高,提供的产品和服务品种少;能够了解最低的需求量。③高—中程度不确定性(环境简单但不稳定):其特征是环境要素少,并且要素之间有某些相似性,但各要素处于不断的变化当中;对要素了解所要求的知识低;提供的产品和服务品种少,不容易了解最低的需求量。④低不确定性:其特征是要素少,且要素之间有很大的相似性并基本维持不变;对要素了解所要求的知识水平不高;提供的产品和服务品种少,能够准确地了解最低需求量。[①]

---

① [美]斯蒂芬·P.罗宾斯:《管理学》第四版,黄卫伟等译,中国人民大学出版社、PrenticeHall出版公司1997年版,第66页;王晓君主编:《管理学》,中国人民大学出版社2004年版,第63页;郭跃进:《管理学》,经济管理出版社2003年版,第56页。

组织(企业、公司)文化综述

一、企业文化形成与发展的历史背景

就像有了组织就有了管理一样,有了企业和企业管理的存在,就有了企业文化的存在。但是,就像管理到 20 世纪初才逐渐成为一门系统科学一样,企业文化被当成一门科学来对待,有意识地进行研究并运用于企业管理实践,是 20 世纪 80 年代的事情。

企业文化的研究始于美国学者对日本企业和美国企业管理的比较研究。第二次世界大战以后,美国经济快速持续增长,成为世界上第一经济强国,但到 20 世纪 70 年代,美国持续增长了 20 多年的劳动生产率骤然停止了增长。与此同时,日本迅速崛起,经济增长率明显高于美国。1980 年,日本的投资率和国民生产总值增长率均比美国高一倍,国民生产总值跃居世界第三位。[①] 按这个增长速度推算,到 2000 年时,日本的国民生产总值将居世界首位。而在 50 年代占世界经济一半的美国,此时已不到 20%。美国"对日本经济取得成功的主要解释",最初是"日本这种战后奇迹来自高效率的工厂和设备",因此,他们的第一个反应是用新技术武装自己,但是,巨大的资金投入之后,生产率的提高并不明显。最后才发现,美国的失误在于企业管理。于是,从 20 世纪 70 年代末到 80 年代初,一批美国学者,不仅有管理学者,而且有社会学、心理学等诸多学科的学者远渡重洋,赴日本考

---

① 理查得·帕斯卡尔、安东尼·安索斯:《日本企业管理艺术》,陈今森等译,中国科学技术出版社 1985 年版,第 2 页。

察，掀起了美日比较管理学研究的热潮。日本的公司对美国的公司产生了巨大而有力的打击。

随着美日管理学比较研究的深入，学者们又发现，美国管理与日本管理的差异或者说日本管理优于美国管理之处，在于文化的差异或优势，于是，美日管理比较研究最后形成了企业文化研究的热潮。在诸多研究成果中，有四部著作畅销一时，被称为鼓吹企业文化的"四重奏"，是掀起文化研究潮流的主要代表作，并对后来企业文化的研究产生了深远的影响。这四部著作是：①理查德·帕斯卡尔和安东尼·安索斯 1981 年 2 月出版的《日本企业管理艺术》；②威廉·乔治·大内 1981 年 4 月出版的《Z 理论——美国企业界如何迎接日本的挑战》；③雷斯·E. 迪尔（Terence Deal）和阿伦·A. 肯尼迪（AllanKennedy）1982 年 7 月出版的《企业文化》；④彼得斯和沃特曼 1982 年 10 月出版的《寻求优势——美国最成功公司的管理经验》（又译《追求卓越》）。

《日本企业管理艺术》一书在以日本松下公司和美国电话电报公司为例进行对比分析的基础上，指出"美国人的敌人不是日本人和德国人，而是我们企业管理'文化'的局限性"。①《Z 理论》一书给企业文化下了比较完整的定义："传统和气氛构成了一个公司的文化。同时，文化意味着一个公司的价值观，诸如进取、守成和灵活等，这些价值观构成职工活动、意见和行为的规范。管理人员身体力行，把这些规范灌输给职工并代代相传。"作者认为，只有在组织内部培养出共同的目标和信任感，经营上才可能成功。②《企业文化》以日本经验为基础，构建起了企业文化的理论框架。他们认为企业文化是一套做事的方法，它是指示企业及成员在多数情况下和大部分时间里应如何行动的不成文的规则体系；企业文化由企业环境、价值观、英

---

①　参见理查德·帕斯卡尔、安东尼·安索斯：《日本企业管理艺术》，陈今森等译，中国科学技术出版社 1985 年版，第 2 页。

②　威廉·乔治·大内：《Z 理论——美国企业界如何迎接日本的挑战》，孙耀君、王祖融译，中国社会科学出版社 1984 年版，第 169 页。

雄人物、礼节和礼仪、文化网络构成。①《追求卓越》一书也指出:卓越公司之所以成功,就在于它们有一套独特的文化,使它们得以脱颖而出。②

进入 20 世纪 90 年代后,美国哈佛大学斯隆学院教授埃德佳·沙因在综合前人研究成果的基础上,进一步提出了关于文化本质的概念。他在1992 年出版的《组织文化与领导》一书中指出,目前文化研究大多停留在物质层面和支持性价值观层面,对于更加深层的文化挖掘不够。对于深层的处于组织根底的文化可分成以下五个维度:一是自然和人的关系,即如何看待组织和环境之间的关系,如组织与环境是支配关系还是从属关系,或者是协调关系等。二是现实和真实的本质,即组织中对于什么是真实的,什么是现实的,判断它们的标准是什么,如何论证真实和现实,以及真实是否可以被发现等一系列假定。三是人性的本质,哪些行为是属于人性的,哪些行为是非人性的,人性原本是恶的还是善的,X 理论和 Y 理论哪一种更有效。四是人类活动的本质,即哪些人类行为是正确的,人的行为是主动的还是被动的,人是由自由意志所支配的还是被命运所支配的,什么是工作,什么是娱乐等一系列假定。五是人际关系的本质,即什么是权威的基础,权力的正确分配方法是什么,人与人之间关系应是竞争的还是合作的,应当是个体取向还是群体取向。

企业文化作为一门科学,它的形成与发展是管理科学不断发展的必然结果,而 20 世纪 70 年代末到 80 年代初,日本的崛起和美日管理比较研究热的兴起,则促进企业文化成为一门科学。也可以说,企业文化的理论最早出现于美国,而其作为一种主流的管理思想则最早出现于日本。

二、企业文化的定义、构成要素

关于组织文化的概念,目前还没有一个统一的定义,但我们通过对中外

---

① 参见雷斯·E. 迪尔(Terence E Deal)、阿伦·A. 肯尼迪(Allan A Kennedy):《企业文化》(又译《企业文化——现代企业的精神之柱》),三联书店 1989 年翻译出版。

② 彼得斯、沃特曼:《寻求优势——美国最成功公司的管理经验》(又译《追求卓越》、《寻求卓越》),中国展望出版社 1984 年版,第 14—22 页。

学者关于企业文化各种定义的概括,大体可分为四种类型:第一是"总和说",如把企业文化定义为"是为全体员工所认同并遵循的价值观、企业精神、经营准则、道德规范的总和",就属这一类型;第二是"构成说",这一类型的定义从要素构成的角度,认为企业文化是由行为文化、心理文化、物质文化构成的;第三是"观念说",认为企业文化是一种观念形态的价值观,是企业的经营哲学,也是企业的信念;第四是"群体说",认为企业文化是一种群体文化,是企业形成的价值观、行为准则在人群中产生的影响。①

组织的文化是由若干要素构成的,这些要素对企业文化产生重要影响。一般认为,组织文化是由多种要素构成的,而且每种要素对文化的影响是不同的。组织文化要素构成理论很多,如"两层次论"、"多层次论"、"陀螺论"、"复杂层次论"等。为了形象地、直观地解释组织文化的构成要素及其相互关系,管理学界一般采用"同心圆模型"和"荷花模型"对文化要素理论加以概括说明。

所谓的"同心圆模型",就是以精神层的内圆为中心、其他层次的外圆分别层层包围的一种理论圆模型,该模型清楚反映精神文化是企业文化的核心、灵魂,处在中心地位,可以制约外围的其他文化要素,同时其他文化要素又折射出精神文化,"两层次论"、"多层次论"、"陀螺论"本质上都可以归类于"同心圆模型"。如目前普遍把企业文化划分成精神文化、制度文化、物质文化层,或企业价值观、企业行为规范、显性文化层,或企业理念、行为、标识层,就属于"同心圆模型"划分。

而"荷花模型"则认为,文化的第一个层次就像荷花的"花和叶",它是文化的外显形式,是人造品,包括人和物、组织构架、规章制度、程序等;第二个层次就像荷花的"枝和梗",即各种公开倡导的价值观,包括使命、目的、行为规范等;第三个层次就像荷花的"根",包括各种视为当然的、下意识的信念、观念和知觉等,这种潜在的、实际上对人的行为起指导作用的假设,告诉群体成员怎样观察、思考和感受事物。"荷花模型"主张的根本观点是,

---

① 参见张仁德、霍洪喜主编:《企业文化概论》,南开大学出版社2001年版,第37页。

文化是复杂的,其复杂性在于文化层次并不存在内层制约外层、外层反映内层的简单模式。因为,组织存在着两种不同的价值观、理念,一种是组织标榜的可能尚未被组织成员认同的价值观、理念,另一种是真正进入组织成员内心而成为共享的价值观、理念,这两种价值观可能一致,可能不一致,但真正对行为起作用的是共享的价值观、理念。

"复杂层次论"本质上属于"荷花模型"。①

三、企业文化类型

企业文化从不同的角度,按照不同的特点,可以分成许多类型。如根据国内学者宋联可的研究,目前国内外对企业文化类型划分方法多达 20 多种。②

而另一国内学者唐任武则认为,企业文化从不同的角度,按照不同的特点,可以分成以下四种类型:

按照企业的经营方式和任务不同划分,企业文化可以分为:①硬汉型文化:又称挑战型或强悍型文化,这种文化鼓励内部竞争和创新,鼓励敢于冒险。产品更新快、竞争激烈的企业都属于这种文化。②努力工作尽情享乐型文化:这种文化工作与玩乐并重,鼓励职工完成风险较小的工作,是一种竞争性不强、产品比较稳定的企业文化。③赌注型文化:这种文化具有风险大、反馈慢,决策孤注一掷的特征。长期投资、见效缓慢的企业都属于这种文化。④按部就班型文化:又称过程型文化,这种文化着眼于工作如何做,职工所做的工作结果基本没有反馈,且很难衡量。机关性较强,按部就班就可以完成任务的企业一般都属于这种文化。

按照企业的性质和规模的不同划分,企业文化可以分为:①"温室"型文化:企业对外部环境的变化不感兴趣,缺乏对员工工作动机的激励。②

---

① 杨洪常:《"同心圆说"和"荷花说"的分歧:企业文化论之争》,《新华文摘》2006 年 19 期,第132 页。

② 参见《备战:部署人力资源战略规划》,机械工业出版社 2006 年版。

"拾穗"型企业文化:企业对外部环境的变化比较敏感,其战略随外部环境的变化而变化,组织结构缺乏秩序,职能比较分散,价值体系的基础是尊重领导人。③"菜园"型企业文化:这类企业力图维护在传统市场的统治地位,同时运用过去经受考验的模式,使企业保持最小程度的变化。企业管理的特点是家长式经营,工作人员动机的激励处于最低水平。④"大型种植物"型企业文化:这是一种大型企业所拥有的企业文化,其特点是不断适应环境的变化,工作人员中的灵活性受到鼓励,动机的激励程度很高。⑤"藤本植物"型企业文化:这类企业把管理人员减少到最低程度,广泛利用信息,职工以市场要求为目标,有高度的责任感,动机的激励程度比较高。⑥"鱼群"型企业文化:这是具有高度灵活性特点的企业所拥有的文化。这种企业根据市场情况的变化经常变革自己的结构和行为,它们需要敏感性强、思想敏捷的职工和工作人员。

按照企业对各种因素重视程度的不同划分,企业文化可以分为:①科层组织型文化:特点是非个性化的管理作风;注重对标准、规范、刻板程序的遵循;组织结构为严密的金字塔结构和集权等级制,组织内部很少竞争。②经理型文化:这种文化为高度竞争的企业所拥有,其特点是具有鲜明的管理风格和明确的业绩取向,组织结构富于灵活性,经理人员在其中大显身手。③技术型文化:这种文化为组织良好的传统产业部门中的企业所拥有,其特征是家长式作风,着重依赖技术性秘诀;组织结构为严明的职能化,各部门之间竞争激烈;领导一般为技术专家。

按照企业的状态和作风的不同划分,企业文化可以分为:①有活力的企业文化:其特点是重组织,追求革新,有明确的目标,面向外部,上下左右沟通良好,能自发地提出设想,责任心强。②停滞的企业文化:其特点是急功近利,无远大的目标,带有利己倾向,自我保全,面向内部,行动迟缓,不负责任。③官僚的企业文化:其特点是例行公事,官样文章。①

还有学者根据企业地域的差别和企业管理风格的差异,将企业文化大

---

① 唐任伍:《管理审视—中外经济管理比较研究》,北京师范大学出版社1999年版,第284页。

致归纳为四种模式,即美国模式、日本模式、西欧模式、华人模式。

美国模式:突出个人能力,强调理性主义管理,即个人能力主义和理性主义。美国企业文化的核心有两条:一是突出个人能力,强调个人作用,即个人能力主义;二是注重管理硬件,追求理性化管理,即理性主义。个人能力主义的企业文化在企业管理中体现在三个方面:一是尊重个人尊严和价值,承认个人的能力和成就;二是强调个人决策和个人负责;三是奖励针对个人,充分调动个人的积极性。个人能力主义文化对调动职工积极性,激励职工竞争、冒险、创新,减少人际关系摩擦和能力内耗等方面起到了积极的作用。但也有负面的影响:一是职工的合作意识较差,影响整体力量的发挥;二是职工把企业当作赚钱和实现个人抱负的场所,对企业缺乏感情,对企业的责任感较差,缺乏对企业的集体荣誉感,职工流动性较强。

美国企业的理性主义文化发端于泰罗的科学管理,在企业管理中主要体现在两个方面:一是求真务实,形式主义和文牍主义较少;二是提倡科学和合理,重视组织机构、规章制度的建设以及操作程序的建立。美国的理性主义文化为提高企业效率奠定了良好的基础,如肯德基将一个普通清洁工清扫动作划分为若干标准动作并且写进规章制度的做法,常常被国人当作笑话进行谈论,并由此嘲笑西方式的"机械而僵化"的管理,殊不知,正是这些看似"僵化"的管理,造就了一个强大的全球连锁商业机构。当然,美国的理性主义文化,由于只重视理性、效率,缺乏感情与弹性,刚性有余,柔性不足,压抑了人的感情,不利于发挥团队作用。

日本模式:重视团队精神。团队精神是日本企业文化的核心,这是日本将欧美的科学技术和中国传统的儒家文化有机结合的结果。在企业管理实践中,日本企业通过终身雇佣制、年工序列、企业工会三项制度来保障团队精神的贯彻实施。团队精神在企业的具体经营管理中,主要表现在以下三个方面:一是提倡集体主义,上下左右充分沟通,集体决策,集体负责;二是提倡着眼于人的管理方式,通过建立完善的生活设施,组织各种社会团体,开展体育比赛以及送结婚纪念品或生日蛋糕等方式,让职工感受到企业的温暖;三是激励制度主要着眼于团体而不是个人。

　　日本的企业文化在强化集体意识、发挥整体力量方面起到了积极的作用,但也有压抑人的个性、妨碍竞争、不利创新的负面影响,甚至也存在文山会海、效率低下等现象。

　　西欧模式:重视职工参与管理。西欧有十几个国家,讲十几种语言,企业文化呈现出多元化的状态,但西欧各国历史相连,文化近似,政治发展进程和经济体制相似,欧盟的发展使得经济文化交流日益频繁,所以企业文化有很多共同性。

　　西欧国家的企业文化的一个重要的特点就是重视职工参与企业管理。职工参与企业管理不是空洞的,它通过两项制度作为保障。一是政府用法律的形式规定了职工在企业中应发挥的作用。第二是积极向职工出售本企业的股票(以低于市场的价格出售)。职工购买了企业的股票,成为企业的股东,更加关心企业的生产经营,参与企业管理的意识进一步加强,企业的向心力、凝聚力得到明显增强,劳动效率明显提高,传统意义上的劳资矛盾也有所淡化。

　　华人模式:这里所说的华人,主要是指台湾、香港、澳门以及海外华人华侨开办的企业。华人企业的企业文化有三大特点:一是华人企业的文化,其灵魂是以儒家为主干和核心的中国传统文化,强调以德治企、以人为本、以和为贵、以柔克刚、以屈求伸、以退为进等思想。二是企业家族化。由于大部分华人企业都是企业领导人白手起家创办起来的,企业领导人基本上是仁慈的家长式领导人,具有许多家长式的特征。许多企业领导人将自己视作企业的象征和永久代表,而将企业的管理看作个人价值观念和行为准则的延伸。在用人方面,特别是选择管理人员时,不是以一定的客观标准来衡量,而是直接培养任用子女或亲属,对任用外人心存怀疑。由于企业文化的这一特点,在华人企业中,家长的专制与慈爱、手足的亲情与相残等现象交织在一起,构成独特的家族式企业文化。三是重人情,轻制度建设,轻实效。在华人企业中,职工好坏的标准首先是品行如何,工作能力在其次;人情关系网纵横交错,人际关系比较复杂,每个人都得小心从事。①

　　曾仕强的管理思维模式认为,美国式管理思维最大的特点是是非分明,追求严格的监督和制衡。这种思维模式,权力义务分明,尊重专业知识技能,有一定的规律可遵循,很容易学习,但是一旦形成思维习惯,就会不知不觉变得思想僵化,应变力减弱,情况稍有变故,就很难适应。中国式管理思维最大的特点是是非不明,管理者不希望在机构内出现明显的制衡。这种思维模式,注重个人义务,力求恪尽职守,没有一定的规律可循,不容易掌握,但越学越管用。并且能促使管理者头脑灵活,应变力增强,能在动态中维持均衡。日本式管理思维的最大特点是下级绝对服从上级的命令,能够团结一致对外。这种管理思维模式以关怀取代制衡,注重团体利益和集体荣誉,不容许个人有突出表现。这种管理方法容易学习,却很难做到,如果没有一定的社会文化基础,这种管理方式往往会流于形式,同时决策失误付出的代价也会很大。

　　我们可以举一个例子说明中、日、美三国管理思维模式的差异。美国人去饭店就餐,服务员问:"你吃点什么?"答案一般非常清楚:"汉堡。""要不要薯条?""要。""要可乐吗?""不要。"如果换成中国人,答案经常是非常含糊:"随便。"即便是问得十分清楚:"请问是吃面条还是米饭?"答案也非常模糊:"什么都行。"但同样的情形在日本人那里则会完全不同。日本人在通常情况下会让先辈或者上司表示意见,然后再跟着他要同样的食品。同样的选择意在保持步调一致。②

四、组织文化的功能

　　组织文化作为一种管理手段,对内能激励职工锐意进取,重视职业道德,改善人际关系,培养企业精神;对外有利于树立组织形象,提高企业声誉,扩大组织影响。同时,文化也是组织进行改革、创新和实现发展战略的

---

① 参见张仁德、霍洪喜主编:《企业文化概论》,南开大学出版社2001年版,第321—328页。
② 刘汴生主编:《管理学》,科学出版社2006年版,第51页。

思想基础，是企业适应环境能力的支柱。小公司做事，中公司做管理，大公司做文化。当一个组织很小的时候，我们用能人进行管理就行了；当企业发展到一定规模后，我们必须要用制度去管理；当企业发展到超大规模后，我们就得用文化去管理了。有人因此把管理分为三个发展阶段，即命令管理阶段、制度管理阶段、文化管理阶段。曾仕强在《中国式管理》中谈到"一般的说法，公司的平均寿命，只有 7 年，不到 7 年的公司，根本谈不上企业文化，因为什么时候倒闭，谁也没有把握。生存期间超过 7 年，就需要用心构建企业文化，以期生生不息，永续经营。"①美国管理学者托马斯·彼德斯和小罗伯特·沃特曼在他们合著的《成功之路——美国最佳管理企业的经验》一书中指出，美国最佳公司的成功经验说明，公司的成功并不是仅仅靠严格的规章制度和利润指标，更不是靠电子计算机、信息系统或任何一种管理工具、方法、手段，甚至不是靠科学技术，而是靠"公司文化"或"企业文化"；日本企业之所以优于美国企业，不在于管理技术，而在于企业哲学和企业文化。东西方企业管理界的学者通过对七十年代末、八十年代初世界排名前 500 名的大企业进行研究发现，这些企业到现在有近三分之一已破产或衰落了，著名大企业的平均寿命不足四十年，大大低于人的平均寿命。这些大企业早亡的原因很大程度上是没有培养和形成适合自身发展特点的企业文化。同行业、同类型、同级别的组织，之所以一个先进一个落后，关键是组织文化不同。企业文化在组织管理中的作用具体体现在以下几个方面：

首先是导向的作用。通过组织提倡什么反对什么，哪些事情可以做，哪些事情不可以做，为所有的员工指明奋斗的目标和行为准则。如松下公司以"自来水"精神、"产业报国"精神为公司的核心价值观，强调产品的"廉价"，并以此优势大量推销产品，打败对手，占领市场。同是日本著名电器厂商的索尼公司，由于以"开拓创新"为企业的核心价值观，在价格方面则不是很强调，相反，却以追求优质高价、独家创新而著称。这种价值观使索

---

① 转引自申明编著：《给大忙人看的国学书》，企业管理出版社 2009 年版，第 24 页。

尼公司在历史上曾不断推出引导潮流的新电子产品。正如《企业文化》一书所言"一个公司的价值观会影响到这家公司的各个方面——从制造什么产品,到如何对待工作。"企业文化的价值观对企业的个性和经营发展方向,起着决定和导向的作用。

其次是凝聚的作用。人们都有自己的价值观和行为准则,都有自己物质和精神方面的需求,因此每个人都表现出不同的个性特征。任何组织要把不同个性的组织成员凝聚在一起,使大家心往一处想,劲往一处使,不是一件很容易的事情。组织文化是一种粘合剂,它通过员工对组织目标、组织价值观的认同,产生对组织的归属感和聚合力,使它们感到自己的命运和组织的命运相连,组织的生存和发展就是自己的前途。这是制度和金钱无法达到的。如果薪酬是凝聚员工的物质纽带的话,组织文化则是凝聚员工的精神纽带。企业文化作为组织成员共有的价值观、理想、信念、行为规范,正好起到了这种凝聚的作用。

再次是规范的作用。企业文化作为一套做事的方式,可以在不需要命令的情况下,通过应该如何做、怎样做来规范员工的行为。如"兼并"与"收购"是现代企业管理中经常出现的现象,但要成功"兼并"与"收购"并不是一件很容易的事情。而海尔集团就总结出了一套关于在中国进行企业兼并与收购的理论,张瑞敏把它叫做"吃休克鱼"理论,哈佛大学商学院把这一理论编入管理案例,案例的标题为"海尔激活休克鱼"。这套独特的理论和方法,保证了海尔所有18个兼并扩张案个个成功。"吃休克鱼"理论认为,企业兼并与收购能否成功,关键要看你自己有没有一个过硬的经营理念(经营模式),如果你的经营理念不成熟或不过硬,那么兼并别的企业只会是一种灾难。一般接收兼并企业,第一个派去的总是财务部门,海尔第一个派去的却是企业文化中心。由企业文化中心的人去讲海尔精神、海尔理念。1995年,海尔兼并青岛红星电器公司时就是如此,没有一分钱的投入,靠海尔的精神、海尔的理念、海尔的文化,激活了这个企业。后来,这家被兼并的企业用同样的办法成功实现了对爱德洗衣机的合作、重组,在被称为"中国家电之乡"的顺德复制了一个新的海尔。①

最后是激励的作用。人的行为不仅取决于个体心理的需求与动机,而且取决于他所在组织的需求与动机。企业文化的共同价值观、信念、理想、经营哲学等能够激发员工赴汤蹈火的激情和忘我工作的精神,促使大家卓越地追求组织目标,把工作做得更好。

以上讲的是企业文化的积极作用,企业文化对于组织管理也有消极的一面,主要是它会阻碍变革、抹杀成员个性、阻碍组织发展、兼并和收购。②

五、企业文化建设

企业文化建设一般要分以下四个阶段进行:

第一个阶段是研究确定阶段。管理者要根据企业的使命、宗旨、目标,结合企业内外部环境,确定企业理念或价值体系,以之作为企业管理的方针和原则。这些理念、价值体系、方针、原则的总和就构成了企业的文化。松下电器公司创办于1918年3月17日,但松下幸之助却将公司正式创业时间定为1932年5月5日。中间14年不算创业时间,而只算是筹备阶段。为什么? 因为松下幸之助认为,松下电器公司的企业之魂到1932年才真正得到确立。当时他提出产业人的使命感是:通过生产、再生产,使那些即使很有价值的生活物资,变得像自来水那样丰富、廉价,能无穷无尽地提供给社会,消除贫困,使人间变成乐园。1932年5月5日,松下幸之助把这种经营观念传达给全体员工,并得到共鸣和赞同。后来松下公司以"自来水"精神、"产业报国"精神为公司的核心价值观。

第二个阶段是员工接受认同阶段。根据企业文化"荷花模型"理论,企业的价值观有概念形态的价值观(标榜价值观)和心理形态价值观(共享价值观)。所谓的概念形态的价值观,就是组织标榜的尚未被组织成员认同的

---

① 迟双明编著:《张瑞敏决策海尔的66经典》,中国商业出版社2002年版,第49—52页。

② 高霞、张俊娟:《潜析组织文化主要理论对组织行为的影响》,载《管理学文摘》2005年第1期,原载《绥化师专学报》2004年2期。

价值观、理念;心理形态价值观是真正进入组织成员内心而成为共享的价值观、理念。这两种价值观可能一致,可能不一致,但真正对行为起作用的是共享的价值观、理念。所以,这一阶段的主要任务就是采取各种措施,让企业的价值观被组织成员所认同,从而使企业的价值观从概念形态上升为心理形态。否则,企业文化就会成为"秀才写在纸上、领导说在嘴上、标牌挂在墙上、风吹掉在地上、唯独不在员工心上"的"做秀"的代名词。要让员工认同企业的价值观,首先,所提出来的企业的价值观紧密结合企业实际,与企业的目标相吻合,这是员工认同企业价值观的基础。其次,要借助开会学习、职工培训等形式,通过典型案例、英雄榜样、CIS 战略等手段大力宣传企业文化,提高企业文化的"知晓"度。再次,在企业的规章制度中体现企业文化,并在经营管理实践中对企业文化一以贯之,使企业文化深入人心,形成职工的"共享价值观"。

第三个阶段是实践阶段。建设企业文化,最终目的是为了指导企业的经营管理活动,因此,企业文化建设的一个重要步骤就是用从管理实践中提炼出来的管理理念、价值观指导具体的管理工作。因此,组织文化一旦被确定下来,组织的最高管理者乃至普通员工都应身体力行地践行之。IBM 公司以"IBM 公司意味着最佳服务"为最高理念和价值观,在此经营理念和价值观的导向下,公司认真对待每一个客户和产品,现已成为以最佳服务求生存的典范。有一次为美国佐治亚州的一个客户处理计算机故障,为了在最快时间内处理好故障,公司不惜一切代价,在几个小时内就从几个国家招来8 位维修专家,其中 4 名来自欧洲、1 名来自加拿大、1 名来自拉丁美洲。[①]海尔引进日本全面质量管理后,提出"有缺陷的产品就是废品"的质量管理理念。1984 年,张瑞敏调任海尔集团的前身—青岛日用电器厂担任厂长,上任伊始他就像当时中国大多数企业一样引进日本全面质量管理方法,狠抓质量管理。1985 年,一位用户来信反映,近期工厂生产的冰箱质量有问题,张瑞敏派人对库存的 400 多台冰箱进行翻箱检查,发现其中有 76 台不

---

① 奎军编著:《公关经典 100》,广州出版社 1998 年版,第 296 页。

合格。当时研究处理办法时,干部们提出两种处理意见,一是作为福利处理给员工,二是作为"公关武器"处理给经常来厂检查工作的工商、电力、自来水等部门的相关人员。当时一台冰箱 800 余元,而职工每月的工资才 40 余元,每台冰箱相当于一个职工两年的工资,76 台相当于全厂员工三个月的工资,干部们这样的处理意见也是合情合理的。可张瑞敏却做出了一个在当时有悖常理但使所有海尔人至今仍难以忘怀的决定:76 台冰箱全部砸掉。他在召开的全厂人员的现场会上,砸下了第一锤。[①] 这一砸,砸出了员工的质量意识,于是,人们对"有缺陷的产品就是废品"这一理念有了刻骨铭心的理解和记忆,"产品质量零缺陷"的理念得到了广泛的认同,于是人们开始了理性的思考:怎样才能使"零缺陷"得到机制的保证? 接下来就是构造"零缺陷"管理机制,在每一条流水线的最终端,安排一个"特殊工人"的岗位,检查这一个工序的产品质量,并把这些产品的缺陷维修好,维修的费用向责任人索赔,并作为他的工资。

第四阶段是完善发展阶段。企业的内外部环境不断在变化,企业也不断在发展,因此,企业文化建设不是一劳永逸。企业文化形成之后,不仅要用来指导企业的经营管理,而且还要在实践中不断变革和完善。

---

① 迟双明编著:《张瑞敏决策海尔的 66 经典》,中国商业出版社 2002 年版,第 16 页。

附录　主要参考文献

1. 丹尼尔·A.雷恩:《管理思想的演变》,中国社会科学出版社1997年出版。

2. 斯图尔特·克雷纳著、邱琼等译《管理百年》,海南出版社出版。

3. [美]斯蒂芬·P.罗宾斯《管理学》第四版,黄卫伟、孙建敏、王凤彬、闻洁、杨军译,中国人民大学出版社、PrenticeHall出版公司1997年版。

4. 威廉·乔治·大内:《Z理论——美国企业界如何迎接日本的挑战》,孙耀君、王祖融译,中国社会科学出版社1984年版。

5. 雷斯·E.迪尔(Terence Deal)、阿伦·A.肯尼迪(Allan Kennedy):《企业文化》,又译《企业文化——现代企业的精神支柱》,三联书店1989翻译年版。

6. 彼得斯、沃特曼:《寻求优势——美国最成功公司的管理经验》,又译《追求卓越》《寻求卓越》,中国展望出版社1984年版。

7. 理查得·帕斯卡尔、安东尼·安索斯:《日本企业管理艺术》,陈今森等译,中国科学技术出版社1985年版。

8. 郭咸纲:《西方管理思想史》,经济管理出版社2004年版。

9. 孙耀君主编:《西方管理学名著提要》,江西人民出版社1995年版。

10. 苏勇主编:《当代西方管理学流派》,复旦大学出版社2007年版。

11. 方振邦主编:《管理思想百年脉络》,中国人民大学出版社2007年版。

12. 丁荣贵:《项目管理》,机械工业出版社2004年版。

13. 文祺主编:《一次读完28本管理学经典》,中国商业出版社2005年版。

14. 邱庆剑、黄雪丽编著:《世界五百强企业培训故事全案》,广东省出版集团、广东经济出版社2005年版。

15. 夏书章主编:《行政管理学》,中山大学出版社1998年版。

16. 芮明杰主编:《管理学:现代的观点》,世纪出版集团、上海人民出版社2005年版。

17. 戴淑芬主编:《管理学教程》,北京大学出版社2005年第二版。

18. 刘汴生主编:《管理学》,科学出版社2006年版。

19. 赵丽芬主编:《管理学概论》,立信会计出版社2001年版。

20. 于干千、卢启程主编:《管理学基础》,北京大学出版社、中国林业出版社2007年8月出版。

21. 郭跃进:《管理学》(修订版),经济管理出版社2003年版。

22. 徐艳梅主编:《管理学原理》,北京工业大学出版社2000年版。

23. 邵冲编著:《管理学概论》,中山大学出版社1998年版。

24. 吴键安主编:《市场营销学》(第三版),高等教育出版社2007年版。

25. 刘传江主编:《市场营销学》,中国人民大学出版社2008年版。

26. 刘杰、刘娜编著:《马克思主义政治经济学原理教学案例》,中国人民大学出版社2004年版。

27. 张仁德、霍洪喜主编:《企业文化概论》,南开大学出版社2001年版。

28. 宋可联:《备战:部署人力资源战略规划》,机械工业出版社2006年版。

29. 申明编著:《给大忙人看的国学书》,企业管理出版社2009年版。

30. 奎军编著:《公关经典100》,广州出版社1998年版。

31. 迟双明编著:《张瑞敏决策海尔的66经典》,中国商业出版社2002年版。

32. 迟双明编著:《柳传志决策联想的66经典》,中国商业出版社2002年版。

33. 苏东水、彭贺等:《中国管理学》,复旦大学出版社2006年版。

34. 骆建彬主编:《卓越领导国学讲堂》(二),北京大学出版社2008年版。

35. 黎红雷主编:《中国管理智慧教程》,人民出版社2006年版。

36. 孙耀君主编:《东方管理名著提要》,江西人民出版社1995年版。

37. 张文昌、于文英编著:《东西方管理思想史》,2007年版。

38. 周三多主编:《管理学》,高等教育出版社2005年出版。

39. 刘光起编著:《A管理模式》,企业管理出版社1997年版。

40. 王晓君:《管理学》,中国人民大学出版社2004年版。

41. 王勇主编:《中外企业管理经典案例》,人民出版社、党建读物出版社2006年版。

42. 赵曙明:《国际人力资源管理》,南京大学出版社1992年第一版,1995年第二次印刷。

43. 唐任伍:《管理审视》,北京师范大学出版社1999年版。

44. 王利平:《管理学原理》,中国人民大学出版社2000年版。

45. 王凤彬、李东编著:《管理学》,中国人民大学出版社2000年版。

46. 孔祥勇主编:《管理心理学》,高等教育出版社2001年版。

47. 赵文禄、李一、孙国理、王朝升:《现代领导用权通论》,中国国际出版社1995年版。

48. 惠忠波:《领导者处理问题的艺术》,中国致公出版社2004年版。

49. 戴夫·布雷顿《卓越经理人》,谢德高编译,金城出版社2004年版。

50. [美]詹姆斯·H.罗宾斯:《敬业》,曼丽译,世界图书出版公司2004年版。

51. 马基雅维里:《君王论》,惠泉译,湖南人民出版社1987年版。

52. 彼得·圣吉:《第五项修炼——学习型组织的艺术与实务》,郭进隆译、杨硕英审校,上海三联书店1998年版。

53. 张声雄、姚国侃主编:《第五项修炼实践案例》,上海三联书店2002年版。

54. 傅宗科、彭志军、袁东明编:《第五项修炼300问》,上海三联书店2002年版。

55. [美]斯宾塞·约翰逊:《谁动了我的奶酪》,吴立俊译,中信出版社2001年版。

56.方圆编著:《奶酪的52个管理忠告》,当代中国出版社2002年版。

57.李启明主编:《现代企业管理》,高等教育出版社1999年版。

58.徐仁明:《企业战略管理》,中国经济出版社2002年版。

59.李剑钊:《组织行为学》,中国人民大学出版社2002年版。

60.中华书局出版:《诸子集成》。

61.约翰·科特:《变革的力量——领导与管理的差异》,方云军、张小强译,华夏出版社出版。

62.[美]亨利·西斯克:《工业管理与组织》,中国社会科学出版社1995年版。

63.中央电视台:《公司的力量》节目组《公司的力量》,山西出版集团山西教育出版社2010年版。

64.黄孟藩编:《管理决策概论》,中国人民大学出版社1982年版,第32—34页。

65.R.科斯:《论生产的制度结构》,上海三连书店1994年版。

66.任彦申:《从清华园到未名湖》,江苏人民出版社2007年版。

67.查尔斯·汉普登—特纳、阿尔方斯·特龙佩纳斯等:《国家竞争力——创造财富的价值体系》,徐联恩译,海南出版社1997年版。

68.[美]戴维·J.弗理切:《商业伦理学》,机械工业出版社1999年版。

69.周祖成:《企业伦理学》,清华大学出版社2005年版。